招聘·面试·录用及员工离职管理实操

从新手到高手

杨长清　唐志敏 ◎ 编著

中国铁道出版社有限公司

CHINA RAILWAY PUBLISHING HOUSE CO., LTD.

U0650481

图书在版编目（CIP）数据

招聘、面试、录用及员工离职管理实操从新手到高手：
畅销升级版/杨长清,唐志敏编著 . —北京 : 中国铁道
出版社有限公司,2022.2
ISBN 978-7-113-28570-8

Ⅰ.①招… Ⅱ.①杨… ②唐… Ⅲ.①企业管理-人
力资源管理 Ⅳ.①F272.92

中国版本图书馆 CIP 数据核字（2021）第 245271 号

书　　名：招聘·面试·录用及员工离职管理实操从新手到高手（畅销升级版）
ZHAOPIN · MIANSHI · LUYONG JI YUANGONG LIZHI GUANLI SHICAO
CONG XINSHOU DAO GAOSHOU（CHANGXIAO SHENGJI BAN）

作　　者：杨长清　唐志敏

责任编辑：王　佩　张文静　　编辑部电话：（010）51873022　　编辑邮箱：505733396@ qq. com
封面设计：宿　萌
责任校对：焦桂荣
责任印制：赵星辰

出版发行：中国铁道出版社有限公司（100054,北京市西城区右安门西街 8 号）
印　　刷：三河市宏盛印务有限公司
版　　次：2022 年 2 月第 1 版　2022 年 2 月第 1 次印刷
开　　本：700 mm×1 000 mm 1/16　印张：20.75　字数：396 千
书　　号：ISBN 978-7-113-28570-8
定　　价：79.00 元

前　言

　　无论是招聘中经历的曲折、感悟，还是招聘结果带给企业的负面影响与良好收益，这其中好与坏的对比与反差，总是觉得有必要将招聘与人力资源从业经历说出来与大家分享、共勉。然而，面对市面上汗牛充栋的人力资源书籍，我们总是心生惶恐与担心，不希望自己为之努力的文字，让人生厌、对人无益。这正如我们坚守的招聘原则：宁缺毋滥。于是有关招聘方面的书稿，写到一半便搁置了。时隔一年，感谢中人网肖果、中国铁道出版社有限公司的编辑王佩，正是有了他们的支持与信任，才可以让我们的书稿再度续缘，并最终付梓。

　　不就是招个人吗？需要这么认真吗？新进人员也有试用期，不行就退掉。常常有人这样质疑。是呀，企业在决策是否购买一辆车时，总需要反复论证与决策，有的企业甚至还要通过董事会；而在决策是否录用一个人时，往往一个主管当场就决定了。一个年薪 10 万元的员工与一台 10 万元的车相比：二者无论是产生的价值，还是造成的危害都是无法相比的；另外，车辆每年在贬值、折旧，而员工却随着年龄与经历的增长，每年都在增值。现实中企业的人力资源从业者很少有人对此慎重看待！招聘不慎对于企业的影响，已经远远超出招聘岗位的本身。它不仅仅是对招聘岗位的影响，也不仅仅只是对人力资源部门的影响，更多的则是对企业及企业经营结果的影响。尤为重要的是，招聘者们花时间最多的、最难招的岗位与企业及企业的经营结果成正比。

　　本书共分七章。第一章介绍招聘之于企业的重要，招聘之于人力资源从业者职业生涯的重要。第二章重点介绍招聘的十大招数。招聘工作是人力资源部门的业务，招聘能力好坏在很大程度上决定了人力资源部门在企业中的影响力，十大招数让人力资源从业者快速进入角色，直面企业的业务支撑，成为企业的业务合作伙伴。第三章重点介绍面试的流程与技术，介绍面试的专业技术、面试题库的建立、有效的提问等，以便科学地甄别出应聘者的能力。第四章介绍员工录用管理，重点是如何根据甄别结果，通过科学的抉择，最终选择适合企业发展的人，以及录用后，如何通过岗前培训、师傅带徒弟制度等让新员工快速融入企业，定"心"。第五章介绍招聘、录用中的法律风险防范要点。第六章主要介绍员工的离职管理，通过离职看到企业招聘或管理中存在的不足，来重新调整企业的招聘或管理策略，形成一个好的招聘管理闭环。第七章从权威角度解读下一代的人力资源发展趋势，给新入门的人力资源从业者点亮一盏职业明灯。本书从招聘、面试、录用及员工离职管理等实操出发，让选、育、用、留四个环节形成一种良性的生态循环，对读者可能遇到的实际问题进行深入浅出的剖析并提出解决方案，尽可能地做到点与点相连，以点托面。书中绝大多数案例均来自笔者的第一手资料或亲身经历，有的是经验，有的是教训，希望对读者有所帮助。

本书逻辑清晰，用实战案例、实用文档等辅导一名人力资源新手成长为一名职场高手。

（1）"小 C 问道"系列融知识性、趣味性与可操作性于一体，让读者能轻松了解人力资源专业知识与实操技巧，快速成为招聘高手。通过小 C 与主管一问一答巧妙地将日常工作中难以回答的、难以解释的问题轻松化解。书中的主管泛指招聘小 C 的直接领导，可以是人事经理，也可以是人事总监；招聘小 C 泛指招聘专员或人力资源工作经验尚浅的职场新手。之所以命名为小 C，其含义有三：一是笔者之前公司有两名招聘主管均姓陈，深得我的赏识，两位目前也借由招聘这个平台，在职场中取得了极大的成功，工作中总是习惯称之为小 C；二是 C 排在英文字母的第三位，类似一个新入行的新手；三是"简历"是人力资源从业者最熟悉的字眼，"C"取其英文"Curriculum Vitae"首字母。

（2）"新技能 get√"是我们近二十年工作智慧的结晶，其中更多的是工作经验，也是难得的工作技能指导。了解与掌握这些技能可以极大地拉开与同行的差距，也是成就人力资源高手的条件之一。

（3）大量的实用文档。实用文档，准确地说是在用文档，均是来自一线规模企业在用的文档，内容鲜活、实用。

为增强本书的可读性，适合年轻读者的阅读习惯，在编写过程中尽可能采用轻松、平实的文风，所用表格、文档也尽可能最新、最全、最简单，确保读者拥有更好的阅读体验。

本书适合用作高校人力资源管理、工商管理以及相关专业的本科生教材，也可作为企业人力资源管理从业者随时查阅的参考书，对于从事人力资源的职场新人来说亦不失为一本难得的职场能力提升读本。

本书的初衷是让读者由一名人力资源从业的新手快速地成长为人力资源高手，但愿本书未负你所望，让你的 HR 之旅从此轻松愉悦，收获众多。

编　者

目　录

"实用文档"索引

"全真案例"索引

| 第1章 |

走进招聘

1.1 企业成败话人才

小米精神领袖，手机领域盛传的"雷帮主"雷军，于 2014 年 12 月份宣布小米新一轮融资总额为 11 亿美元，市场估值达到 450 亿美元。以华尔街金融专家的视角来看，很显然这不是小米的终点。小米的前期投资者，著名的投资人尤里·米尔纳（Yuri Milner）在接受彭博社采访时表示，小米未来的估值将会突破 1 000 亿美元。此外，米尔纳还强调，小米有巨大潜力成为中国首个全球性消费品牌。

小米为何在互联网时代大获成功！作为小米的员工，尤其是初创员工都会深切感到在小米成立第一年，"雷帮主"最重要、最关注的莫过于四处找人了！面对刚起步的公司，有些面试候选人尽管已经在互联网上久闻"雷帮主"的名气与成就，但对小米当初的不名一文与未知风险也会犹豫与担忧，怎么办？"雷帮主"于是和小米的创始人团队轮番上阵面谈，用诚意、发展愿景等去说服他们、感染他们。这种面谈可不像我们平常所说的面谈 10 分钟、1 小时，而是近 10 小时，甚至谈到连面谈人员都受不了了。当初小米手机硬件结构工程负责人第一次面试从下午 1 点开始，聊了 4 个小时后憋不住出来去洗手间，回来后"雷帮主"对他说已经定好饭，吃完饭后希望再继续聊聊。聊到晚上 11 点多，他终于答应加盟小米。后来这名负责人自己半开玩笑说：赶紧答应下来，不是那时多激动，而是体力不支了。而其硬件团队的几个候选人，"雷帮主"甚至花了两个多月的时间来与他们谈，这其中包括一直负责硬件的联合创始人周光平博士，这种面谈，谈得连"雷帮主"、周光平博士都觉得快崩溃了。

小米后来的成功，尤其是其产品设计、市场推广的成功，证明了"雷帮主"当初的招聘策略与招聘决策的正确性。人，对于企业来说是多么的重要，这可不是说说而已，就连做出了《纸牌屋》、在人力资源领域全球出名的叛逆公司 Netflix 也认为，HR 最重要的工作应该是满世界找人。

《华为基本法》第九条："我们强调人力资本不断增值的目标优先于财务资本增值的目标。"第七十三条："我们将持续的人力资源开发作为实现人力资源增值目标的重要条件。实行在职培训与脱产培训相结合，自我开发与教育开发相结合的开发形式。"

1.1.1 人才资本的增值优于财务资本的增值

企业的"企"字是由一个"人"和一个"止"组成，其中的道理可能是说一方面企业是由人组成，没有人便构成不了企业；另一方面可能还蕴含着企业若没有真正的"人"，也就停"止"不前了。

"求木之长者,必固其根本;欲流之远者,必浚其泉源",企业的发展需要各种资源,而人才是其中最重要的一种资源,因为企业的一切经营活动最终都是依靠人来完成的。美国钢铁大王安德鲁·卡耐基曾经说过:"将我所有的工厂、设备、市场、资金夺去,但只要保留我的组织和人员,四年之后,我将又是一个钢铁大王。"不久前,公司的价值还主要依赖于它的可见资产。设备、机械、生产线、实体店以及工人是构成一家公司市场价值的主要因素。像克莱斯勒汽车、伯利恒钢铁、环球航空等公司的账面价值和市值基本没有多大差别。然而,如今一个不懂财务的人也清楚地知道华为、腾讯和字节跳动这些公司的价值与其可见资产没有多少关系。

从人力资源到人力资本,从传统的人力资源六大模块,到分拆和保留人力资源部门的争论,再到近期的 HRBP(Human Resources Business Partner,人力资源业务合作伙伴),人力资源管理正面临着变革。而在中国,随着人力资本时代的到来,中国的企业人力资源管理将逐渐发生重大变革。我们已然进入人力资本与客户价值优先的时代,人力资本成为企业价值创造的主导要素,企业的竞争力体现为人力资本价值创造力,在于知识创新与企业家创新精神。人力资本与货币资本共创、共享企业价值,资本与劳动相互雇佣。因此,传统的人力资源管理观念应该向人力资本管理方面进行拓展,更多地强调收益、弱化成本的观念。

但是,不同于财务资本,人才资本对企业而言却具有天生的不稳定性。优秀的人才是大家所共同争取的,是一种极其稀缺的资源。另外,由于人才资本的主体是具有自由意志的人,他们可能因不同的目的或价值观而随时离开组织,总是时刻在流动。这种流动性也就使得企业的中高端招聘成为一种常态与必然。全球公认的杰出首席执行官通用电气前总裁杰克·韦尔奇曾说:"发掘、考核及培养人才,占我所有时间的 60% ~ 70%,这是赢的关键。"人才资本是一种可以通过长期投资而增加价值的资本,通过有计划的长期投资及人才发展,组织可以持续转化人才资本成为达到组织目标核心能力的来源,以维持企业的竞争力。

现代企业应将管理焦点由传统的财产资本转向人才资本。从现在开始,重点关注企业最核心的、可持续增值的资产——人。

1.1.2 天才助飞顶级企业成长

"十年树木、百年树人",面对日益激烈的市场竞争,人力资本的内部培育毕竟太慢,于是,引进外部人才便成为许多企业的首选之策。企业的日常招聘是满足企业正常生产所进行的一项工作,而对于企业的经营价值而言,相对于推动企业经营与管理的提升,成功、有效的高端招聘显然会给企业带来更多的价值。高端招聘的关键就是引进天才,助飞企业成长。

世界一流的企业都有的共识:找对人比做对事更重要。微软公司的追寻天才之路,让微软事业精彩纷呈,辉煌不断!

微软的招聘可谓是出了名的百里挑一,优中选优。由于其在全球范围内无人可及的知名度,微软公司每年会收到几十万份简历,但能通过第一轮筛选的人员的比例很少。在美国校园招聘时,微软通常仅挑选其中的9% ~ 15%去总部进行复试。最后只有少数人能过关斩将并顺利进入微软。是优秀的员工创造了微软,是优秀的员工缔造了微软的神话。对于人才,微软看重的是潜质,"天赋中心论""智力高于一切"是其核心的人才理念。

微软的人才招聘有七大法宝,见表1-1。

表1-1　微软招聘的七大法宝

法　宝	具　体　表　现
聪明	反应敏捷
激情	对产品和技术有强烈的兴趣
自我激励	与公司一致的长期目标和思维,能不断地自我激励和自我完善
学习能力	特定的专业知识与技能,并有迅速学习的能力,善于接受新事物
行动能力	能思考,更会行动,能够迅速地做出决断并承诺结果
团结协作	具有团结协作精神,善于沟通,与团队成员共同合作实现目标
关注对手	关注竞争对手和市场的动态,避免错误,学会更聪明的做法

天才之于企业的作用力与影响力远远超出你我的想象。IBM 的郭士纳可以让"大象起舞",全球第一的 CEO 杰克·韦尔奇可以让通用电气起死回生。

基于"十个一级围棋手联合起来也不能战胜一个围棋一段选手"这一认识,三星会长李健熙说:在两三百年前,要 10 万 ~20 万人才能供养一名君主或者王族成员,然而 21 世纪却是一个天才可以养活 20 万人的时代。在李健熙看来,苹果、微软能成为伟大的企业,主要是因为他们拥有史蒂夫·乔布斯、比尔·盖茨这样的天才级人物。为了提高产品质量,三星可谓不遗余力,经过多方奔走,1996 年从美国著名办公设备制造商施乐公司请来了质量管理专家金凯斯。金凯斯很快在三星成功地推广了世界上先进的质量管理原则和方法,例如客户满意度管理中心(CSMC)、六西格玛、戴明环(PDCA)、质量功能发展、能力成熟度模型(CMM)等,对三星产品质量大幅提升做出了杰出的贡献。

三星也先后请来了高登·布鲁斯和詹姆斯·美和两位国际顶尖设计师,以及全球设计界的天才级人物——神童汤姆·哈迪(IBM 公司经久不衰的 ThinkPad 系列笔记本电脑就是出自汤姆·哈迪)。经过不懈的努力,三星产品设计和设计创意在这些天才级人物的参与、引领下得到了突飞猛进的发展,连续 5 年成为美国工业设计协会年度工业设计奖(Industrial Design Excellence Awards)(全球工业设计领域最重要的奖项之一）获奖最多的公司。

企业通过招聘或猎头引进高端人力资本，还会带来另一个重要的好处——让企业的人力资本良性流动，形成鲇鱼效应。激活组织中沉睡的沙丁鱼，鲇鱼激发了沙丁鱼的活力，反而减少了沙丁鱼的死亡。在捕捞的沙丁鱼中放入几条鲇鱼，结果沙丁鱼很少死亡。这是因为鲇鱼是沙丁鱼的天敌，在同一个槽子里，鲇鱼不断追逐沙丁鱼，为了生存，沙丁鱼拼命游动，激发了其内在的活力，从而存活下来，这种现象被称作鲇鱼效应。

一个好的工程师不是顶 10 个，而是顶 100 个。

乔布斯的一句话非常震撼："我过去常常认为一位出色的人才能顶两名平庸的员工，现在我认为能顶 50 名。我把大约四分之一的时间用于招募人才。"据说乔布斯一生参与过 5 000 多人的招聘，组建由一流的设计师、工程师和管理人员组成的"A 级小组"，一直是乔布斯最核心的工作。

1.2 从招聘开始，走向 HRD

对于企业来说，当新业务、新项目上马时就急需相应的人员匹配，如果企业内部无人，则必须从外部招聘。此时的招聘对于企业的影响远非日常的绩效管理、业务培训等职能模块可比。对于人员储备小的初创型企业或者小型企业而言，此时的招聘更是迫在眉睫。

从另一个角度来看，在人力资源常说的六大模块中，招聘模块给企业经营或业务拓展带来的实际推动作用与影响力，相对其他模块而言会更加明显、直观。这一点以人力资本为主导的高科技企业，或者知识密集型企业会更加突出。从某种程度上说，招聘高素质的人员，并快速到岗是保障这类企业快速发展，保持持续竞争力的根本。

1.2.1 招聘是人力资源部门的业务

任何公司之中都存在大量专业水平与个人能力都很差的管理人员。彼得原理揭示了管理者会倾向于录用专业水平与个人能力更差的员工。毕竟，傻瓜才属于最容易被欺骗的对象。这种招聘的最终结果导致这些人占据的位置越高，在公司内部的坏影响就会变得越突出。对于绝大部分非人力资源部的主管来说，根本就不会给予招聘与录用工作应有的重视，因为他们认为这些部门并不属于自己的基本职责范围，这是人力资源部门的工作，他们会将其看作是一种额外的负担，令人讨厌但却又不得不去完成。

然而，对于主管人才引进的人力资源部门来说，上述的招聘可不能只是走走过场、作作秀，而应当是实实在在的工作。对于人力资源部门而言，除招聘以外没有其他模块能让业务部门对人力资源部的价值与影响力刮目相看；业务部门在质疑绩效考核、培训时，一般会较少质疑人力资源部门招聘的专业性、有效性，因为道理很简单，没有人干活，就没有办法推动他们现有的业务。基于自身受尊重的需要，基于企业业务拓展的需要，基于人力资源部门秉承"成就自我，成就组织"的需要，人力资源部门应当把招聘当作本部门的核心与重点予以充分的重视。从现在开始，人力资源部门应把招聘当作本部门的业务，全力以赴，不可轻易为之或随意为之，不然的话，后果会很严重。

企业的 HRD（Human Resource Director，人力资源负责人），在你的日常招聘工作中，是否也在无意识地重复这样的故事？Facebook 的招聘失误，应该多少能给我们一些警醒和教育。

事实上，不合格的招聘，同样会花费或浪费企业更多金钱，因为它会让企业丧失掉招聘顶级人才的机会。不合格的招聘会造成严重的费用浪费，但如果这些差的或不好的招聘，放缓了企业革新或产品开发的进度，就会损害每年花费上百万元的客户关系。HRD 和绩效管理、培训及员工关系等职能人员一起协作，去识别或帮助不合格的招聘，提高招聘的有效性；让财务部门进行费用核算，核算每个不合格的招聘到底让企业损失了多少。最后，对于每一个错失的人才，要求 HRD 或者招聘小 C 重新检查招聘流程，以识别哪些点是不合格的，哪些点是需要改善的。

中人网有一句话，一直让笔者很欣赏："成就人才、成就组织！"

对于人力资源部门来说，人力资源部门就是给企业的人才提供空气、土壤、水，让人才在一个公平、公正的环境中成长、提高，而这些成长给企业带来的直接成果就是企业盈利能力的提升、利润的增长、竞争力的提高。对于招聘小 C 来说，这句话则更为直接，成功有效的招聘，既是对人才的成就，也是对企业的成就！

1.2.2　招聘经历让 HRD 地位更加稳固、牢靠

作为 HRD，虽然顶着老板心腹的头衔，但实际上和老板的关系并没有想象中那么密切。而根据一些权威机构的调查显示：由于很多老板在处理人事问题时刚愎自用、野蛮指挥，使得 HR 部门及其负责人成为最容易对老板产生抱怨的群体。老板与 HRD 之间离心离德的现象在中小企业当中尤为明显，似乎已经逐渐成为一种人力资源行业常态，甚至很多企业还为此付出了惨重的经济损失。大多数中小企业基于成本等方面的考虑，在人力资源管理方面的投入一直很不到位。恶性循环之下，越发使得企业在人事管理上一团糟。刚上任或在任的 HRD 的位置似乎不太牢靠。

怎么办？HRD 位置的牢靠与否不能仅停留在组织了多少次培训，招聘了多少

新人,解决了多少次劳动争议,而应当是对企业实际业绩的增长做出多少有价值的、看得见的、实打实的贡献。当企业现有的团队无法实现企业既定的业务目标时,当内部培养的周期长而慢时,当常用的激励、培训等无法奏效时,招聘或引进外部人才或许是 HRD 突围的重点。

《杜拉拉升职记》这部被不少职场白领奉为宝典的职场小说,同名电影更是以不到 2 000 万元的投资成本博得 1.2 亿元的票房收入,大获全胜。主人公杜拉拉可谓春风得意、左右逢源、红极一时,然而却在招聘的工作上遭遇了滑铁卢。彼时,已经升任行政经理的她经过几轮面试挑选,最终选定周亮和帕米拉为新的部门主管。周亮,拥有 8 年的招聘和行政经验,杜拉拉对其面试的表现非常满意,不仅精干、言谈举止得体,而且言语条理清晰;帕米拉,曾在欧洲知名电器公司做行政主管,逻辑清晰、思维敏捷、专业性非常强。可在工作中彻底了解了两位主管后,杜拉拉开始意识到自己当时的招聘决策是多么失败。周亮,学习能力差、逻辑性差、工作没有条理、专业性差。最让杜拉拉不爽的是,周亮自我评价过高,还从不承认自己的错误,对于杜拉拉每次提出的质疑都要求举出实证才肯接受,但即便如此还毫无改过之心;而帕米拉呢,则为人精明、毫无诚信可言、缺乏团队意识。应聘简历中行政主管之职也是杜撰的,实质职位只是较为资深的行政助理。在工作中对下属极为苛刻,对待平级同事也百般刁难,最让杜拉拉难以接受的是帕米拉不但推卸责任,还搞起了越级汇报。

在企业中,如果企业的 HRD 也成了“杜拉拉”,每天在扮演着不同的面试官角色,也因招聘失误招进几个“周亮”或“帕米拉”。试想,这样 HRD 的职位会牢靠吗?“周亮”或“帕米拉”如果成为自己的下属则会给自己的工作带来无尽的懊恼,成为别人的下属,则会产生 HR 部门不专业的口实。企业中的“周亮”或“帕米拉”越多,于 HRD 而言就会越不踏实。对于招聘之事,HRD 不可掉以轻心,随意为之。

如前所述,招聘作为人力资源部的业务,其重要性于人力资源部门而言毋庸置疑。实际上,作为一名 HRD,如果没有招聘经历,就如同一名没有市场基础或业务经验的 CEO 一样。

对于 HRD 来说,HRD 想要在招聘上突围,似乎也并非易事,面临着残酷的现实窘境:想要的人不来,想来的人不要。对于企业来说,想招的人没有,不想招的人却一大把。对于员工也是如此,员工想做的工作进不去,不想做的工作天天有人打电话叫他上班。所以一边是企业招不到人才,一边是人才找不到工作。招聘者烦恼,求职者更烦恼!真是能赚钱的人不想赚钱,不会赚钱的人拼命赚钱。

HR 通过招聘等实打实的工作以对业务部门支撑、协助,帮助业务部门提升短期业绩并不断改善,进一步优化、配置人力资源,作为 HR,这样会更有利于公司的长久发展,更重要的是为企业建立长期竞争优势方面提前做好、做足了准备。

　　HR 成为业务部门的好帮手，对企业来说，就不可或缺了，任何人的价值都是由不可替代性决定的。

　　你，只要不可代替，就会价值无比。

　　作为 HRD 与招聘的小 C 怎么办？要迎难而上！不为失败找理由，要为成功找方法。走进招聘的十大招数，逐步破解招聘的窘态与困境。

| 第2章 |

招聘的十大招数

当我刚刚在远大集团信息课长(注:当时所在企业的管理模式以日本为主导,部门的负责人称为课长)这个职位上干得风生水起、春风如意的时候,也如职场的"杜拉拉"一样,深得领导信任与老板认可。一天与人力资源课长 Y 君在公司的港湾酒吧喝着酒,天南海北地闲聊,不知是酒精作用还是 Y 君有意设局,两个人东一句西一句地聊着,冷不丁地 Y 君问我:

"想不想去旅游? 免费的。"

"哪有这种好事儿?"

"现在各个课室的头儿都在叫着嚷着要人,做招聘的 G 君调去北京专门负责北京的招聘,招聘主管现在没人。来不来? 过期不候,这杯酒我干了。"

"干了。"

当时麦肯锡项目组进驻公司后不久,作为信息课课长的笔者也是麦肯锡项目小组的成员之一。随着项目的不断推进,笔者与人力资源课同事的接触日渐增多,或许在这期间给他们留下了较好的印象,他们选中了笔者。说实话,在当时的情况下,作为一名人力资源领域的新人,笔者并不太懂人力资源有几大模块,也不知道人力资源领域未来有没有发展,对专业性的要求如何均不太清楚,只是凭着对人力资源同事平时工作的神秘感与好奇感,就稀里糊涂地答应了。做招聘的 G 君深得 Y 君、老板的喜爱,被派往北京市场,当时公司拟迁总部至北京,所以在北京进行大规模的招聘。此君对远大的招聘贡献不小,后来被三一重工聘用,职位一路上升至三一集团人力资源高层的前 3 号人物,此为后话。

当时企业正处于高速发展的态势,过不了多久,就会有新部门产生,新的分支机构产生,因此公司的人手总是不够。作为国内首家购买直升机的民营企业,当时远大空调的名气可谓如日中天。尽管知名度够大、够响亮,来公司面试的应聘人员络绎不绝,可被公司录用的人员还是远远不够。随着工作的开展,渐渐地笔者喜欢上了招聘,不仅因为招聘使自己获得了个人职业空间的上升,而且通过招聘了解到其他人力资源模块所不具备的机会。比如,通过招聘可以与公司核心层深入沟通行业的发展、公司的现状、同行的处境以及更多的人力资源同行的资源。

于是笔者从这个职位上逐步地晋升,一直到后来的 HRD,再到目前主管集团人力资源的 VP(Vice President,副总裁),这中间十多年的职业生涯还算平稳,且稳中有升。这期间,一方面是自己勤勉努力的结果,另一方面也多亏当时任职招聘小 C(本文对新入行招聘新手的统称,下同)时打下的一些良好的职业基础,如对市场的感觉、与企业高层的顺畅沟通、与高端人士的自由对接、对行业前沿的良好把握等。

事实上,如前所述,作为一名 HRD,如果没有招聘经历,就如同一名没有市场与业务经验的 CEO 一样缺少职场的底气,终究会难以持久,也难以获得对业务持续、良好的支撑与推动。

感谢招聘,感谢招聘中的委屈、收获、成长!

本章主要介绍招聘中最重要的十大招数来引导新入门的 HR 从业者或新入门的招聘小 C 快速进入招聘这一充满诱惑与挑战的职业,最终成为纵横 HR 职场的高手,这十大招数如下。

第一招:需求来了,招聘小 C 出发吧。

第二招:岗位说明书,小 C 招聘的导航仪。

第三招:亮出你的招牌。

第四招:渠道好,人才好。

第五招:从 Cold Call 出发。

第六招:简历一纸禅。

第七招:招聘之道,唯快不破。

第八招:A 级招聘法。

第九招:招聘的未来——基于移动互联的招聘。

第十招:名企学道,招聘赋能。

第一招到第四招分别讲招聘的需求管理、空缺的职位管理、雇主品牌管理、人才渠道管理;第五招和第六招重点讲招聘之中不可逾越的两道关:电话技能关、初审简历关;第七招和第八招讲针对候选人的管理。对候选人的沟通反馈与录用决策要快,针对顶级人才更要有与普通候选人不同的、差异化的方法与策略;第九招是针对当前的移动互联时代,作为 HR 要顺势而为,要不遗余力地招人、找人、求人;第十招讲从名企学高招,让优秀的、成功的企业赋能招聘 HR。优秀的企业离不开优秀的 HR。正如,2017 年 3 月 30 日,任正非在与华为总部人力资源部部分员工晚餐会的讲话上说:华为的胜利也是人力资源政策的胜利。优秀企业的招聘方法、招聘流程与工具可以帮助招聘小 C 拓展思路、提升技能、快速成长。

招数即是讲述招聘之道,但并没有试图告诉你招聘的全部,本书并非一部招聘的工具书,但它会告诉你招聘中的重点、难点与要点,了解这些要点与难点是成就一名招聘高手的必要条件。招聘的十大招数将帮助你避免招聘过程中许多不必要的问题,并提供切实可行的建议,各个招数不时会有十大策略、五大方法、七大要点等干货,掌握这些内容会让你信心倍增;成功掌握这些招聘过程的核心工具与方法,并对这些内容进行反复实践、琢磨,相信你一定会从一个青葱的校园小生转变成为纵横 HR 职场的高手。

对于职场新人,开始就能进入人力资源领域的招聘模块是一件值得庆贺的事情,一方面你获取了与行业高端人才接触与对话的机会,同时也获得向公司高层汇报与交流的机会,而这并不是人力资源其他岗位都具有的。

　　作为入行招聘的小C,初试招聘之时不要急着打电话、约候选人、组织面谈。招聘工作看似简单,给人的感觉也显得比人力资源的其他岗位轻松,其实背后的压力无人可知;不当的招聘在企业经营中所致的损毁亦无其他可及,招人或引人不当致使企业在这个世界消失的案例不绝于耳。招聘工作,无论是你工作的重要组成部分,还是偶尔为之的职责,它都需要周密的考虑和计划,复杂而又耗时。

　　招聘是一门技术活儿,工作之前了解掌握必要的招聘技巧将帮助你避免在招聘过程中出现一些不必要的问题,提高招聘的质量与效率。为你日后职场上升做好铺垫,当招聘的人才类型到了一定的层次时,必然也会遇到招聘的天花板,层次越往上越不易。招聘的不易,可能非涉猎之初的新手所能理解。

　　世上有许多"欲速则不达"的案例,希望您丢掉速成的幻想,学习日本人踏踏实实、德国人一丝不苟的敬业精神。现实生活中能把某一项业务精通是十分难得的,您不必面面俱到地去努力,那样更难。干一行,爱一行,行行出状元。您想提高效益、待遇,只有把精力集中在一个有限的工作面上,不然就很难熟能生巧。您什么都想会、什么都想做,就意味着什么都不精通,做任何一件事对您都是一个不断学习和提高的机会,都不是多余的,努力钻进去,兴趣自然在。我们要造就一批业精于勤、行成于思、有真正动手能力和管理能力的干部。机遇偏爱踏踏实实的工作者。

——选自《任正非:致新员工书》

2.1　需求来了,招聘小C开工吧

小C问道之招聘需求

　　小C:现在每个部门总是不断提出各种各样的用人需求,忙都忙不过来,怎么办? 领导你知道不,现在仍有部门时不时向总裁提出增加人员的编制与预算申请。

　　主管:你吃过早餐了吗?

　　小C:刚到办公室,哪有时间吃呀。

　　主管:来,我这有牛奶,你喝点吧。

　　小C接过牛奶。

　　主管又递过来一盒。

　　小C:谢谢领导。

　　主管又递过来一盒。

　　小C:不用了,谢谢领导,我饱了。

　　主管:接着。

　　小C:真的不用了,饱了,会撑坏肚子的。

主管:饱了,就不要了。编制也是,满了就不要再招了,要学会拒绝。

2.1.1 招聘中的人才规划

优秀的人力资源离不开有效的人力资源规划与配置。通过预测企业的人力资源需求和可能的人才供给与人力资源配置规划,确保企业在需要的时间和岗位上的人员符合企业的发展要求。人才规划是一项系统的战略工程,它以企业发展战略为指导,以全面核查现有人力资源、分析企业内外部条件为基础,以预测组织对人员的未来供需为切入点。人才规划通过人事政策的制定对人力资源管理活动产生持续、重要的影响。

就招聘而言,人才规划规定了招聘和挑选人才的目的、要求及原则,处于整个人力资源管理活动的统筹阶段,它为下一步整个人力资源管理活动制定目标、原则和方法。招聘小 C 一般较少有机会参与人才规划,但由于人才规划的人员需求直接影响到小 C 的年度招聘计划,所以小 C 需要了解企业的人才规划的基本情况,以便做好自身的人才需求分析。人才规划对于企业及企业的招聘管理有什么重要的意义呢?

1. 好的人才规划可以确保企业发展中的人员需求

对于一个动态的组织来说,人力资源的需求和供给的平衡不可能自动实现,因此就要分析供求差异,并采取适当的手段调整差异。预测供求差异并调整差异是人才规划的基本职能。

2. 企业规划越大,对于人才规划的依赖性也越大

在大型和复杂结构的组织中,人才规划的作用是显而易见的。因为无论是确定人员的需求量、供给量,还是职务以及任务的调整,不通过一定的计划显然都是难以实现的。例如,什么时候需要补充人员、补充哪些层次的人员、如何避免各部门人员提升机会不均等的情况、如何组织多种需求的培训等。这些管理工作在没有人才规划的情况下,就避免不了头痛医头、脚痛医脚的混乱局面。因此,人才规划是组织管理的重要依据,它会为组织的录用、晋升、培训、人员调整以及人工成本的控制等活动提供准确的信息和依据。

3. 良好的人才规划有利于企业的人工成本控制

人才规划对预测中长期的人工成本发挥着重要的作用。人工成本中最大的支出是薪酬,而薪酬总额在很大程度上取决于组织中的人员分布状况。人员分布状况是指企业员工在不同职务、不同级别上的数量状况。如果没有人才规划,则未来的人工成本是未知的、不可控的,最终会导致企业的经营风险上升,管理失控并使企业的效益下降。因此,在预测未来企业发展的条件下,有计划地逐步调整人员的分布状况,把人工成本控制在合理的支付范围内,适时进行人才规划是十分重要的。

　　人才规划是整个人力资源管理的基础，甚至在一定程度上决定了企业的长远健康发展。

　　不过，招聘小 C 在日常的招聘过程中，一般是被动地执行这些人才规划，鉴于人才规划对招聘计划的影响重大，小 C 在执行企业的人才规划与人才需求计划时，仍有必要了解一些直接影响招聘结果的因素，以便为日后的招聘提供参考，以减少日常招聘中不必要的浪费与成本。

2.1.2　人才规划与企业三定

　　在企业中有一种现象，有的部门人数越来越多，并且难以控制，而同时有的部门负责人又在抱怨人手不够，累得要死，部门内加班不断。于是，一种更奇怪的现象又出现了，之前不怎么忙的部门似乎也感觉人手不够，向人力资源部门提出增加人手的要求。看到此种情形，慢慢地会有越来越多的部门经理反应过来了，是呀，为何不多增加一些人手呢？

　　企业职工过剩，大量冗员不但没能给企业带来应有的效益，反而成了累赘；还有一些企业人员散漫，工作松弛，生产效率低；更多的是人力资源管理不够完善，无法提高员工积极性。

　　企业有了人才规划之后，就需要以规划为基础，编制企业岗位计划、人员需求计划等。人才规划以企业预算为基础，只有明确企业的岗位、人员，才可以明确知道企业的需求。

　　如果没有一种针对以上现象的约束机制，在企业，此种现象只会愈演愈烈。一方面企业的人力成本居高不下，另一方面作为企业人力资源的 HR，尤其是招聘小 C，将会疲于奔命，苦不堪言。如何避免呢？企业通过"三定"来共同约束各用人部门的用人行为，是一种行之有效的解决办法，通过企业内部"三定"的组织与实施，可以使用人部门的用人计划得到规范；好的"三定"计划的组织与推广可以使企业招聘进入一个良性循环。

1. 企业"三定"的四个步骤

　　"三定"是指人力资源管理中的定岗、定编、定员（简称"三定"）。"定岗"是指企业内部所需要的岗位，先根据其工作范围和性质，按科学方法确定其数量；"定编"是指明确企业需要多少适合企业发展的个人；"定员"是指严格按照编制数量和岗位质量要求，为企业每个岗位配备合格的人员。

　　企业实施"三定"一般有以下四个基本步骤。

　　第一，人才规划。在公司进行定岗、定编、定员的工作时，首先要统计如下数据和资料：薪酬体系、职位体系；上年度的销售额、成本、利润；本年度销售额及利润。

根据以上数据测算出今年需要增加的成本总额(需财务、企划、人力共同参与),进一步测算出预期增加的成本总额及人员和岗位。

第二,公布职位,公开报名。按照预期的职位分类要求修订职位说明书,对外公布内设机构、编制、职位及任职条件。由符合定岗基本要求的人员,根据各职位的任职要求和条件,自行申请任职职位。

第三,资格审查,考试考核,民主评定。

第四,决定任命。对最终符合要求人员发放聘任书,签订岗位责任书和劳动合同。

通过合理的"三定"管理,可以使企业有效地招收员工,组织培训,从而进行高效的员工分配以及储备。"三定"管理可以准确地确定人员的工作时间和工作种类,使各个工种、各个环节的员工需求量得以充分利用,以便及时有效地保证质量。专业性强的员工在适合自己的岗位上工作,达到人尽其用的目的,充分发挥他们的才能,也能提高产品质量,降低企业不必要的损失。通过合理分配工作岗位上的人员数量,避免在职工作人员人浮于事、纪律松弛等现象,提高劳动生产率。

招聘小 C 应充分利用企业的"三定"工具来规范企业的用人管理,企业的三定表是企业规范化用人的指南针。尤其是对于大型的生产型企业来说,由于生产型企业相对稳固的组织业态使得这类企业的"三定"尤为重要,通过三定表的定期管理,可以有效地盘点企业的人才结构、人才使用情况。对于大型的企业集团来说,由于绩效考核的导向性面向资产、产出、效益而较少考虑人力成本的因素,所以定期的企业"三定"管理是人才盘点最直接、最有效的方式。曾经有一个不到2 000 人的企业通过为期三个月的"三定"管理,裁减冗员近 100 人,比例竟然高达5%左右,这是在实施企业"三定"之前没有想到的。

2. 企业常用三定表

企业通过规范、严格的"三定"程序之后会形成企业汇总的三定表。经企业审批的三定表是小 C 在招聘中的依据,也是招聘计划拟制的基础。三定表中根据"三定"的要求,确定部门的总人数、部门的岗位数、岗位所对应的员工及未来需要新增的人数、岗位数。表 2-1 为××股份有限公司三定总表。

表2-1　××股份有限公司三定总表

编制单位:××股份有限公司

序号	部门名称	二级部门	岗位名称	姓　名	编制	在册	缺岗	备注
1	行政部		行政经理	＊＊＊＊＊＊	1	1		
2			行政副经理	＊＊＊＊＊＊	1	1		
3			系统管理员	＊＊＊＊＊＊	1	1		
4			IT经理	＊＊＊＊＊＊	1	1		
5			网络管理员	＊＊＊＊＊＊	1	1		
6			档案管理员	＊＊＊＊＊＊	1	1		
7			前台	＊＊＊＊＊＊	1	1		
8			司机	＊＊＊＊＊＊	1	1		
9			司机	＊＊＊＊＊＊	1	1		
10			保洁	＊＊＊＊＊＊	1	0	1	
11			保洁	＊＊＊＊＊＊	1	1		
	小计				11	10		
12	人力资源部		人力资源总监	＊＊＊＊＊＊	1	1		
13			人事专员	＊＊＊＊＊＊	1	1		
14			招聘专员	＊＊＊＊＊＊	1	1		
15			绩效专员	＊＊＊＊＊＊	1	1		
16			培训专员	＊＊＊＊＊＊	1	1		
	小计				5	5		
17	财务部		总经理	＊＊＊＊＊＊	1	1		
18		会计部	成本会计	＊＊＊＊＊＊	1	1		
19			费用会计	＊＊＊＊＊＊	1	1		
20			代表处会计	＊＊＊＊＊＊	1	1		
21			销售会计	＊＊＊＊＊＊	1	1		
22			费用出纳	＊＊＊＊＊＊	1	1		
	小计				6	6		
23		资金部	资金经理	＊＊＊＊＊＊	1	0	1	
24			资金出纳	＊＊＊＊＊＊	1	1		
	小计				2	1		
25		武汉公司	财务总监	＊＊＊＊＊＊	1	1		
26		益阳公司	财务副总监	＊＊＊＊＊＊	1	1		
27			会计	＊＊＊＊＊＊	1	1		
28		内蒙古公司	财务总监	＊＊＊＊＊＊	1	1		
29		怀化公司	财务总监	＊＊＊＊＊＊	1	1		
30		湖南代表处	会计	＊＊＊＊＊＊	1	1		

续表

序号	部门名称	二级部门	岗位名称	姓　名	编制	在册	缺岗	备注
31	财务部	广东代表处	会计	＊＊＊＊＊＊	1	1		
32		工程部	会计	＊＊＊＊＊＊	1	1		
33		售后服务部	会计	＊＊＊＊＊＊	1	1		
34		海南代表处	会计	＊＊＊＊＊＊	1	1		
35		代表处	会计	＊＊＊＊＊＊	4	0	4	
		小计			14	10		
36	审计与合规部		总监	＊＊＊＊＊＊	1	1		
37			经理	＊＊＊＊＊＊	1	1		
		小计			2	2		
	合　计				40	34	6	

2.1.3 招聘需求分析

通过企业的人才规划及企业"三定"的实施,企业的用人计划会逐渐明朗、清晰,各用人部门会根据自身的工作进度提出相应的用人需求。

在招聘需求分析的一般性流程中,图 2-1 中大部分的流程(实线部分)均由企业的中高层及用人部门的主管主导完成,而虚线部分则是由招聘小 C 主导。

1. 招聘需求分析的一般性流程

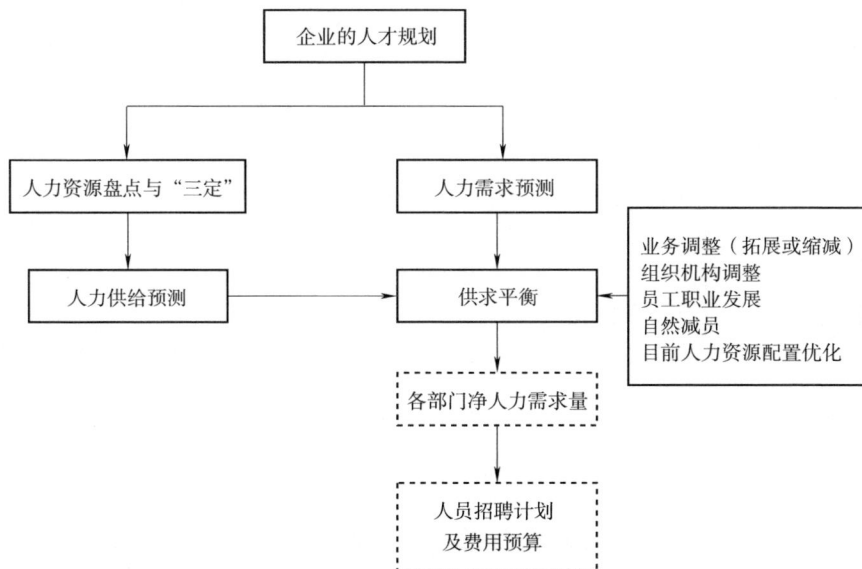

图 2-1　招聘需求的一般性流程

2. 招聘小 C 在拟定企业的招聘需求时应注意的问题

- 人员招聘需求应建立在对组织内部现有员工认真分析的基础之上。
- 企业内外部的环境因素会对招聘需求产生较大的影响。
- 某一岗位的需求可能只是暂时的。
- 并非所有的空缺岗位均需增补;现在无人履行的职责可以添加到新的工作岗位上;可以让现有雇员分担空缺岗位职责,有时两个人分担同一工作比一个人做更有效。

2.1.4 年度招聘需求计划表

企业三定表是小 C 招聘的纲领性文件,也是招聘计划拟订的依据。在实际工作中,除了企业三定表之外,各个部门会以三定表为总前提,结合本部门的实际情况提出本部门年度的招聘需求,重点包括到岗时间、岗位的素质要求等。小 C 则根据各个部门所提交的招聘需求审批表,见表 2-2,以部门为单位汇总,编制操作性更强的企业年度招聘计划表,见表 2-3。

表 2-2　招聘需求审批表

部门名称			需求岗位		
□编制内	□编制外		缺编人数		
要求到岗时间					
人员需求理由					
人员条件					
年龄	性别	学历	身高	薪资标准	
人员需求部门补充说明(能力、经验、资格证等): 　　　　　　部门经理签字:　　　　　　日期:					
分管总监/总经理意见(需求科员以上岗位请填写此意见): 　　　　　　签字:　　　　　　日期:					
人力资源部意见: 　　　　　　签字:　　　　　　日期:					
人力资源总监意见: 　　　　　　签字:　　　　　　日期:					
总经理意见: 　　　　　　签字:　　　　　　日期:					

注意事项:

1. 该表适用于所有编制内人员的招聘。
2. 所有招聘岗位均需提供岗位说明书作为本表附件。

表 2-3　年度招聘计划表

时间：　　　年　　　月

序号	需求部门	现有编制	增加编制	增加岗位	增加理由	岗位基本要求	来　源 □内部 □外部	到岗时间

编制：　　　　　　审核：　　　　　　审批：

2.1.5 【新技能 get√】学会拒绝，你招聘的工作量可以减少

上一个岗位还未完成，案头便又放了几个部门的需求表，小 C 又忙又乱，工作似乎没有尽头。

作为一名招聘小 C，忙碌的工作状态似乎是经常的；反过来，招聘工作繁忙又在一定程度上反映了企业的兴旺与发展的迅速。作为一名忙碌的小 C，面对接二连三的工作，面对各个部门用人需求电话的轮番轰炸；面对候选人各种不报到的说辞，你是否已身心俱疲，热情不再？怎么办，一直是这种状态呢？还是改变？

其实，有时候拒绝也是一种工作方法，学会拒绝也是职场人士应当掌握的技能之一。对于每天有做不完的工作的小 C 来说，为了提高招聘质量与招聘效率更应当如此。

在招聘的组织与实施中，对于用人部门超出管理编制的用人需求，拒绝是对所在企业人员编制体系的尊重，也是引起用人部门用人反思的极佳机会。为什么有

做不完的招聘？高流失率、部门负责人的管理是否得当似乎也应当是其中的重要理由。

拒绝需要做到有理有据，且语气、时机也需要有一定的分寸。

当有部门提交没有审批的招聘需求审批表时，你当然可以拒绝。如果你碍于情面，受伤害的一定是你；如果你实在无法拒绝，可以试着将这个艰难的任务交给你的主管去解决。同时，招聘小 C 需要记住的是，并非所有空缺岗位都需要填补。你如果能够发现其不合理性，那当然更好；发现不了，你也有必要根据岗位的重要性来安排空缺岗位招聘的轻重缓急。

总之一句话，当你应接不暇的时候，如果遇到不合理的用人需求，你要做的第一件事就是拒绝，其次才是说理；如果遇到合理且必需的用人需求，你要做的第一件事就是调整你的招聘计划，其次才是有条不紊地实施你的招聘计划。从现在开始，试着做一名从容的招聘小 C。

2.2　岗位说明书，招聘的导航仪

小 C 问道之岗位职位

小 C：我的同事有的岗位升了，有的职位也调整了，就连与我一起来公司的小刘，岗位也升了，工资也调高了，我却还是原地不动。主管，你说我该怎么办？

主管一言不发，从公司食堂拿来一个鸡蛋递给小 C。

主管：仔细看看这个蛋。

小 C 仔细看了看手中的鸡蛋，喃喃自语：主管，您的意思是……让我把工资、岗位看淡些？工作再认真、仔细些，那么日后我的岗位就会得到更大的提升？

主管指了指鸡蛋，说：再看看。

小 C：不懂。

主管：我的意思是你连岗位、职位都分不太清楚，还跟我谈什么，该忙忙去吧，有这份闲心，还不如多找几份简历，多打几个电话。

2.2.1　区分岗位、职位、职务

上面例子中的小 C 没有仔细区分岗位、职位，他也许认为这两者差不多，或者根本就是一回事儿。同事不是岗位升了，而是职位升了；不是职位调整好了。而是岗位调整好了。

对于职场老手，或者是职业化程度较高的候选人来说，岗位与职位不可混淆，也不能混淆。

而初入职场的小 C 们，有时难以区分岗位、职位、职务，认为这个并不重要，并

无大碍,甚至懒得去区分,经常混为一谈。对于普通的面试人员来说,这也许不太值得挑剔,不会引起关注或反感;然而对于一些资深的面试人员或者职场老手们来说,却总是感觉如鲠在喉,总觉得面前的这个小 C 缺点什么。这一小小的失误也让小 C 一下子就在候选人面前暴露了他是新手的身份。了解岗位、职位、职务之间的区分与称谓不同,有时也会被候选人视作小 C 们是否专业的分界线。

岗位、职位、职务三者之间有着较为严格的区分。

岗位指某人所担负的一项或数项相互联系的职责,岗位与人是一一对应的,也就是有多少个岗位就有多少个人,两者的数量相等。而职位则是指承担一系列工作职责的某一任职者所对应的组织位置,职位是企业组织的基本构成单位,职位与职位的任职者一一对应。比如同样是出纳这个岗位,同一个企业内出纳人员所做的工作大体相同,但也不完全一样,出纳这个职位此时对应许多出纳岗位。

职务是指企业员工所从事工作的类别。职位是具体到某一个点上,通常而言,组织与职务结合就是职位。这种理解可能有时不准确,比如同样是总经理这个职务,有的是分公司总经理,有的是大区总经理,虽然头衔一样,但所承担的职责和任职资格要求差异很大,是明显不同的两个职位,职务可以体现对任职者的认可和尊重。

职位与岗位不是一个概念。我们说经理是个职位,秘书是个职位,但很少说经理是个岗位。通常我们将岗位分为管理岗位或是一般岗位。职位随组织结构定的,而岗位是随事、随人定的,也就是我们常说的因事设岗、因人设岗。岗位是与人对应,只能由一个人担任,一个或若干个岗位的共性的体现就是职位,即职位可以由一个或多个岗位组成。比如,制造型企业的生产部门的操作员是一个职位,这个职位由很多岗位的员工担任,如果具体到某个工序就是岗位了,如钻孔操作员,操作员的职位可能由钻孔操作员、层压操作员、丝印操作员等岗位组成。对于组织而言,岗位和职位的演变是随着组织的不断扩大而不断产生的。又如,保安是一个职位,而不是一个岗位。职位对应一个类别,而岗位对应的是一个具体的人。如保安是职位类别,泛指一个职位,而大门保安、商场保安则是一个岗位。

职务表示的是工作的类别,而职位表示的是工作任务;职务与企业的组织机构没有直接的关系(确切地说,一个职务可为多个部门所有,而一个部门也可以有多个职务),职位与企业的组织机构有直接的关系(一个职位只能为某个具体的部门所拥有)。岗位与企业的具体人员对应。

一般而言,每个职位只需撰写一份职位说明书,如果工作职责 70% 以上发生重叠并且没有 10% 以上的显著不同,我们认为是同一个职位。不同岗位应有不同的岗位说明书。

1. 岗位分析的意义和作用

(1)岗位分析可以促使企业岗位的用语标准化。

（2）岗位分析不仅是招聘和录用的基础工具，而且其收集的信息对人力资源管理的许多环节都十分有用。

（3）岗位分析在招聘过程中的主要作用在于确定招聘标准，使得招聘工作能够做到有的放矢。

（4）岗位分析对确定每一种岗位的价值和给每一种岗位相应的报酬都是很重要的。

（5）岗位分析可以确保工作绩效鉴定是否真正与岗位相关联。

（6）岗位分析还有利于有的放矢地安排培训工作。

2. 岗位分析的六个步骤

步骤一：确定信息的用处以及收集资料的方法。

步骤二：对已有的相关资料进行收集、积累和分析。

步骤三：选择将要被分析的岗位中有代表性的进行分析。

步骤四：对选定的岗位进行实际分析。

步骤五：针对第四步完成的岗位分析，对该岗位的任职者和有关人员（如直接管理领导）进行访问、修正。

步骤六：进行岗位描述的最后说明。

2.2.2 了解岗位说明书

如果人才可以算作一种商品的话，那么作为招聘的小 C 来说，其工作就有点类似人才采购工程师。试想，你去采购产品，采购前当然要了解所购产品的技术参数。岗位说明书类似人才产品的技术参数文本。

招聘小 C 在招聘之前应当做好充分准备，详细地了解所聘岗位的岗位说明书，没有岗位说明书的招聘无疑是盲人摸象，不得要领。

岗位说明书又称工作说明书，包括职位基本信息、工作内容、工作目标与职责、任职资格、专业技能、证书与其他能力、确认签字等。

编制岗位说明书是人力资源管理中最为基础的工作，也是薪酬制度、考核标准、培训内容等确立的依据，为人员的招募、甄选提供了决策依据，大幅度提高人员甄选技术的效度和信度，降低组织的用人风险，提高员工的整体素质与工作适应性。通过岗位说明书中提供的任职资格描述，可以提高组织内部人力资源配置的效果，提高员工的适岗率，使组织内部的人力资源得到正确、有效的利用。最终提高员工甄选的效度。

岗位说明书要求规范、清晰。在编写之前，需要确定岗位说明书的基本结构、规范用语和各个栏目的具体内容。当职位任职者、职位直接上级和人力资源部经理共同在岗位说明书上确认签字后，该说明书将成为员工招聘与甄选的主要依据性文件,也是后续面试与录用的依据性文件。在岗位说明书的编制实践中,需要注意以下几个细节。

1. 岗位说明书应注意的四大要点

(1)准确定位岗位说明书各个项目的内涵和边界。

撰写岗位说明书之前,应准确定位说明书中各个项目的内涵和边界。岗位名称、岗位编号、所在部门、直接上级与下级、所辖人员、岗位定员与所在的职系及岗位分析日期等内容,均是一个职位最基本、最独特的信息,可以帮助人们形成对该职位的最直观、最初始的印象,并与其他职位形成区别与差异。

职位概要是从宏观层面把握职位职责的一种概括性表述,不同于职责与工作任务部分的描述。职责与工作任务则是对职位概要的具体化和明细化,是对特定职位主要的职能及对应职能下所涵盖的主要职责的详细描述。职位概要一般要求按照"职责 + 范围 + 目的"的范式进行。比如,人力资源部经理的职位概要是"组织管理公司人力资源的选、用、育、留工作,保证公司发展和管理工作对人力资源数量和质量的要求"。其中,"组织管理人力资源的选、用、育、留工作"是人力资源部经理的职责,职责的权限范围为"公司",目的是"保证公司发展和管理工作对人力资源数量和质量的要求"。

(2)认真梳理、多层审批与把关、力求全面、无遗漏。

无论是职责与工作任务的描述,还是任职资格的规定,都应遵循"穷举、互斥"原则,达到"既包括所有工作内容,又避免相互重叠"的目的。

为确保职责与工作任务描述的完备性,对于部门、科室等负责人的职能,原则上可分为"制度、计划和文件管理""业务管理""部门/科室管理""其他"四大类。其中,如果"业务管理"类涉及的内容较多,还可以进一步细分为具体的业务职能。一般员工的职能,可按照其工作的流程划分。比如,人力资源部经理的职能分为"制度、计划和文件管理""组织与职位管理""招聘管理""培训管理""部门管理""其他"等几类。"其他"类中主要涉及与平行部门的业务协作关系,以及完成上级领导布置的工作任务。

为避免任职资格规定的反复性,首先要明确各项目的内涵。比如,"知识"是完成本职位工作所需的关键知识;"能力与技巧"是职位对任职者的关键能力要求。进而圈定各项目书写的内容或格式。比如,"知识"就是载入文件、书本的文字性内容;"能力"的描述,最好按照"应具备的能力 + 要完成的任务或活动"的模式进行。

(3)拿捏词语,描述准确,切合实际。

描述工作职责时应特别注意用词的恰当性,最好选择比较专业的词汇。

例如,人力资源部经理"负责企业人力资源管理制度、计划等的制定和执行"

这一职能,就可扩展为诸如"组织建立、健全人力资源管理相关各项制度,报批后组织实施""组织编制年度人力资源管理工作计划,报批后组织实施""审核人力资源管理相关文件并督导实施""督导人力资源管理制度、计划等文件的执行"等若干明细,要包括具体的工作职责。

另外,在描述职位所需的"核心知识""核心能力""通用技能"等项目时,应注意运用程度性词汇。比如,核心知识可分成"非常熟悉""熟悉""了解"三个层次。人力资源部经理应"熟练掌握现代人力资源引进、开发、管理知识""全面理解公司的发展愿景,熟悉公司和专业公司的业务整体运作流程及制度,熟悉公司各部门的职能、职责、职权"。又如,核心能力可分成"很强""较强""一般"三个层次。人力资源部经理的核心能力之一是"很强的计划管理能力,能有效制定公司的人力资源管理工作相关制度并督导实施"。

（4）主次分明,突出重点。

工作职责包括职能和具体职责两个部分。

职能是根据业务流程或工作性质、内容对各项职责的概括;具体职责是对某项职能执行过程的描述。为体现条理性,两者最好都按照业务流程的顺序加以描述。若职能间缺乏必要的流程关系,也要按照相对重要性排序确定。所谓相对重要性,即岗位职责的主次顺序或占用任职者工作时间的多寡来权衡。

为进一步突出重要性,一般每个职位的职能划分以及对每项职能的描述都不宜超过六项,并遵循"穷举、互斥"原则。书写具体职责时,可采用动宾短语结构,以提高精准性。比如,人力资源部经理"制度、计划、文件管理"职能中的第一项具体职责为"组织建立、健全人力资源管理相关的各项制度,报批后组织实施"。

2. 岗位说明书主要内容

（1）职责与工作任务:是指为了在某个关键领域取得成果而完成的一系列任务的集合,它常常用任职者的行动和行动目标加以表达。例如,维护客户关系,以保持和提升公司在客户心中的形象。

（2）权限:是指为了保证职责的有效履行,任职者必须具备的、对某事项进行决策的范围和程度。它常常用"具有批准……事项的权限"进行表达。例如,具有批准预算外 5 000 元以内的礼品费支出的权限。

（3）工作协作关系:分为内部协调关系、外部协调关系。

（4）任职资格:是指为了保证工作目标的实现,任职者必须具备的知识、技能与能力要求。它常常胜任职位所需要的学历、专业、工作经验、工作技能、能力（素质）等来加以表达。从教育水平、专业、培训经历、经验等几个方面加以描述。

（5）其他:由使用工具设备、工作环境、工作时间特征、所需记录文档等部分构成。

（6）备注：有部分岗位说明书需要进行特殊标记的部分，如有些临时性的工作岗位等。

【实用文档】岗位说明书

招聘过程中会经常用到岗位说明书，有的小 C 甚至在招聘资料中准备了一个资料夹专门存放拟聘人员的岗位说明书，这是一种很好的职业习惯。

以下列举几个招聘过程中常见岗位的岗位说明书，需要说明的是，每个企业对于岗位职责的要求与定义不一样，下述的示例仅供参考，各企业应根据实际需要进行调整与补充。

1. 招聘主管岗位说明书

岗位名称	招聘主管	岗位编号	—
所在部门	人力资源部	岗位定员	1 人
直接上级	人力资源部部长	职　系	员工级别
直接下级	—	岗位分析日期	
所辖人员	—		

职位概要：负责公司员工招聘与面试管理，协调公司的员工编制，协调及部门人员配置与优化，实现人员合理配置、人岗匹配

职责与工作任务：

职责一	职责表述：招聘计划的拟订	
	工作任务	1. 根据现有编制及业务发展需求，协调、统计各部门的招聘需求，编制年度人员招聘计划
		2. 根据年度招聘计划，进行年度招聘费用预算
职责二	职责表述：招聘流程的建立和完善	
	工作任务	1. 建立和完善公司招聘管理制度
		2. 规范招聘流程和行为规范
职责三	职责表述：招聘渠道的开发和维护	
	工作任务	1. 开发并维护招聘渠道
		2. 择优选择优良的招聘渠道
职责四	职责表述：招聘的具体实施	
	工作任务	1. 有计划地执行招聘、甄选、面试、选择、安置工作
		2. 进行聘前测试和简历甄别工作
		3. 企业人才库的建立

职责五	职责表述：招聘效果的评估和管理	
	工作任务	1. 招聘人员数量和质量的分析
		2. 招聘预算费用和实际产生费用的分析
		3. 为下次招聘活动提出优化措施和建议

工作权限：

使用本工作岗位内的职责权限

工作协作关系：

内部协调关系	各部门、部门内部
外部协调关系	上级部门、各部门员工

任职资格：

教育水平	大学专科以上
专　　业	人力资源、行政管理等相关专业
培训经历	接受过相应人力资源相关的业务与管理技能培训
经　　验	3 年以上同岗位的工作经验
知　　识	人力资源相关业务知识、有一定的课程开发知识、相关培训知识、熟悉公司的企业文化
技能技巧	熟练掌握各种办公软件及培训演讲技能

其他：

使用工具设备	计算机、网络
工作环境	不需要独立办公室
工作时间特征	正常休息日、需要加班
所需记录文档	工作相关的文档

备注：

2. 薪酬管理专员的岗位说明书

岗位名称	薪酬管理专员	岗位编号	—
所在部门	人力资源部	岗位定员	1 人
直接上级	人力资源部部长	职　　系	员工级别
直接下级	—	岗位分析日期	
所辖人员	—		

职位概要：负责公司薪酬规划、核算、分析、薪资档案等相关人事工作，确保薪酬核算的准确性及薪酬对内对外的相对公平性

职责与工作任务：

职责一	**职责表述：** 拟定和完善公司薪酬福利制度	
	工作任务	1. 负责公司薪酬管理制度、总部定薪制度的拟定
		2. 对事业部、分（子）公司权限范围内制定的薪酬实施细则进行专业指导
		3. 相关薪酬调整方案的建议提交
职责二	**职责表述：** 员工薪酬的贯彻、宣传、咨询工作	
	工作任务	1. 薪酬制度与方案的贯彻执行
		2. 薪酬制度的宣传与解释
		3. 薪酬疑问的咨询、解答
		4. 权限范围内的员工定薪调薪建议和核准后的反馈：填写员工异动薪资确认单，并与员工确认
		5. 协调处理员工薪资疑问
职责三	**职责表述：** 薪资的核算与发放，薪酬台账的建立	
	工作任务	1. 每月薪资的数据收集，准确核算，工作发放呈批；配合财务按时发放
		2. 建立与更新薪酬台账，保存相关薪酬档案
		3. 新员工工资卡的办理
职责四	**职责表述：** 负责人力投入管理	
	工作任务	1. 在部门经理的指导下，按公司年度预算要求，组织编制公司年度人力投入预算
		2. 结合外部环境与组织环境，进行薪酬分析
		3. 对人力投入预算的执行情况进行统计分析、总结及过程监控
		4. 指导、核查事业部、分（子）公司人力投入的使用和管理
职责五	**职责表述：** 其他薪酬方面的具体事务	
	工作任务	1. 建立月度薪酬报表，及时更新日常薪资报表
		2. 每月薪酬异动及时对接到公司 OA 系统
		3. 与各部门其他薪酬对接工作
		4. 与行政部门对接劳务派遣员工信息，相关资料交与派遣公司
职责六	**职责表述：** 办理新入职员工的入职手续	
	工作任务	1. 收集、审核报到员工相关资料、证件，组织签订劳动合同、保密协议
		2. 办理录用员工体检相关事宜
		3. 进行公司制度及规定的讲解及公司基本介绍
		4. OA 的开通及基本资料的录入
职责七	**职责表述：** 员工人事档案的整理、保管	
	工作任务	每月清理入离职及人员异动档案

工作权限：	
使用本工作岗位内的职责权限	
工作协作关系：	
内部协调关系	各部门、部门内部
外部协调关系	上级部门、与工作业务办理相关的政府部门等
任职资格：	
教育水平	大学专科以上
专　　业	人力资源、行政管理等相关专业
培训经历	接受过相应人力资源相关的业务与管理技能培训
经　　验	两年以上同岗位的工作经验
知　　识	• 掌握现代薪酬管理的基础理论及方法，能深刻理解公司薪酬策略 • 熟悉最新的个税计算方法 • 熟悉《中华人民共和国劳动法》规定及地方性有关员工福利、薪酬方面的规定 • 能熟练运用各种模型进行统计分析
技能技巧	• 沟通能力：能引导沟通主题，能运用语言及文字等沟通方式获得对方的认同和支持 • 分析能力：能运用各类图表进行数据的系统分析，结果清晰，并能依据分析结果提出合理化建议 • 执行能力：严格按计划及各类标准执行，确保执行结果的准确性 • 熟练掌握各种办公软件（尤其是 Excel）
其他：	
使用工具设备	计算机、网络
工作环境	不需要独立办公室
工作时间特征	正常休息日、偶尔加班
所需记录文档	工作相关的文档
备注：	

3. 设计师的岗位说明书

岗位名称	设计师	岗位编号	—
所在部门	策划设计部	岗位定员	—
直接上级	策划设计部部长	职　系	—
直接下级	无	岗位分析日期	—
所辖人员	无		
职位概要：保值、保量、高效、高质地完成设计组主管派发的规划馆与博物馆类设计任务，确保设计方案达到投标要求			
职责与工作任务：			

职责一	职责表述：拿出高水准方案，把控好方案设计方向、设计风格等	
	工作任务	1. 与策划师沟通交流定好设计方向，收集大量素材拓展思维
		2. 提取可用素材加以深化，使其能紧扣主题
职责二	职责表述：指导效果图师按时、高质地完成出图任务，实现自己的设计意图	
	工作任务	1. 画图之前先与效果图师沟通设计意图，画手稿或者提供参考图片并加以详细说明
		2. 效果图深化过程中时刻注意细节的处理及策划师要求布置的内容、文字等
		3. 监督效果图师按时保质完成任务
职责三	职责表述：即时与组长、部长沟通设计意图、设计成果，提升设计质量	
	工作任务	1. 前期定设计方向时跟组长沟通召开全组会议，大家一起讨论决定设计方向
		2. 做效果图之前先与组长沟通，确定初步想法可行之后再开始做效果图
		3. 效果图出图前先出小样，大家开会讨论力求做出精品
		4. 效果图的后期 Photoshop 处理

工作权限：

本岗位工作建议权。项目成本的把关与审核

工作协助申请权

工作协作关系：

内部协调关系	本工作组
外部协调关系	

任职资格：

教育水平	设计类院校本科以上学历
专 业	设计类
培训经历	
经 验	3 年以上设计行业从业经验，有展馆行业从业经验者更佳
知 识	独立操作 3ds Max、VARY、Photoshop、AutoCAD，其中 3ds Max、Photoshop、AutoCAD 必须熟练掌握，有较强的独立设计能力，思维活跃，创新意识强，有较强的审美能力
技能技巧	对材料及施工方法掌握良好，懂人机工程学，有较强的尺度把握能力，能带领效果图师独立完成设计任务。掌握较强的效果图表现能力及技巧，熟悉公司业务特点，可以放心交付工作

其他：

使用工具设备	计算机、一般办公设备（电话、传真机、打印机、Internet/Intranet 网络）
工作环境	非独立办公室
工作时间特征	正常休息日
所需记录文档	任务记录表

备注：

2.2.3 编制招聘手册

如果将人才比喻为有形资产,那么小C在应聘队伍中寻人、找人的过程,也可以说是史上最复杂的产品采购过程。正如前文所述,这种产品采购是否得当不仅直接影响企业的利润,严重的会影响企业的生死,不可谓不重要。

面对如此重要的工作,作为其中的参与者,我们的工作怎么精细也不过分!

10年前,笔者带部门的小C去参与华中地区最大的一次现场招聘会,招聘会现场人山人海,到达招聘会现场后,我随口问小C,东西带了吗? 小C说带了,然后就从随身包里掏出一支笔,还有一个便携式的笔记本电脑。笔者说,还有吗? 没有啦。笔者说,这么重要的活动,这么重要的工作,你就带了一支笔,而且居然还是一支脱了帽的圆珠笔。

作为一名职业小C,除了上面所述的"常规性武器"招聘制度、招聘流程、招聘实用的管理表格之外,你要与别人不同,要想出类拔萃,超出一般,就一定要有自己的"重磅武器",不能仅凭一张嘴、一双手打天下。这个"重磅武器",笔者称之为招聘手册。

1. 招聘手册的主要内容

招聘手册是所有招聘管理工具的集大成者,包含招聘的管理制度、招聘流程、招聘所需要的管理表格以及招聘中的其他方面。

招聘工作因涉及方方面面,工作不可谓不细,不可谓不重要。如果能有一个工具将与招聘有关的工作分门别类、全部集中存放,将极大提高招聘工作的效率与质量。招聘手册就是这样一个工具,通过招聘手册,可以将招聘过程所需要的重要资料全部列入,以备招聘过程中查询与使用。

招聘手册的主要内容一般可包括如下内容。

一、总则

1. 招聘管理手册编制目的

2. 招聘原则

3. 适用范围

4. 类别与组织

二、招聘指南

招聘主要工作

三、人员录用

1. 确定人选

2. 录用通知

四、招聘人员行为规范

1. 需要提前熟知的信息

2. 招聘人员礼仪与形象

3. 统一着装

4. 基本礼仪

5. 总体要求

五、招聘管理制度

1. 招聘管理办法

2. 寻聘管理办法

六、招聘流程

1. 需求计划审批流程

2. 校园招聘组织流程

3. 内部举荐流程

4. Cold Call 流程

七、招聘常用表单

1. 应聘人员登记表

2. 需求审批表

3. 录用通知单

4. 新员工报到通知书

5. 背景调查表

2. 招聘指导书内容要点

拥有一套本企业完整的招聘手册,会让小 C 们的工作轻松不少,又能有效保障招聘的质量与效率。但如果来不及编写招聘手册,抑或企业的发展规划与历程暂不需要编制大而全的招聘手册,其实编写一个简易的、小而精的招聘指导书对于小 C 们来说也是一个不错的选择。招聘指导书是招聘手册的简易版,招聘指导书将招聘过程中的要点与主要细节列举出来,相对于招聘手册而言,内容更加简洁、且便于携带、查找方便。招聘指导书中招聘工作的操作步骤为招聘指导书中最核心的内容,主要包括如下方面。

(1)用人申请接收及处理。

(2)更新月招聘计划及跟踪情况表。

(3)招聘信息的发布。

(4)简历的收集。

(5)简历筛选。

(6)预约面试。

(7)开始面试前准备工作。

(8)面试工作。

(9)面试结束后期管理。

(10)信息反馈。

以下为一个企业在用的招聘指导书,对于小 C 而言具有较高的实操性,建议可参考此样本试着编写自己企业的招聘指导书。

【实用文档】招聘指导书

1. 目的

为了规范作业流程,指导新入职招聘专员而设定。

2. 范围

适用于人力资源部招聘专员、招聘主管。

3. 职责

3.1　由各部门主管审批、人力资源部审批、人力资源总监审批、总裁审批招聘需求审批表。

3.2　由各部门主管/副主管级别以上签批应聘登记表部门意见。

3.3　招聘专员负责日常招聘信息发布、简历收集、审核、组织面试等工作。

4. 招聘工作操作步骤

4.1　用人申请接收及处理。

4.1.1　根据各部门主管提交的招聘需求审批表编制月招聘计划跟踪表并及时更新。

4.1.2　审核申请部门招聘需求审批表,包括申请部门、编制人数、需求人数、需求岗位、现在人数、岗位级别、申请日期、到职日期、工作时间及内容、专业要求、年龄要求、同岗位工作经验。

4.1.3　审核申请部门意见:部门主管签字、日期,分管副总裁签字、日期。

4.1.4　审核行政人事部意见:部门主管签字、日期,分管副总裁签字、日期。

4.1.5　签批完后由部门主管交给招聘专员。

4.2　更新月招聘计划及跟踪情况表。

4.2.1　编制月招聘计划跟踪情况表,包括根据申请部门、招聘岗位、需求人数、申请日期、到岗日期、性别、学历要求、专业、工作时间、年龄、其他要求、面试通过人数、核查情况、还需人数、备注。

4.2.2 根据各部门提交的招聘需求审批表,将各部门各岗位的具体要求填写在制作的月招聘计划跟踪表中。岗位还需人数 = 需求人数 - 面试通过人数,每天根据各岗位面试通过的人数及部门提交的招聘需求审批表及时更新月招聘计划及跟踪情况表。

4.2.3 部分岗位的具体要求不够明确或无法确定时,根据部门提交的招聘需求审批表第一时间和部门主管沟通。

4.3 招聘信息的发布。

4.3.1 接到部门主管已签批的招聘需求审批表后,在公司签约的前程无忧网、智联招聘、猎聘网等招聘渠道上第一时间发布招聘信息。

4.3.2 每周将招聘需求张贴在公司大门外招聘宣传栏内。

4.4 简历的收集。

4.4.1 每周一、三、五上午收集简历并进行分类储备。按大专以上男、女,高中以下男、女,分类储备。对于部分特殊岗位,如叉车司机、电工等技术类的简历储备在单独的文件夹中。

4.4.2 网上简历的下载,同样按简历储备的分类,将网上的简历分类下载。

4.4.3 特殊简历处理。

接到特殊简历,应单独做好记录并分类储备,并及时填写特殊岗位简历记录表,其中包括有特殊简历的简要情况,如姓名、电话、年龄、学历、专业、简要工作经历、求职意向、推荐人姓名等,符合应聘条件的优先安排。并登记跟踪所应聘的部门和岗位。包括纸质和电子档。定期查阅特殊简历电子档,如有合适岗位可立即安排面试,并及时向推荐人反馈他们所推荐人的面试结果和岗位安排,如面试不合格,可简要说明情况,或者安排面试其他岗位。

4.4.4 内部推荐的简历。

公司内部推荐的简历请直接交至人力资源部招聘专员处。

4.5 简历筛选。

4.5.1 根据最新的月招聘计划及跟踪情况表及时安排招聘岗位的面试工作。

4.5.2 根据部门岗位要求从储备简历中筛选合格的简历,分别从年龄、学历、性别、专业要求及工作经验等要求从储备简历中找出合适的简历。

4.5.3 由于公司积极倡导内部员工推荐引进人才,根据当前公司各部门空缺岗位优先安排内部员工推荐应聘者。

4.6 预约面试。

4.6.1 根据岗位要求，从储备的简历（包括纸质、电话记录以及电子档）中筛选出符合岗位的人员，应按所需招聘人数的 1～1.2 倍安排人员面试，给各部门留有选择余地，能选出更优秀的人才。

4.6.2 根据应聘者简历上提供的有效联系方式，公司座机拨打应聘者电话，如应聘者电话处于关机或无法接通状态，可以根据简历上应聘者提供的家人或朋友的联系方式联系应聘者。

4.6.3 电话接通后，和应聘者进行简单的沟通，通知应聘者在准确的时间带上本人的身份证和毕业证原件到公司面试。对于部分外地不清楚公司具体地址的应聘人员，我们会告知应聘者公司的具体位置及到达方式。

电话通知示例如下：

您好！请问你是×××吗？这里是××公司，通知您在×月×日，也就是周×（下周×）来公司面试，来时请务必带上您的身份证和毕业证原件，黑色中性笔一支，到公司后公司保安会带领您到面试点参加面试。

对于应聘者的提问应做如下回答：

1. 岗位等面试完成后再定。

2. 薪水面谈。（特殊岗位有详细注明的除外）

3. 没有原件请务必带复印件，没有复印件的请将您的学历证书编号记下，方便我们验证学历。

4. 我们公司在×××××

5. 乘车路线：×××××

4.6.4 利用短信平台通知应聘者面试。

短信通知内容如下：

您好，这里是××公司，您的简历已收到，请带上身份证与学历证原件，一支黑色中性笔于周×（×月×日）下午两点前来我公司面试。收到面试信息请回复您的名字加日期到 13××××××××××。如×××，×日面试。本次面试以收到回复信息为准，如未及时回复，您的面试资格恕不保留。

4.6.5 登记面试名单，并打印留档。

4.7 开始面试前准备工作。

4.7.1 通知保安门岗放行。

（1）公司目前的面试时间初步定在每周一、三、四的下午两点之前。

（2）面试当天提前将面试人员名单交予保安门岗，沟通好下午面试的地点及协助面试秩序的维护，并由保安维护秩序并安排面试人员排队进入面试地点。

4.7.2 资料准备。

每天面试前需准备当天下午面试人员的名单及简历,准备当天下午面试时所用的复试官电话通讯录、移动电话、笔记本电脑、黑色中性笔、铅笔、公司应聘登记人员表、×××医院一式两联的体检单、红色小卡片、便利贴纸、长尾夹、曲别针、学历查询单、面试交接单。

4.8 面试工作。

4.8.1 面试现场布置。

(1)面试点内桌椅摆放整齐,初试处、复试处、体检单开具处的铭牌是否放置在桌子的右上角。

(2)保安将面试人领至面试地点后,按座位坐好,提醒面试者保持场内安静和秩序,有任何问题举手发问即可,对于公司内部人员直接带进面试场所的人员以及面试人员名单中无名字人员一律不给面试机会。

(3)非工作人员及复试官,面试现场不得出现公司内部员工。

4.8.2 面试宣讲环节。

(1)招聘专员首先致欢迎词,欢迎词如下:首先欢迎大家来到××公司面试,我是招聘专员×××,很高兴见到大家! 也希望大家在接下来的面试中展现自己最优秀的一面! 好,下面由我给大家简单介绍一下面试流程。

(2)向面试者讲述整个面试流程。

流程如下:

第一,验证各位身份证件。

第二,填写应聘登记表,电话号码填写工整,不能潦草。

第三,招聘专员进行初试工作。

第四,初试通过后,部门主管进行复试工作。

第五,复试通过后,招聘专员会开具体检通知单和入职通知单。

第六,复试合格者于第二天到××医院体检,体检结束后可以离开,医院会将体检结果发送给公司。

第七,公司在收到体检结果后,会短信通知体检合格的应聘者办理入职手续,应聘者在收到公司短信通知每周办理入职的时间是周二下午两点之前,所以请所有应聘者保持手机畅通,合格者准备入职通知单上的物品并在办理入职手续时带齐。

最后预祝大家能够顺利通过今天的面试,请大家把身份证一一传到每排的最左边,我们会统一收集。接下来我会发应聘登记表给大家填写。

4.8.3　证件验证环节。

待面试人员坐定位置,让应聘者将身份证传至桌子的最左面,发应聘登记表时将身份证收上来,进行身份核查,如有扫描不出的身份证向当事人询问原因,或向其索要其他身份证明,驾照、军官证等证明其身份。

4.8.4　应聘人员登记表填写环节。

(1)填写好的应聘人员登记表传至桌子最左边,待工作人员统一收取。

(2)检查应聘者是否将个人资料填写完整,包括应聘人最高学历、身高、毕业院校及专业、工作简历、学习简历、个人签字、日期、介绍人等,特别是联系方式及个人姓名。如没有填写完整,提醒应聘者及时将资料填写完整。

4.8.5　面试环节。

(1)资料填写完整的应聘者可以直接面试。

面试问题为:①你觉得你的专长是什么,或者你认为自己有什么特别好的能力？②你认为自己能为公司创造什么价值吗？③你对我们公司了解多少？④简单咨询面试者的个人能力及性格爱好。⑤将面试的岗位工作内容、工作时间及性质简单进行介绍,看是否符合岗位要求。

(2)将符合岗位要求的应聘人员登记表填写初试人评价。

(3)学历查询(针对本科及以上学历)。

将所有大专以上学历的毕业证通过全国高等教学生信息网 http://www.chsi.com.cn/进行验证。

4.8.6　复试环节。

(1)初试通过后,电话通知部门主管进行复试工作(初试现场人数的三分之一时,可将简历整理出来,通知对应部门主管复试,缩短整个招聘时间)。

(2)电话通知部门主管进行复试,并告知面试场地及人数,如主管不能进行复试工作,将在电话中告知招聘专员代理复试人名单(代理复试人员需是班长及班长以上级别)。

(3)复试官到达面试现场后,首先进行开场白,开场白如下:大家好,欢迎大家来到××公司面试,我是××部门的主管/班长××,今天由我来进行××部门的复试工作,我点到名字的面试者请到我这边进行复试。

(4)复试官进行复试工作,面试问题根据各个岗位而定,复试意见处理如下:

①对于复试合格者,复试官在应聘登记表中复试意见及部门意见处签字,将应聘登记表交给应聘者并告知至招聘专员处开具体检通知单。

②对于复试未通过者复试官应做如下阐述:可以了,我要了解的就这么多,请您将应聘登记表交给我们的招聘专员,他们会告知结果的。

4.8.7 复试结果处理环节。

(1)对于复试合格者、体检结果符合公司要求者,招聘专员可以为其发放入职通知单,并告知办理入职手续时需带齐入职通知单中的物品,如未带齐不予办理入职手续。

(2)对于复试未通过者,招聘专员委婉告知不适合此岗位并进行其他岗位的安排,如果应聘者同意面试其他岗位,招聘专员将安排其他岗位的面试,具体话语如下:

您好,经过复试之后,可能这个岗位不太适合您,我们可以给您安排其他岗位,如××岗位,工作环境怎样,您有意向面试吗?

如果应聘者有意向面试,招聘专员将安排用人部门给应聘者进行第二次复试;如无意向再进行复试,招聘专员会告知应聘者暂无合适岗位,我们会将您的简历储备,如有合适岗位我们再通知您前来面试。

4.9 面试结束后期管理。

4.9.1 整理面试资料。

将所有面试资料收齐,并将面试合格的应聘登记表整理好,用便签纸标明面试通过日期和已发体检单,面试不合格资料的也归档并作为储备供日后其他岗位用,并在公司信息系统中输入面试结果。

4.9.2 现场恢复工作。

将面试地点所有电源关闭,桌椅摆放整齐。整理当天所有面试通过的应聘登记表,将名单及岗位登记在面试通过人员名单记录表上,汇总人数,并更新招聘计划跟踪表,将应聘登记表整理。汇总人数更新招聘计划跟踪表;统计名单方便日后查询相关信息。

4.9.3 体检结果处理。

(1)体检结果接收:每天下午 5 点左右,招聘专员的手机上会接收来自医院前一天体检人员的体检结果短信。

(2)体检结果处理:根据体检名单在待体检结果文件夹中将应聘登记表找出。

第一,复查人员(医院建议复查人员)电话通知第二天早上空腹去××医院体检中心复查,并将应聘登记表放至待复查结果文件夹中;

第二,体检结果按入职时间开具录用通知书,并将其对应应聘登记表用回形针夹好放至已体检待入职文件夹中,另将体检结果写在标签条上贴在相应的应聘登记表上,以便通知入职时告知新员工身体状况并在工作中多加注意身体。

4.9.4　入职前期准备工作。

(1)入职通知及相关事宜。

第一,在公司信息系统中输入体检结果及入职通知信息。

第二,将本周需入职新员工资料从已体检待入职文件夹中取出,登记电子档信息姓名、岗位、电话,通过短信平台将所有号码导入系统发送短信通知入职时间、地点、需带物品等相关事宜;电话通知保安办理入职手续需带担保人过来。

(2)入职资料交接。

将入职人员信息登记在入职资料交接登记表中,并将新员工资料一并转交给负责办理入职的事务专员,事物专员在核对无误后在入职资料交接登记表中签收。

4.10　信息反馈。

4.10.1　制作面试记录表,记录未来办理入职人员名单。

4.10.2　反馈部门每周将面试记录表发送给用人部门。

4.11　以下情况者不得录用:

4.11.1　被剥夺政治权利尚未恢复者。

4.11.2　被判有期徒刑或被通缉者。

4.11.3　吸食毒品者。

4.11.4　患有精神病或难以治愈的传染病者。

4.11.5　体检不合格者。

4.11.6　曾被本公司或前用人单位以开除方式解除劳动关系者。

4.11.7　未与前单位解除劳动关系者。

4.11.8　未保证不受前用人单位竞业限制者。

4.11.9　未满 16 周岁者。

4.11.10　有亲属、夫妻关系者,不得录用在同一部门工作。

4.11.11　伪造有效证件者。

5. 记录

5.1　招聘计划跟踪表(见附件)

5.2　招聘需求审批表

5.3　应聘人员登记表

6. 流程图

6.1　面试流程(略)

7. 参考文件

7.1 招聘管理规定

7.2 招聘主管岗位说明书

附件 招聘计划跟踪表

预约日期	序号	姓名	应聘职位	简历来源	第一联系方式	第二联系方式	所在地	应聘意向	计划日期	计划时间	实际面试时间	面试结果	报到时间	Offer

2.3 招聘手册，让你快速成长

在编制招聘手册的过程中，你需要全面地了解招聘有关的制度、流程、表格，了解的过程同时也是学习、深入掌握的过程。另外，在编制招聘手册的过程中，需要与各个部门进行大量的确认与制度修改工作，这既可以让你了解其他部门的工作流程；同时也增进了与其他部门的理解及对其工作内容的了解。更为重要的是，在招聘手册的编制过程中，各个部门充分参与、讨论，对于后续的面试环节的组织与实施，具有极为重要的作用。

招聘手册编制完成后的成就感，也会让小 C 对招聘会有更多的信心与准备。

招聘手册既是小 C 招聘的指导工具，也是各个部门在招聘过程必须同时遵守的规则 。

遵循统一的流程与面试程序会快速提高面试的效率，尤其是在校园招聘等工作量大的招聘活动中。

2.4　亮出你的招牌

小 C 问道之招聘形象

小 C：明天的校园招聘会，来的人肯定会很多，我们招聘小组全体 5 位同仁已经做好了充分的准备。主管，您看我们还有什么需要注意的地方吗？

小 C 显得踌躇满志，充满希望地望着主管。

主管：都准备好了？

小 C：全都准备好了。广宣、现场资料、小礼品等。我都跟您两年了，您就放心吧。

主管指了指小 C 的耳朵，然后又指了指小 C 的鼻子。小 C 若有所悟。

小 C：知道了，您是希望我眼观六路，耳听八方，机灵点儿对不？

主管：不。我是说，你的头发太长，该剪剪了，鼻毛都露在外面了，赶紧都剪了吧，出去招聘，要注意公司的形象！

2.4.1　雇主品牌是企业招聘的第一张脸

小 C 们在招聘的过程中，往往特别关注候选人的衣着、填写面试资料的字迹、走路的神态、面试过程中的举止与动作，而常常忽略了作为面试官及面试的组织者或者小 C 自身在面试过程中的行为与表现。通俗来讲就是小 C 们在招聘过程中对于候选人的要求要远远高于对自己的要求。

曾作为小 C 的笔者发现，职位越低，候选人对于小 C 们的要求便越低；反之则越高。

试想，你去引导一位总监到公司面试，你的 CEO 态度及你的态度与重视程度会是怎样？

作为招聘组织者的小 C，你代表的是公司，代表的是雇主，所以你的形象就是雇主的形象；你的品牌代表的就是雇主的品牌，所以形象与品牌对于你来说，十分重要且关键。

雇主品牌是继企业形象品牌、产品品牌之后的第三种品牌。雇主品牌（The Employer Brand）是雇主和雇员之间被广泛传播到其他的利益相关人、更大范围的社会群体以及潜在雇员的一种情感关系，通过各种方式表明企业是最值得期望和尊重的雇主。它是以雇主为主体，以核心雇员为载体，以为雇员提供优质与特色服务为基础，旨在建立良好的雇主形象，提高雇主在人才市场的知名度与美誉度。从而汇聚优秀人才，提高企业核心竞争力的一种战略性品牌建设。雇主品牌建设也属于企业新型的品牌战略，铸造卓越的雇主品牌就是通过品牌吸引你的员工，促进企业形成最优秀的人才竞争机制。雇主品牌强调的是将个人品牌意识融入企业品牌建设中，并推行至企业内部每一个员工的品牌竞争意识中。人才是品牌动力的源泉，如何培养国内企业雇主品牌战略意识，塑造雇主品牌形象，吸引并留住人才，提高雇员忠诚度，降低人才管理成本，打造人才竞争优势。雇主品牌将雇员在企业工作中的感受和经历与企业的目标、价值观整合到一起，这种共同的品牌经历使得企业在内部和外部都会受益。

2.4.2　招聘小 C 的个人形象价值百万

大多数不成功的人之所以失败，是因为他们首先看起来就不像个成功者。无论是职场，还是商场，有时候你的形象比你的学历、资历更重要。一个人的外表决定我们对他的第一印象，外表越吸引人，我们对他的评价也就越积极，人们也会乐于把各种好品质都赋予他。

形象到底是什么？

形象，是一个人内在素质、涵养、能力、生活观念、追求喜爱等的外在表现形式，包括穿着、言行、举止、修养、生活方式、知识层次等。良好形象不仅能反映在别人的眼中，同时让你对自己的言行有了更高的要求，唤起了你内在沉积的优良素质。总之，形象包含的内容太多太多。

小 C 可以从最简单的着装着手。招聘小 C 的穿着与服装不需要有多奢华，多值钱，但着装是否得体决定了你在招聘活动中对你的候选人是友好还是敌意。即使你是去商店买东西，得体的着装也能够让你得到更良好的服务，何况还是在一个正式、庄重的招聘现场或面试现场。尤其是在一个重要的、高规格的招聘场合，面对高层次的候选人，优雅而得体的衣着是对面前未来公司尊贵客人的一种尊重与礼遇。就服装而言，在商务着装中，灰色和黑色为经典保守色。

领带是男性服装中唯一的点缀，它能用多种语言表现出穿衣者不同的风格和地位！一个带着领带的小 C，总会让人感觉他精神飒爽。

另外，小 C 要精心保养鞋子，让它总是发亮，也不能有明显、突出的印痕。一定不要忽视你的脚下，坚持每天擦皮鞋，不要穿沾满尘土的鞋。这是小 C 自信的体现与反映。

作为小 C，打电话是最常见、常用的沟通方式。打电话先自报姓名，这是商务电话的基本礼仪，一般而言，沟通前应询问对方是否方便接听电话。电话中的小 C 形象亦不可小觑。因为有人会在电话中听出你的形象，通过你在电话中的表现，人们会对你的形象、性格和素质进行无限的想象。比如，你在电话中笑起来，你的声音通过电话传达笑容。你的笑声传递出你的心情不错，这也许是一个谈工作的好机会；反过来，你如果在电话中很严肃，对方便无法充分与你沟通或有所顾忌。作为新入职场的小 C，要让你的每一个电话，都要努力展现给对方一个有高度职业经验、可以信赖的形象。

握手是小 C 与候选人的第一次接触，短短的几秒或许意味着日后的合作是否成功。你握手的质量表现了你对别人的态度，是热情还是冷漠，积极还是消极，是尊重别人、以诚相待，还是居高临下、敷衍了事。通常而言，建议小 C 先作自我介绍，再伸出你的手。

1. 别因为形象，失去你的订单

招聘小 C 在招聘过程中表现出来的企业形象其实就是企业人力资源管理状况和企业整体面貌的一个缩影，成为定格候选人心中企业形象的主要因素，也是候选人衡量该企业的基本起点。小 C 不仅招募人才，同时也在宣传企业形象，推销企业文化、经营理念等，招聘小 C 的穿着、打扮、言谈举止以及身上所表现出来的气质，在无形中向候选人传递了重要的信息，候选人可以通过招聘小 C 所表现出来的这个无形的窗口感知企业、了解企业、认同企业。招聘小 C 的素质和表现直接影响人才招聘的效果。候选人往往都是通过招聘小 C 的行为举止来推断企业的素质、企业的实力以及企业对人才是否重视等。优秀的招聘小 C 有利于增强单位对人才的吸引力和在人才市场上的竞争力，而招聘小 C 的不良表现很可能使单位所有的招聘努力和投入付诸东流，使单位与所需要的人才失之交臂，使企业在人才竞争中处于不利的地位。要想获得竞争的优势，要认清招聘小 C 是企业形象的代表，是企业人才竞争的先锋，是企业吸引人才的使者、招聘人才的伯乐。因此，作为企业形象的代言人，招聘小 C 必须具有良好的仪表、热情的态度、待人友善、良好的服务意识和对本单位企业文化的强烈认同感，具有优秀的语言组织能力和口头表达能力。

你的候选人就是你的订单。也许小 C 一个不注意的眼神、不留心的动作、无所谓的语言就会让候选人对你或你的企业失去信心，会放弃与你合作的机会，失去你的订单。

2. 小 C 招聘中的 12 种行为规范

其实我们在面试别人的时候，也在被别人面试，所以招聘人员的礼仪很重要，他代表着一个公司对外的形象，也会左右候选人是否加入你这个团队的决策判断。在这里和大家分享一下招聘小 C 应该注意的基本礼仪。

（1）保持微笑、乐观的仪态。

微笑是仪态中最能赋予人好感，增加友善的表情。它在体现自身修养的同时，也能使应聘者心情放松，是人与人之间最好的一种沟通方式。

（2）穿着得体、简洁、不夸张。

现在的职场人士一般穿着都很随意，有的职场新人，穿着宽宽大大的服装就去招聘现场。招聘小 C 要注意自己的职业角色，应该根据自己的求职定位，把休闲装换成职业装。关于具体怎样转换,要花费多少,则要根据自己的风格、习惯和企业的文化、企业对员工的要求结合起来。对于女孩子来讲,最好以套装套裙为主;男孩子则应以西装为主。关于颜色,衣服的色调最好以黑、白、灰、蓝、咖啡色为主,太花哨的颜色可能会引起候选人的反感。作为女孩子,如果你平时喜欢佩戴饰品,工作时也可以佩戴,款式则是越简单越好,饰品的数量也不要超过两件,饰品太多容易给候选人留下浮躁的印象。服装不需要花费太多。由于经济条件所限,职场新人一般很难承受昂贵的服装,也没有必要非买名牌服装,候选人也不会计较你是否穿的是不是名牌。无论男孩、女孩,打扮得过于时髦,反而会让候选人难以接受,留下华而不实的感觉。

(3)形象整洁。

如前所述,小 C 要让自己的脸部整洁,不要露出鼻毛、保持鞋子干净、修整胡须。

(4)提前 2 天与求职者确定面试时间。

(5)面试环境注意安静、封闭,避免在面谈期间接听手机或座机。

(6)小 C 最好着正装,佩戴工作牌,面谈前要礼貌地简单介绍自己。

(7)面试中,小 C 不可藐视候选人员,更不可讥笑或批评候选人回答的问题。

(8)对于所有来公司的候选人员应倒杯水,不但可以让候选人员解渴,而且让候选人员对公司留下良好印象。

(9)如果需要相关部门主管或领导复试,需要与候选人员及相关人员确定时间,再进行下一轮复试。

(10)注意时间管理。小 C 在要求候选人员不要迟到的情况下,自己也要做到按时开始面试,不要因为其他工作而延误面试时间。

(11)控制面试时间的长短,不要太长,也不可太短。太长,有时不是候选人员在说,而是小 C 或面试官滔滔不绝;太短,让候选人员认为没有受到尊重。

(12)面试后不要马上给候选人员一个结果。一来你没有与用人部门仔细沟通,给出的结果太草率;二来快速给出结果,让候选人员感觉太容易,不会珍惜这份工作。建议可以婉转告知三天内给予电话或邮件答复。

2.4.3　打造自己企业的雇主品牌

1. 打造企业雇主品牌的 5 个步骤

雇主品牌不仅是一句口号,而是你的企业与同行竞争者的差距所在。

公司传播的信息要牢牢建立在真实的体验之上。候选人会怎么感受公司?这必须是真实的。如果你们所传播的信息和候选人感受的不一样,那么公司的诚信就会受到质疑。所以品牌不能脱离实际而存在。在准备时,可以和业务团队进行详细的沟通,总结真实的感受。

你有没有可以讲述的故事?小 C 作为公司的招聘官,是不是过度关注自己的世界?要拿出一点时间,审视一下这个领域:看看竞争对手的招聘页面和公司介绍页面。了解与竞争对手存在的差距,思考能否有一些与众不同之处。

小 C 不要强调有竞争性的薪酬福利。为什么呢?有两个原因,大部分人都了解行情,你们公司和其他公司都差不多,这不具备说服力。另外,它也不可能真正吸引到候选人。

用一个战略平台来驱动小 C 们的创意和信息。太多的招聘小 C 们都更关注在哪里放置他们的招聘广告,多过于关注所传播的信息是否有说服力、有趣、有影响或诚实。招聘广告所传递的信息应该是建立在深思熟虑的调研和战略的基础之上。广告投放的位置也应是调研后的结果,要保证你的目标候选人能看到。

品牌的形成非一日之功,如何建立更具影响力和更成功的雇主品牌是一个极富挑战的课题,以下五个建议可供参考。

(1)调研:主要针对目标、有意向的求职者及竞争对手。你了解他们吗?是否有什么产业潮流影响着求职者的流动?你的竞争对手那里是否发生变动导致其职员开始寻找新的机会?总之,了解得越多就越有助于你制定相应的战略。

(2)战略:基于研究以及你对目标应聘者的了解程度来制定你的招聘战略。他们通常在什么时候选择跳槽?他们跳槽主要考虑的因素是什么?等等。此外,值得一提的是,当有机会来敲门时,你的招聘官面对个人或群体推广公司的招聘战略,必须是训练有素的。

(3)创意:当招聘广告战争打响时,公司需要有趣的、时髦的广告,来吸引更有质量的求职者推开这扇门。如果广告的创意不是建立在事先拟定的战略之上,成功只会是侥幸。当然,也不能说创意不重要,它非常重要。好的创意和深思熟虑的信息可以增大公司的吸引力,只是它必须牢牢和公司的招聘战略结合在一起。

(4)渠道:你的目标应聘者通常都在哪里找工作,什么信息能把他们连接起来,从而说服他们来了解你们公司,最终促使他们投递简历?招聘渠道的选择很重要,但同时需要考虑在不同的渠道以不同的方式来传递信息,以保证给求职者留下深刻的印象,将价值最大化。

(5)评估:任何卓有成效的招聘战役的最后一步都是评估影响。不过在评估的时候,对招聘的目标要有清晰的定义。有的公司可能是以获取少量的、高质量的应聘者为目标,有的公司则可能以大量的前沿传播为目标,不一而足。当手握一定数量的求职者时,招聘战役最终也会变得简单。

2. 打造自己职业品牌的 5 种方法

怎样才是一名职业化水准很高的小 C?小 C 如何让候选人看上去显得很专

业,而不是一名新手。专业化的小 C 会让候选人,尤其是一些层次稍高的候选人产生较强的信任感,会更加有兴趣了解你的企业,这一点在中高端招聘中,特别是定向寻聘或猎聘时尤为重要。

一名专业的小 C 对行业、企业、部门、岗位以及招聘规划有着充分的理解与把握。

小 C 如果不熟悉行业,就无法了解行业的人才结构分布,不能针对性地开展人才招聘工作;如果小 C 不熟悉企业,则对企业的产品、客户、企业营销渠道建设、企业核心的价值链创造等各环节的核心能力以及企业管理的各项管理职能不熟悉,这样便会造成不能理解用人部门对于候选人的真实招聘需求;如果小 C 不了解部门的职责、部门间的协作、部门内部的架构则无法理解所招聘岗位的内在要求;如果小 C 不理解所聘岗位上下级的团队成员以及工作背景、岗位职责、任职要求则会造成招聘对象理解偏差;如果小 C 不全面掌握企业年度人才招聘需求,从各部门的年度经营计划出发,围绕其业务实现所需要的组织策略,岗位及编制需求则无法提前做好人才储备工作。

(1)如何认识所在企业的行业?

可以从行业协会(包括协会网站、协会官方微信)来收集行业信息。也可以从行业上市公司的招股说明书、债券募集说明书、上市公司年报中来收集同行业企业对行业的发展趋势、竞争格局的分析。还有一个就是行业第三方市场调研与咨询公司,比如家电行业有一个中怡康市场研究公司、电子商务有艾瑞咨询,还有韩国的三星经济研究所,都是非常不错的行业产业分析与研究机构。

(2)如何认识所在的企业?多问问自己以下问题。

从行业的上下游产业链来看,你的企业处在哪个位置?

是品牌运营商,还是品牌制造商,还是渠道零售商,还是生产代工商,还是原材料供应商?

搞清楚这些概念,你就能了解竞争者在你所在的企业行业中产业链的位置。

(3)认识企业内部价值链运作的组成。例如,你可以多问问以下问题。

销研产供、人力资源、财力都有吗?

客户:客户是什么性质的客户,他们是怎么做生意的?

渠道:企业的产品通过哪些渠道流通到使用者手里?

产品:产品大类、产品明细,你都清楚吗?

了解上述内容基本可以对自己所在企业有一个较为全面的认知,这样在对候选人进行介绍时就能如数家珍、信手拈来。

(4)企业管理的各项职能,公司的战略管理是如何做的?公司的流程管理是如何做的?治理结构和组织结构又是什么样的?计划管理中的产品型谱和产销存计划如何做的？等等。

（5）熟悉企业的人才规划。了解并掌握企业的用人需求,适时调整招聘计划与策略。

做招聘,其实与做销售相差无几,一样也需要清楚地把握客户需求,那么如何把握客户需求,也应当在行业、企业、部门、岗位以及人力资源招聘规划五个方面下功夫。只有这样,才能真正做到以客户需求为导向的内部顾问,否则就是伪专业、唯专业了。

2.4.4 【新技能 get√】没有影响力的企业,更要注重招聘时的雇主品牌形象

中兴通讯是全球领先的综合性通信制造业上市公司。作为近年来全球增长最快的通信解决方案提供商,我们深知人才是公司得以基业长青的关键保障;我们以成为全球市场的模范企业,不同国籍、不同种族所信赖的模范雇主为公司的主要战略目标。

在公司人才战略的指引下,我们积极拓展员工个人发展空间,为员工设计个性化的职业生涯发展规划。立足于先进完善的企业管理制度与培训体系,我们为员工提供技术通道晋升、业务通道晋升与管理通道晋升的“三条通道”发展模式,从而使员工在基于个人兴趣与专长的基础上更好地实现自身价值与公司价值的结合,实现自身与公司的一同成长。

中兴通讯,以人为本,着力于实现企业与员工的双赢。

中兴通讯,成就激情与梦想的地方。

知名企业的比例约占5%,剩下95%的企业大都是没有知名度或影响力的。

所以更现实的情况是,在大多数情况下,你我的企业雇主品牌均不属于中国知名企业。这些企业的招聘小 C 就更应当在招聘时关注企业的雇主品牌以及自身的个人职业品牌与职业形象。

招聘工作是人力资源管理的第一步,会影响企业各项决策的执行。

2.5 渠道好,人才好

小 C 问道之渠道建设

小 C:领导,常规的招聘渠道都用遍了,新的招聘渠道怎么开拓呀!不是网站就是报纸,翻来覆去也就那几样,连我自己都没有新鲜感了。

主管:你小子是不是没钱用了,和我发牢骚来了?

小 C:不是,刚发了工资。

主管：够用吗？

小 C：够用，才发的。咦，领导，这么关心我，莫非是因为我表现好，您准备给我涨点儿工资，是吗？那太好了。

主管：别扯没用的，目前最有效的渠道都有哪些？

小 C：当然是针对我们光伏行业的、专门的垂直型招聘网站。

主管：比如呢？

小 C：光伏英才网。

主管：多少钱一年？贵吗？

小 C：不贵。差不多 3 000 元一年吧。

主管：哦，刚刚好。

小 C：什么刚刚好？是预算刚刚好吗？

主管：不是，是我刚好缺 3 000 元钱，你小子说中了，借我点儿。下周还你。

小 C：真的，假的？我们谈的是招聘渠道，没有谈借钱。唉，领导，你不按套路出牌呢。

主管：别磨磨叽叽的，快给我，下周还你就是了。你嫂子的妈妈到我这儿来了，这个月开销估计不少，得多准备点儿钱。哦，对了。招聘渠道也是如此。不能按套路出牌，中规中矩的常规招聘思路肯定行不通，没辙时就想想其他办法。

2.5.1 束手无策的招聘经理

最近，A 公司招聘小 C 很苦恼。公司要求其招聘两名高级项目经理，已经持续两三个月了，现场、网络、推荐，甚至猎头，各种招聘渠道都用上了，部门各路人马也都使出浑身解数，千方百计地努力招聘，但就是没招到合适的人。这两天老板又在催促其要尽快完成，而招聘似乎已陷入困境，小 C 不知如何是好。

为什么约了人又不来面试？

为什么工作了几天又走？

为什么一直招不到合适的人？

老板和业务部门时不时来人力资源部威胁 HR，本周一定要招到人，要不就怎样怎样。相信其他企业的小 C 们一定也会经常遇到这种问题，怎么办？

招聘陷入困境，但仍要招！虽是困境，却不是绝境。只要有一线希望，我们就得努力去实现和完成它，这是 HR 的工作职责和职业使命。招聘困境这种事情，相信所有招聘小 C 都遇到过。筛选完简历，面试结束，总觉得候选人身上还是差点儿东西，跟招聘的岗位不是很匹配，不是很合适。合适，其实是一个很难界定的词。而且，合适是双向的。招聘不成功的因素有许多。是公司的薪酬福利达不到求职者的要求，还是招聘人员的能力有限？所招聘岗位的任务条件是否合理？岗位薪酬是否到位？招聘方法是否恰当？选择的渠道是否存在问题？将这些因素逐一分析后，再调查外部市场环境，然后有针对性地解决与处理。这里仅介绍招聘的渠道因素。

为什么仅介绍渠道因素呢？

因为许多企业的招聘小 C 面临的问题其实远没有上述因素复杂，大多数小 C 面临的问题其实就是无人可聘，无人可招。为什么这么说，因为现有招聘困境中的核心其实就是招聘小 C 没有可选的余地，或者小 C 们选择的空间太小，说到底其实就是根本就没有人来，或来的人太少，无法差额面试，如果是等额面试，那么又如何保证招聘的品质呢！

招聘小 C 没有渠道，任凭你是天才，你就是再有过人的技巧，你有超人的说服力，没有人来，也只能是无米之炊。

招聘以渠道为王。

招聘专员也好，招聘主管也罢，其实是一个很痛苦的岗位。

一方面，企业的需求似乎没完；另一方面用人部门或单位对在岗人员永远不满意。除了面对企业 CEO 的质询，还要应对其他部门的投诉。招聘小 C 有时候是一个实实在在的"夹心饼"。忙碌似乎也是一种常态，烦躁似乎更是一种常态。没有渠道，无源之水成为闹心最大的一个因素。

有的招聘小 C 对部分岗位招聘还可以，如一些文职类岗位、基础的技术类岗位、基础的管理类岗位等，但如果是跨领域，或跨工种便举步维艰。没有合适的招聘渠道，招聘小 C 束手无策。

2.5.2　建立自己的招聘渠道两大策略

招聘渠道受阻怎么办？可以采用两大策略：一是建立自己的人才库，二是拓展其他的招聘渠道！

一、建立自己的人才库

小 C 们在招聘过程中，往往是通过常规方法在网上寻找，一般会无功而返，尤其是针对一些日常招聘中较难招聘的岗位。如果单纯依靠传统的网站招聘，势必难以成效，特别是当用人部门的需求较为急缺时。作为小 C 应在日常的招聘中，重点关注人才库的积累与建设。

1. 做简历收藏家

经年累月收集起来的简历到底有多大的价值？真的过了一年就失效了、无用了吗？其实，收集的简历有两个重要的价值：一个是查询已存的应聘者——避免在同一个候选人身上浪费时间；另一个是人才的深度挖掘——发现潜力候选人，简历再利用。如果与猎头打交道，很多小 C 都不会对第一条陌生。当你发现猎头刚刚推荐来的人似曾相识,花了半小时却没有在自己的电脑文件里找到这个人的简历,只能认同猎头的推荐。谁知道面试时却一眼认出这是当初因为薪酬没有谈拢而拒绝了 Offer(录用通知单,下同)的候选人,后悔不迭。还有,一家分公司录用了一个应聘者,事后才知道这位应聘者曾经因为简历作假被另外一个分公司拒绝过。甚至还有,你发现不错的简历,花钱从招聘网站把他的简历下载下来时,却发现是自己面试过的人。更不用说各个分公司的其他同事会重复下载同一份简历了。有的小 C 会说,不是不想做更谨慎的核对,但是没有条件,简历在电脑里怎么去核对呢?

作为小 C,你需要有一个自己独有的人才数据库,把历年收到的简历集中在一起,分门别类。从此之后,不管是候选人自己投递的简历,还是你上传的简历,甚至是猎头推荐的简历,你都可以很快知道该份简历是不是已经在你的人才库里了。

2. 人才库需要定期更新

可以考虑定期邀请人才库的人才更新他们自己的简历。通常情况下,如果他们有更换工作的意向时,愿意接受邀请去更新简历的人数比例很高。也许这不算一个常规的渠道,但确实是一个省时省力的主动出击的方式,还会让一些候选人产生"感激这家公司还惦记着我""他们真的把我储备在人才库里了"的感觉。当然,这种邀请不能太频繁,一年邀请一次比较合适。更新简历后的人才,可以重点关注,这其中没准就有合适的候选人。主动邀请人才更新简历,通常也只是针对曾经投递过公司职位的候选人。有时候招聘的职位少,投递简历的人也少,人才库的简历增长变得格外缓慢,所以人才库的建设,对于小 C 来说要有耐心。

小 C 可以通过在企业的网上申报系统或企业网站上开通这样的"投递至人才库"渠道来实现人才库简历的自动投递,为企业未来的招聘储备人才。企业此举会让应聘者觉得这是一家开放的企业,乐于接受人才,从而对企业更加关注。

北森做的一项研究发现,每 10 个应聘者中,只有 6 人能完成简历的投递,成功申请职位。另外 1 人注册了企业的招聘网站却没有投递简历,还有 3 人填写了简历却没有投递。这里的原因很多,主要有以下方面。

有的应聘者填写了简历,却没有看到合适的职位,所以没有投递。

有的应聘者嫌过程太麻烦,中途放弃。

有的应聘者被其他企业的职位吸引,不会再登录网站。

可以想象一下,如果他们都能顺利完成简历投递,你的人才库就会比现在大一倍、甚至几倍。

二、拓展现有招聘渠道

招聘渠道直接关系着公司能否及时地招到符合公司要求的人才。对于很多企业来说,现有的招聘渠道足以满足公司在一定时期内某一层次人才的需求,但我们必须清楚，没有哪一种渠道能够永远满足公司所有层次人才的需求，正如我们公司现有招聘渠道难以满足公司刀具研发方面的人才需求一样。因此，作为一个合格的招聘小 C 应该做到，不仅能够让企业需要的人才在很短的时间内到位，更需要做到能在合适的时间引进适合企业发展的人才，要让人才很快到位和引进适合企业发展阶段的人才，对于渠道的建设就很重要。我们日常工作中如何去建立渠道，如何去管理渠道，让自己的招聘渠道丰富起来。

1. 内部推荐最有效

所有的分析报告都告诉我们，内部推荐是最有效的渠道，成功率超过猎头公司。如何调动内部员工有兴趣帮你推荐应聘者，对小 C 来说，是一种挑战，也是一门学问。北森在调查中发现，员工推荐应聘者的障碍有以下三点：一是激励太延迟；二是分享信息成本太高；三是信息不透明。

一位小 C 把招聘中的职位群发给员工，请他们推荐。第二天他发现一位员工把自己的 QQ 签名改成了"欢迎投递我们的职位，链接是×××××"。小 C 很好奇也很感激员工这么帮助，跑去问员工为什么要这么做。员工说，很想帮公司推荐，但是要告诉朋友自己公司在招聘，可能要先寒暄 10 分钟，介绍职位和公司情况 20 分钟，帮忙评估简历 20 分钟，搞不好还要在下班后请人家吃饭花 200 元……成本太高。更别提问了半天根本不想换工作的人还有很多。真不如挂着签名，有兴趣的朋友会直接咨询。

让员工能快速方便看到公司"悬赏"的招聘职位，并能一键式通过邮件和社交网络分享给好友时，公司招聘广告分享给别人的数量就会大幅上升。大部分公司对于员工成功推荐应聘者有现金或者实物奖励，这是最直接的方式，最好采用月结，一次性付清的方式。如何让内部推荐公平公正呢？有的公司采用这样的做法：由员工亲自把自己推荐的应聘者输入招聘系统中，同时系统也会记录下创建者的名字，如果这个应聘者已经存在也会自动提示推荐人。保证绝对的公平，也让员工更有成就感。

从综合数据来看，智联招聘、前程无忧和中华英才网，各类地区性和专业人才网站还是最主流的简历来源渠道，这几年招聘网站的简历质量总体来看不及往年优秀。调查显示内部推荐的成功率达到 83%，位列各渠道之首，员工乐意推荐，小 C 也能轻松受益。

2. 非传统招聘渠道的开发

对于招聘官来说，渠道的开发很重要，渠道其实有很多，很多时候看起来并不是渠道，如果招聘官有心的话也会变成自己的渠道，比如，一些单位举办的论坛、一些高等院校开展的职业培训、行业开展的论坛、地区性的一些专业论坛、专业的 QQ 群等，而这些渠道，往往带来的都是一些行业有知名度的人才，问题是看你怎么吸引到这些人才了。

3. 招聘小 C 拓展个人的人际关系渠道

招聘小 C 要试着自己先建立一些人际关系,定期去人才市场、学校或者中介机构等相对来说比较好办,因为他们是卖方市场。但是那些专业的论坛、高等院校开展的职业培训、专业的 QQ 群等渠道就不是很好进入了,首先你要找到这些资源,然后想办法融入这些资源,和他们建立初步的关系,最后你还要在里面有一些自己的见解,这样才能建立你的影响力,进而这些人才才会初步和你接触。

4. 日常对渠道的维护

作为招聘官,在建立渠道后,其实对渠道的维护也是非常重要的。很多渠道可以说是"养兵千日,用兵一时",那么我们就必须做好日常的维护,在和大家增进交流的同时维护好这个渠道,这样当你抛出的时候,关注的人才会多。

5. 个性突出、针对性强的招聘渠道。

有一些渠道不太常用,但在特定的场合、特定时机的效果却特别有效,具体的细节将在后面详述,主要有小型的专场招聘会、高端学术会议、行业论坛等。

2.5.3 人才库建设的注意事项

人才库内人才数量的多少是一个招聘小 C 招聘实力的体现。人才数量越多,小 C 进行招聘的能力越高、可操作性便越大,成功率越大,因此作为一名招聘小 C 一定尽全力扩充自己的人才库。人才的信息也统统收在其中,真可谓"书到用时方恨少,人到用时不嫌多"。既然人才库是一个名招聘小 C 实力的体现,那么人才库应该怎样迅速建立呢? 招聘小 C 对于信息资源的收集,大多通过以下七个渠道来完成。

第一渠道:每天留意各种新闻媒体上有关高级人才的信息。随时记录,随时储存。

第二渠道:参加各种大型商务活动或社交活动。寻找各种"猎物",并摸清其他相关情况。

第三渠道:通过与公司驻外地工作站、外地猎头公司建立业务联系,实行资源互补。

第四渠道:积极接受高级人才上门登记,上网登记。

第五渠道:隔墙设耳,发展内线,建立一支兼职猎手搜索队伍。

第六渠道:对人才集中的地方,通过内外交易或合作的形式,把资源弄到手。如高校、研究所(院)、各行业协会、学会等。

第七渠道:全力收集已具有五年以上这类工作经验人才的信息。

小 C 应当将招聘过程中联系过的候选人、招聘代理机构、广告商整理成系统的信息保留下来,以便日后招聘之用。建立起一个人才信息库以备未来之需,不断将信息库更新。

2.5.4　校园招聘的组织与管理

近年来，校园招聘在企业人才招聘中所占的比重越来越大，与校外招聘相比，企业对校园招聘的重视和投入越来越高。对于企业而言，大学毕业生有较新的专业知识、充沛的精力，关键是可塑性强，经过定向的培训，便会有很好的发展前景。因此，校园招聘的规模日益扩大，成为企业选拔人才的重要方式。而对于宝洁公司来说，校园招聘几乎是其唯一的招聘途径。

传统的校园招聘流程大致如下：简历筛选→笔试→面试→录用。这种招聘方式并不能全方位考查到应聘的大学生的特长和技能，且如果招聘过程处理不当，造成不良口碑，还会影响企业校园招聘的持续发展。如何在高校中高效高质地选拔员工，一直是困扰企业的难题。在这一方面，欧莱雅、宝洁等知名外企采用创新的招聘模式，能够帮助企业识得英才，打造优秀的雇主品牌，值得国内企业借鉴。他们的校园招聘的形式大致如下。

1. 优化传统校园招聘流程

宝洁公司是校园招聘的标杆企业，其招聘效率高、口碑好、用人风险低，值得其他企业借鉴。首先，为保证校园招聘的质量，宝洁公司建立了"胜任模型"。即核心胜任能力、领导力和专业胜任能力，从招聘开始，宝洁公司就注意比较候选人在这些方面的潜力以及目前的情况，与公司的期望值和需求是否一致等。

下面是宝洁公司以"胜任模型"为基础的校园招聘流程。

首先，前期宣传准备充分，辐射范围广。宝洁的校园招聘是完全开放的，即专业开放、学历开放、学校开放、语言开放。其次，采用网络申请模式，保证招聘流程的专业性与公平性。再次，笔试题目设计巧妙，题型多样。精心设计的招聘题目，主要考核申请者是否符合"胜任模型"的要求。最后，实例分析，使面试考核更加细化，无论应聘者如实或者编造回答，都能反映其某一方面的能力。简言之，宝洁公司把申请者既作为潜在的人才，又作为企业的客户，像对待客户一样对待大学生，使其在校园招聘中获得了良好的口碑，成为校园招聘的标杆。

2. 多样化的人才选拔方式

在每年进行正统的校园招聘之余，很多企业已提前进入大学校园，通过多样的方式进行预选拔，给在校大学生留下深刻印象，如欧莱雅的各种竞赛等。其通过举办各种校园大赛，定向选拔优秀的高校学生。针对全球大学生的"全球在线商业策略竞赛"以及始创于中国的"欧莱雅工业大赛"，这些形式各异的比赛和招聘活动，让学生及公司的招聘人员在办公室以外的环境中增进了解，为成功招聘做了有益的铺垫。欧莱雅在招聘中做到了以下几点，值得其他企业借鉴。

（1）定向选拔人才，降低了培训成本。欧莱雅举办的比赛都是循环周期长、涉及范围广和赛事流程高度专业化。因此，吸纳的人才都是专业方面的，这就避免了其他筛选成本。

（2）信息对称，员工忠诚度较高。欧莱雅在比赛中深入了解潜在的人才，也期待大学生了解和体会公司的文化和价值观，这种深层次的接触，避免了双方选择的盲目性。

（3）在挑选人才的同时也能储备人才。欧莱雅人力资源部门保留了所有曾经参赛学生的资料。从而建立了一个丰富的人才资源库，以保证能够持续招募到全球的优秀人才。

（4）培育雇主品牌，为未来的人才争夺战建立优势。形式多样的比赛内容传达出欧莱雅的理念和未来的发展潜力，暗示作为一个欧莱雅员工以后巨大的发展机会。

3. 与高校长期合作，塑造良好的雇主品牌

企业在校园内建立良好的雇主品牌是一个长期的过程，想要塑造良好的雇主品牌，就要与高校进行长期合作。例如，有针对性地参与和赞助校园社团活动、在高校设立奖、助学金等，从而将企业形象根植于大学生内心。

在高校人才竞争愈演愈烈的今天，在校园招聘中脱颖而出，赢得学校和大学生的认可和信任，是企业吸引人才、塑造雇主品牌的关键。企业要打破以往为招人而招聘的认识局限，进行长远的战略人才招聘规划。这就要求企业对校园招聘从流程到模式进行创新，多管齐下，把握时机，赢得大学生的信任和好感，为企业的人才选拔和人才储备做好铺垫。

2.5.5 举办一场小型的专场招聘会

企业有时候需要在一个集中的时间聘用一批人员，而由于小 C 平时的积累不够，尤其是初入职场的小 C 人际关系不够的情况下，短时间的招聘无法奏效。与其按照传统的、低效率的方式进行，不如试着组织一场由企业主导的小型招聘会。当企业人力需求激增或人力需求较为集中时，举办专场招聘会是一个不错的选择，一场成效显著的专场离不开充分的准备工作的支持。

小型专场招聘会的特点是：职位集中，定向邀约，重点跟进。

一、小型专场招聘会的一般性流程与前期准备工作

（1）方案准备。专场招聘会的工作方案。对人力需求进行分析整理，确定是举办综合类专场还是单类别专场，比如"×××公司专场招聘会"或"×××公司×××岗位专场招聘会"。方案中应包括拟定的岗位、时间、地点、面试官人选、费用预算等要点。

(2)岗位筹划。不同于一般招聘的是,专场招聘仅针对个别紧缺的、相对集中的岗位,如营销岗位、某一特定的技术岗位。与之前的招聘情况相结合,选取2～3个岗位作为本次小型专场招聘会的重点岗位。岗位不宜过多,且最好有相关性。

(3)面试官沟通。与面试官提前沟通本次招聘会的岗位特性及要点,该类岗位最关键的面试官应到场。

(4)方案获批后,则应组建专场招聘会筹备组织。做好人员分工,比如专场总统筹、场地安排、宣传、现场协调等,明确责任。

(5)招聘渠道的选择。试着在招聘网站上发布3～5天低成本的广告;尤为重要的是,为保证招聘的效果,应重点集中1～2个人才招聘网站;宣传推动,招聘会效果好不好,宣传推动很重要。最好在专场举办前15天左右将专场信息通过网络、招聘网站、宣传页、微信平台、现场条幅等方式宣传造势。

(6)简历筛选。与日常的常规性招聘工作的准备一样,如能有自己的人才库,则在此关键时刻必能派上用场。

(7)联系和确认场地,场地选择尽量在人员密集、交通便利的地方(人才市场、酒店等),最好实地查看场地,做好场地合理规划,比如怎样合理摆放座椅、怎样控制人员流动、在哪里设置安静的面试区、资料整理区等。

(8)资料和物品准备点检:提前将专场所需的职位海报、各类窗体、文具等准备到位,比如与会登记表、空白简历表、录用人员信息登记表、纸笔、活页夹、文件袋、胶带、指示牌等。

(9)电话通知候选人。通知中最好特别强调本次为专场招聘,是特地针对此岗位的招聘,以提高候选人的重视程度。根据经验,专场举办前一天须再次联系确认,并告知面试时准确时间、地点等信息。

(10)提前做好餐饮、车辆等后勤保障,若场地在酒店需要提前确认是否提供餐饮、物品损坏处理、费用结算等事项。

二、小型招聘会的注意事项

(1)提前确认好专场现场应聘流程、注意事项,同时宣传,并且宣传要到位,要尽可能多做以保证效果。

(2)做好现场引导、现场协调应急工作,勿因组织与协调不周引起候选人对于企业的不满意或对企业印象打折扣。

(3)提前通过网络和电话等方式约请需求人才前往应聘,通过提前电话沟通以预知来面试的人数,所有的候选人均应在正式招聘会之前一天全部电话确认一次。

【实用文档】销售类岗位小型专场招聘会方案

一、岗位需求概况

项目/部门	需求岗位	人　数	进场时间
	销售主管	1	预计 12 月初
	置业顾问（主办级）	2	
	销售助理	2	
	销售主管	1	预计 12 月底
	置业顾问（主办级）	2	
	销售助理	2	
	销售经理	1	预计明年 1 月初
	销售主管（主任级）	3	
	资深置业顾问	6	
	销售助理	6	
	副经理	1	随时
	经理助理	1	随时
合计	28 人		

二、时间、地点

（1）招聘会举行时间：2019 年 11 月 18 日 9∶00 ~ 17∶00

（2）招聘会地点：××××××××

三、销售专场招聘会策划

四、前期宣传

为尽可能邀约到相关从业者，本次专场招聘会的宣传方案会采取主动告知和邀约，发布广告告知的方式，再通过电话和短信邀约方式，尽可能通过多种渠道告知求职者本次专场招聘会信息，具体如下。

1. 网站广告

房产之窗等房产网首页通栏广告或动态漂浮广告条，招聘网站首页动态漂浮广告，10 日广告投放时间，扩大覆盖面。同时联络几大高校，在学校网站及在重点专业院系发布消息，吸引优秀应届毕业生。

2. 人才库短信群发

已收集的销售人才库短信群发。招聘会举办前一周发送一次，举办前一天再次发送提醒，提高求职者获取招聘会消息的比例。

3. 重点人员电话邀约

在人才库里重点挖掘具有 3 年以上楼盘销售经验,大型项目成功销售案例的精英人员,进行电话邀约,确保招聘会消息的传达。

五、招聘会前期宣传时间安排

项 目	投放时间	数 量	备 注
房产类网首页通栏或漂浮广告	11 月 8 日 ~ 11 月 17 日	10 天	销售部配合人力资源部提供招聘信息及项目介绍,果壳网里设计投放广告条,宣传周期长有益信息的传播
招聘网站首页漂浮(暂定)	11 月 8 日 ~ 11 月 17 日	10 天	与专场招聘会举办前投放的通栏广告同步
短信群发	11 月 12 日 ~ 11 月 17 日	——	销售部已有销售人员名片库,人力资源部人才储备库
定向邀约	11 月 12 日 ~ 11 月 17 日	——	3 年以上大型楼盘销售经验的精英人员

六、物料及人员准备

(1)公司简介及招聘岗位内容——人力资源部。

(2)招聘会网站广告设计、现场广告版制作——广告公司。

(3)应聘人员登记表、无领导讨论题目及评分表——人力资源部。

(4)招聘会现场桌椅、面试区布置——人力资源部、销售管理部。

(5)招聘会工作人员——人力资源部、销售管理部。

七、现场执行

(1)招聘会时间:2019 年 11 月 18 日 9:00 ~ 17:00

(2)招聘会流程(销售类):

项 目	形 式	负责人	描 述
应聘人员初选	收集简历并初选		按照不同岗位收集归类,并安排初试、复试名单
初试	面试		面试官两两组合进行,不超过 15 分钟,初试合格者进入复试
复试	无领导讨论		应聘者 5 ~ 8 人一组,给予题目进行讨论,时间限定 30 分钟,一组面试官坐在四周,观察面试者各方面能力并评分,讨论做出录用决策
录用人员上岗通知	电话通知		告知录用人员上岗时间及需要准备的资料
未通过人员通知	短信告知		谢谢应聘者对招聘活动的关注,留下好印象

备注:策划类及其他类岗位收集简历后,另行通知时间在公司进行面试。

（3）招聘会结束后收拾现场，注意应聘人员简历是否有遗留，做好保密工作。

八、后期宣传

（1）人力资源部撰稿，其他同事配合进行网络宣传，扩大影响力。

（2）各网站广告更新，宣传此次招聘会成绩的同时，吸引更多求职者继续投递简历，延续招聘作用。

九、费用预算（单位：元）

项　　目	投放时间	数　　量	单　　价	总　　价
合计				

【全真案例】ZK 集团内部推荐奖励政策

因公司迅速发展，急需电气类、电力电子研发类、工程项目类、高级工程师类人员。为调动员工内部推荐积极性，公司研究决定，针对推荐以上四类相关岗位的公司员工，给予以下奖励。

（1）奖励金额。

岗　　位	行业性质	奖励金额
电气类（高压电气设计等）	行业内/非行业内	500 元/人
研发类（北京工作，详细岗位要求见附件）	行业内	800 元/人
高级工程师（强电高级工程师等，博士学历）	行业内/非行业内	1 500 元/人

（2）计发方式：被推荐员工经用人部门、人力资源部面试合格。正式录用并到岗后，被推荐员工在公司工作满三个月后，计发奖励金额的 50% 给推荐人；工作满六个月后，计发奖励金额的剩余部分。

被推荐员工的来源渠道一般为同事、亲友、同学、熟人介绍等。

（3）流程。

①推荐人员将被推荐人员简历提交人力资源部招聘人员；②人力资源部对简历进行筛选，通知简历合格人员面试；③面试合格人员报到上班，报销面试及报到交通费，并计发推荐奖励金额。

（4）岗位要求：详见岗位要求附件。

（5）此政策自 2019 年 9 月 25 日开始实施。欢迎广大员工踊跃推荐。

备注：推荐人员务必将被推荐人员带至人力资源部签字确认，未签字确认的，按照自然应聘人员处理，且不得将自然应聘人员转化为个人推荐，一经发现将严肃处理。

人力资源部

2019 年 9 月 20 日

2.5.6 【新技能 get√】高级人才喜欢去的地方

现在企业都在抱怨招聘困难，找不到合适的人才。其实，人才也在抱怨，找不到合适的企业。这一对孪生矛盾从来就没有消失或减弱过，反而在不断加强。对付一般的招聘，小 C 们已觉得很难了，要是让他们招聘那些根本不需要找工作的专业人士，那就是难上加难。

专业人才同样也属于高级人才，专业人才常去的地方，高级人才也许也会经常去。但高级人才常去的地方，专业人才可就不一定了。

除 QQ 群和微信群，高级人才还会去一些高端的管理类网站。总裁网、中国营销传播网、中国职业经理人网、销售与市场。他们在那里发表自己的思想与见解的文章。你如果能在这里跟人交流，如有可能发布招聘消息，甚至也可以委托他们做一些招聘广告，那么效果就完全不一样。12 年前，笔者在某企业做人力资源总监，要网罗世界各地的人才，就一方面与前程无忧合作，一方面主动出击，直接在其他网站发布消息，收获了很多优秀的人才，包括行业内或区域内最为顶尖的人才都是通过这种途径获得；5 年前，笔者在一家光伏类企业做人力资源总监，就在光伏英才网的论坛里跟人交流，找到一大批来自全国各地的人才，甚至包括企业年薪上百万的人才都是通过网络论坛交流而得到的。

2.6 从 Cold Call 出发

小 C 问道之陌生电话拜访

小 C："领导，我总是惧怕 CC（Cold Call，陌生电话拜访）。拿起电话前，心里总是有一种阴影。反正是各种担心。要么担心他正在开会，要么担心他不方便接电话，要么担心他直接拒绝，把我的电话挂掉。"

主管不语，径直走到窗户边："这栋楼有 38 层，我们这层是第 30 层。高吗？"

小 C："高，往下看都心慌。"

主管："如果有一天，你绝望了，真敢跳下去吗？"

小 C："我可不敢，吓死我了，莫非领导你？"

主管："不敢,我也是。与你一样,恐惧、心慌。只不过没有你这么紧张。面对 Cold Call 谁都会有怕被拒绝的心理,只是各人的感觉不同而已。"

2.6.1　认识 Cold Call

我认为,如果你做些事情的话,那么就会有很好的结果,因此你们应当去做一些其他的美好事情,而不是长期盘踞在一个地方,或者是长期地从事某一件事。努力寻找下一个目标,不要守株待兔。

——史蒂夫·乔布斯

从未见过一个消极被动的人会成功,成功总是属于主动出击者。主动出击未必成功,但等待一定没有改变!招聘小 C 也应当在招聘工作中主动出击,而不是等候选人上门找你。说起招聘、猎头、定向寻猎与寻聘均离不开 Cold Call。

何谓 Cold Call? Cold Call,简称 CC,可以理解为突然打给潜在客户的电话,也可以理解为主动与准客户接触。它是猎头常用的工作方法。绝大多数猎头顾问每天都是在 Cold Call 中度过的。Cold Call 效率的高低直接影响着小 C 的绩效。

在绝大多数通用型职位上,不同企业之间的招聘小 C 间的竞争是异常激烈的。如果 Cold Call 的效率能够提高一倍,那么一般的、普通的招聘小 C 瞬间便成为招聘高手。

招聘小 C 之间的专业差别有多的时候,也体现在 Cold Call 效率的差别上,如何提高 Cold Call 的效率呢?

(1)消除心理障碍。很多新入行的招聘小 C 不免对 Cold Call 有心理障碍。招聘小 C 要清楚,Cold Call 是你的工作方式,选择了招聘这个岗位,你就别无选择,只能适应它。即使你刚开始时不太适应,甚至有些反感。但遗憾的是,你没有办法,因为这是你的工作!

经常见到招聘人员,尤其是新入行者,面对陌生的电话会莫名地心生怯意,而当对方是一个很重要的岗位时更是如此。

要知道拒绝你,不是因为你不优秀,或许仅仅只是他当时的心情不好。抑或刚被老板骂,他的现状可能比你的现状好不了多少!

(2)对潜在候选人进行电话筛选。在简历筛选的过程中,一些看起来不错的候选人会进入我们的视野,但在决定其是否合格之前,往往我们需要先通过电话面试对这些候选人进行一个直觉的判断。

电话面试对招聘者猎头顾问提出了更高的要求,即要迅速对电话另一端的候选人做出判断,否则可能需要在数周内通许多次电话才能得出结论。

(3)要保持电话面试简短而有效。

（4）建议不要向候选人透露直线电话。或者预备一个专用号码，专门用来接听有关工作职位的问讯，或通过语音留言来应对这些电话。

为了对候选人进行更加有效的筛选，招聘小C要做好通话记录。在与潜在的候选人通话时，小C要用有组织系统的方式，记录双方的谈话内容。记录每一次通话的摘要，尤其是候选人与众不同的特质与要求等内容。通话记录应使用中性词语或者相同性质的词语来描述，以便这些记录可以用于比较不同候选人之间的差异。

（5）认真聆听。因为在电话面试中，你无法看到你的候选人，无法观察他们的行为。所以你必须使自己成为一名"杰出的、非凡的听众"。不但要听清楚他们对问题的阐述，更要注意聆听他们说话的语气语调、专业性、遣词造句、情绪、幽默感、个性等。

（6）如果候选人没有任何问题需要提问，可能表示他们对此机会并不感兴趣，甚至根本不在意。在电话结束之前，问一些候选人是否还有其他问题。对于了解候选人的合作意向很重要。一般情况下候选人都应该会有一些问题需要弄清楚，而且往往从候选人的提问中，我们可以发现很多候选人的"内部资料"或特定信息。

（7）寻找不合格的候选人。通过电话面试，我们无法挑选出最好的候选人，但是我们至少可以判断出哪些候选人根本就不合格。电话筛选本身就是一个不断排除不合格候选人的过程。

这很像是一次相亲或者约会，我们可以很容易在第一眼淘汰对方，因为你自己知道你永远不会与这种人结婚，相反，我们却很难在第一次就做出嫁给/迎娶对方的决定。

（8）试着与那些消极的候选人联络。与那些消极的候选人联络，不能抱着"姜太公钓鱼，愿者上钩"的想法。不难想象，也许候选人整天被猎头的电话轰炸，而他对这些计划并不感兴趣，或者他刚刚接了另一个Offer，根本就不愿意回复你，想都不想就把邮件删了。我们的目的是鼓励他们对推荐的职位做出回应，即使他说没空，或者根本就不感兴趣。要记得千万不要放弃这些看似消极的候选人。如果你的候选人回应率仅为40%或者更少，这会让你越来越沮丧！然后，让人称奇的是，往往你的目标就在这些消极回应的候选人中。

（9）试着给候选人发一封个性化的邮件，不要发那种千篇一律的格式化文本，一定要包含下面的内容。

①一段关于你自己和公司的简短介绍。

②你掌握的关于他的情况，指出在众多候选人中选择他的原因。

③用3~4句话介绍客户公司的优势。

④描述一下这个机会对于候选人的好处。

⑤你自己的详细联络信息。

⑥用一句话问一下候选人,如果他自己不感兴趣,希望他能把你的邮件转发给可能对此机会感兴趣的朋友。

如果你没有收到回应,第二天应及时打电话跟进。提及昨天你发的邮件,并表示很想就此职位跟他聊一下。

过几天如果还没有候选人的回应,再给他发一封邮件,最后问他对于你推荐职位的看法,不管他是否感兴趣。

你不断地在和候选人以及客户的接触中,坚持按照这个步骤行事。不管是候选人还是客户,他们的想法永远改变得比风向快。总之,只要你不表现得傲慢,坚持这样的结构化交流,很快就会见到成效。

(10)做候选人清单的时候要牢记五要素:全名、性别、单位、职位、联系方式。

获得手机号的方法很多。以朋友、老同学、同行的身份介入,装出一副很着急的样子,得到手机号码后,一定要重复一遍以保证准确。

(11)多打电话,多打一些有质量的电话,打过 1 000 个电话和打过 100 个电话的水平自然就不同了,任何电话高手都是在打了无数次电话之后才脱颖而出的。小 C 们每天打电话的数量、质量和水平直接决定找人、推人的进程和水平。

(12)有时候为了突破一些不容易接触到的候选人,招聘小 C 难免会用到一些"小技巧"。打 Cold Call 尽量不要发生这种结果,只要候选人有怀疑,那么这个电话就失败了,你的工作也就前功尽弃了。

(13)打电话的时候,有些不同的职位,可以试着用行业协会之类的名义,一般在短暂的数分钟内便会得到全部想要得到的信息。

(14)小 C 要提前做好准备,包括打电话的脚本与台词,要做到思路清晰,语言流畅,不能支支吾吾、底气不足,理由要充分,不要让对方有丝毫怀疑,还要把握好时间。

(15)打电话的时候,即使相同的职位,要尝试用不同的方式、以不同的身份介入,然后综合比较效果,再总结出一些共同的规律、规则。这样做的好处:①充分锻炼自己的能力;②找到最有利的身份和理由推广;③避免麻烦。

2.6.2 Cold Call 的五大技巧

对善于利用电话的招聘小 C 而言,电话则是一件有效的武器,因为电话没有界限,又节省时间,经济高效,同时电话沟通比面对面直接沟通在一小时内能接触更多的候选人。

一个专业的猎头顾问,在进行电话沟通时会有以下五个步骤。

1. 准备的技巧

(1)打电话前,必须事先准备好下列信息。

● 潜在候选人的名称、称呼。

- 企业介绍与主营业务说明。
- 想好打电话给潜在候选人的理由。
- 准备好要说的内容。

(2)预想潜在候选人可能会提出的问题及如何应对候选人的拒绝。

以上各点最好能将重点写在便笺纸上。

2. 电话接通后的技巧

一般而言,您必须简短地介绍自己,要让对方感觉现有的岗位机会对候选人来说很重要,记住不要说太多。

3. 引起兴趣的技巧

当潜在候选人接通电话时,简短、有礼貌地介绍自己后,应在最短的时间引起对方的兴趣。通过双方共同点拉近彼此关系,比如是老乡或者校友,又或者喜欢同一种运动等。

4. 诉说电话拜访理由的技巧

依据您对潜在候选人事前的准备资料,对不同的潜在候选人应该有不同的拜访理由。

5. Cold Call 的时间安排技巧

时间表一方面可以推动自己,另一方面又可以在适当的时间内找到适当的人。

一般来说,打电话找人的时间,最好是早上 9 点至 10 点,或者下午 2 点至 4 点。再有针对不同的候选人有不同的时间,比如下列职业。

(1)会计师:最忙是月头和月尾,不宜接触。

(2)医生:最忙是上午,下雨天比较空闲。

(3)行政人员:10 点半至下午 3 点最忙。

(4)股票行业:最忙是开市的时间。

(5)银行:上午 10 点前下午 4 点后。

(6)公务员:最适合的时间是上班时间,但不要在午饭前后和下班前。

(7)教师:最好是放学的时候。

(8)主妇:最好是上午 10 点至 11 点。

(9)忙碌的高层人士:最好是 8 点前,即秘书上班之前。成功人士多数是提早上班,晚上也比较晚下班。

(10)销售人员:最空闲的日子是热天、雨天或冷天,或者上午 9 点前和下午 4 点后。

我:您好,请问是 M 先生吗?

候选人:我是,你是哪里?

我：M 先生您好，我是×××公司人力资源部的，我姓 Y，请问现在讲话方便吗？（候选人有时可能在开会，也可能是在别人办公室，亦可能自己的办公室有人，总之，这事儿要单独、私密地谈。）

候选人：可以，有什么事吗？

我：是这样的，我们在中国人才热线网站上看到您的一份简历，是××月××日更新的，请问正在考虑换工作是吗？

候选人：是的，有这个打算。

我：目前还在×××公司上班吗？

候选人：没有了，现在在我朋友开的公司，规模很小，我只是来帮他一下，做完手上这个项目就结束了。

我：请问这个项目需要多长时间才能完成呢，如果我公司的职位合适预计什么时候可以到岗呢？

候选人：差不多还需要 2 个月的时间，如果上班的话起码要到年后了。

我：请问您目前居住在哪个地方呢，是南山吗？对工作地点有什么要求吗？

候选人：是的，只要在深圳范围都可以接受。

我：好的，没问题。下面我简单介绍一下我们公司的情况（包括公司概况，上班地点，工作时间以及薪资范围），我们所招的职位是××××××。您的简历是经过我们推荐给×××部总监看过的，他觉得比较合适，所以想邀请您过来面谈一下。请问明天您有空吗？

候选人：这两天恐怕都没有时间。略想了一下回复，那就约在下周三下午 2 点吧。

我：好的，那我稍后将面试邀请函发送到您的邮箱，您注意查收一下，里面有我的联系方式，有任何疑问可以随时与我联系。

以上是一份再普遍不过的电话沟通记录，没有太多深入的内容，主要是初次电话双方主要是了解彼此的意向及工作状态，向候选人发出邀约。如邀约成功，那么 Cold Call 就成功了一半。

小 C 在与候选人进行 Cold Call 时，由于是第一次，双方不了解，候选人常常会对陌生来电保持谨慎的态度，小 C 如果在电话中沟通不力，或言语不慎很可能会引起候选人的不快，甚至拒绝。

当笔者还是一名小 C 时，曾经因为担心说话出错，特地将自己可能用到的对话写成脚本，打电话反复地模拟，并熟记。这种具有典型个人特色的电话沟通脚本，因企业的特点、个人的沟通习惯不同而不同，各有所长，没有统一的模板，小 C 可视需要为自己制作。

2.6.3 定向寻聘、猎聘的组织与实施

定向寻聘、猎聘均是指面向中高端岗位,在常规的招聘渠道、招聘方法无法奏效的情况下,为改变常规招聘低效率,将招聘等级提高,让企业内的资源短时间内倾斜的招聘方式。一般来说,定向寻聘、猎聘均是由招聘小 C 事先确定的、限定了具体方向或目的重点岗位人员的招聘活动。

相对于对岗位繁多或对应聘者条件要求比较宽泛、限制较小的普通招聘,定向寻聘、猎聘可以说是有限制的、特殊的招聘。此类招聘有以下三个特点。

1. 定向

(1)岗位定向,是指招聘者公布了具体岗位情况,如职务、工作地点、工作时限等。如定向招聘企业文化官等。

(2)条件定向,是指招聘者对应聘者的条件,如学历、性别、健康状况、年龄、经历、地域、身材等做出了限制。如编制内招聘等内招、定向招聘应届大学毕业生等。

(3)岗位定向和条件均定向,是上述两种形式的结合。如某地银行在大学生村官中招聘信贷员。

2. 主动寻找,而不是等候候选人投递简历

定向寻聘是一种针对特定的岗位,避开传统招聘方式,主动走出去寻找候选人的过程。这种方式与猎头的工作内容相似,与猎头不同的是,小 C 是以企业人力资源部人员为主体,而猎头是以第三方的猎头公司为主体。这种方式较之猎头而言,小 C 对于岗位的理解要比猎头更全面。由于定向寻聘的岗位一般为不太常用的岗位,条件要求、候选人要求等与日常招聘相比要高出许多,难度大很多。

3. 企业采取与猎头类似的工作方式或者成立猎头部

有的企业则干脆是与猎头合作,由猎头负责候选人的推荐,后续的面试组织、候选人评估等工作仍由小 C 完成。

小 C 在定向寻聘中要有严格的制度与流程作为工作指导。以下的制度与操作指南可供参考!

【实用文档】××××股份有限公司定向寻聘实施办法

---

1. 目的与原则

理顺定向流程,提高工作效率,明确相关职责,确保寻聘质量。

坚持重点岗位优先,招聘资源优先,面试流程优先,录用审批优先原则。

2. 主题内容和适应范围

规定了寻聘实施的注意事项和工作职责。

适用于公司特定岗位的定向寻聘活动。

3. 职责

3.1 总经理。

3.1.1 负责核准定向寻聘计划。

3.1.2 负责确定组织定向寻聘的关键岗位及其薪酬标准。

3.2 人力资源部部长。

3.2.1 负责制定公司人才规划,审批定向寻聘计划及实施方案。

3.2.2 全面协助总经理确定、录用人员。

3.3 人力资源部寻聘经理。

3.3.1 归口管理公司寻聘工作。

3.3.2 负责公司各部门人选的初试沟通、资格审查和外部寻聘工作。

3.3.3 负责制定定向寻聘方案并实施。

3.3.4 负责招聘信息发布媒体的选择及发布方式的策划和预算。

3.3.5 负责与用人部门主管协商确定候选人的岗位晋升曲线。

3.3.6 负责汇总公司候选人表,并提出调整意见。

3.3.7 负责对候选人进行基本技能测评和综合素质测评。

3.3.8 负责对候选人进行重点的跟进与日常沟通。

3.3.9 负责录用报批。

3.3.10 对报批的候选人进行背景调查,并形成背景调查报告。

3.3.11 就候选人的报到前的准备事项与人力资源部员工关系岗位人员进行对接。

3.4 各部门专业面试主管。

3.4.1 负责对本部门下属岗位应聘人员的专业知识考核、岗位面谈工作。

3.4.2 负责本部门人员需求计划、任职标准、岗位职责的提报工作。

3.4.3 负责本部门新员工的岗位引导工作。

3.5 相关规定。

3.5.1 公司新聘员工实行高知以外员工亲属回避制、招聘渠道登记制、员工招聘的双责任制等相关制度。

3.5.2 坚持四个优先原则,因当事人员的责任而导致候选人流失的,追究当事人的责任,情节严重的管理人员降级处理,人力资源部员工调岗处理。

3.5.3 本规定明确了定向寻聘的特定要求,未明确的以公司《招聘管理制度》为准。

3.5.4 定向寻聘制度是公司为保证特殊人才、重点人才的录用效率而采用制度,凡经本制度录用的员工适用于公司其他人力资源制度。

4. 相关文件与表格。

招聘管理制度、求职登记表。

5. 本规定由人力资源部起草，解释与归口管理权属人力资源部。

6. 本规定自发布之日起实行。

【实用文档】×××公司寻聘工作操作指南

一、项目意义及目的

作为人力密集型企业，高级高效成熟型人才是我们需求的核心，寻（挖、猎）聘工作是人力资源部部门招聘工作的主流方向。

是公司发展对人资工作的现实要求，是体现部门价值的着力点。

逐步建立起规范、专业、高效的工作机制，是我们的工作使命。

二、工作思路与步骤

1. 工作思路

寻聘范围重点圈定于中×、三×、凯×××、永×××、同行业公司等实施项目营销、政府关系经营的大型成熟企业，寻找合适候选人并定向寻聘，采用科学的人才甄选测评系统筛选确定录用人选。

2. 工作步骤

方　　法	目　　标
准备工作	沟通脚本、流程、组织架构等因素确立
资源收集	目标企业圈定 候选人确定 候选人资料确定 资源获取的渠道与方式方法
实施阶段	电话前期情况摸查 意向人员追踪 面试（来与往，评测办法） 人选确定及后续安排
反馈与监控	例会、专题讨论会 日报、周报 难点与问题解析 需寻求的支持 质量考核
分析与总结	对项目整体完成进行整体总结分析，形成标准流程和操作规范

三、实施办法

1. 招聘原则

（1）公开公正、实用为上。

（2）宁缺毋滥，精英先行。

2. 组织分工

人力资源部全员行动，成立寻聘项目小组，确定主体责任人，施行专项负责原则。

3. 流程图及责任分工

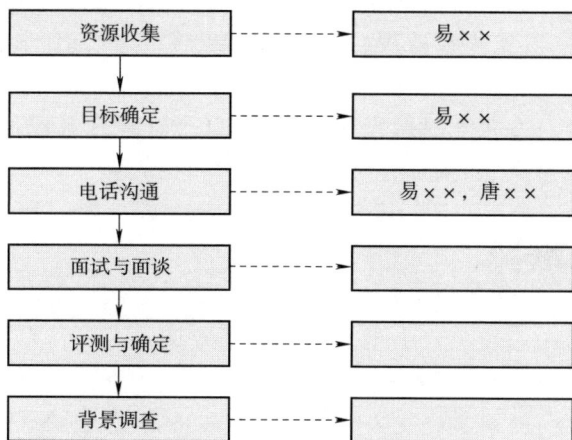

资源收集	⟶	易××
目标确定	⟶	易××
电话沟通	⟶	易××，唐××
面试与面谈	⟶	
评测与确定	⟶	
背景调查	⟶	

4. 项目操作时间

2021 年 8 月 1 日至 8 月 15 日

5. 项目总结分析

（1）既定目标达程度。

（2）问题：流程、人员。

（3）改进措施。

（4）奖惩。

2.6.4 【新技能 get√】偶尔做做猎头，让你的职场价值瞬间倍增

先猎人，然后被猎。

笔者常说，招聘是人力资源的业务部门，既然是业务那当然就有被拒绝的。

从事招聘的 HR，笔者认为某一天被猎头盯上了，也能算作是一种成功。

要把从事招聘中的猎头经历作为一种特殊的成长。

与猎头保持良好的交情。没有人会拒绝让猎头公司知道自己的资料。即使现在的工作很好，谁又会介意多一个选择呢？有些大的猎头公司会经常地联络你，更新你的履历。这在笔者看来，就像有个专科门诊私家医生一样，保持常联系，对双方都有益。

但多认识几个猎头总是没坏处的。笔者有个女性高管朋友在离职的半年时间里，把全中国前 20 位的猎头公司都约谈了个遍，把大中华市场适合她的职位搞得一清二楚。如果猎头是专科门诊，她等于是看遍了所有名医，还是免费的，多合算。笔者还有个朋友甚至喜欢启发猎头改变对自己的认识，他会说：你别老把我看成是做市场推广的人才，其实你没发现，我也挺适合做销售的。有销售的职位，我也可以去"面"一下。

其实只要你在一个行业里做得久了，经常也会碰到有老板让你帮他们介绍人选的事。在这个意义上，人人都有机会做猎头。

2.7 简历一纸禅

小 C 问道之简历审阅

主管：昨天那 500 份简历看完了吗？

小 C：早看完了，找到了好几头"大鸟"（招聘用语，很符合条件，且职位层级较高的候选人）。

主管：是吗？效率一下子这么高？质量有保证吗？还是要认认真真地看仔细噢。

小 C：领导放心。我的火眼金睛，不会有错的。

主管：小伙子，不要太得意，凡事就怕认真呀。

主管从里间走出来，手里端着一个杯子。

小 C：领导，手里端着什么好东西？

主管：水。

说完，便将一只手指伸进杯子里，接着把手指放进自己的嘴里，一副若无其事的样子。然后，将那只杯子递给小 C，让小 C 学着他的样子做。

小 C 把手指探入杯中，也把手指放进自己的嘴里，忍着，差点呕吐了，样子显得狼狈不堪。

主管：小 C，你看你，看得还是不够仔细吧，你没有发现我探入杯子的是食指，放进嘴里的却是中指吧。顺便说下，这杯子里准确地说是肥皂水。

2.7.1 简历，一张 A4 纸足够

多年的招聘经历告诉我，简历应当是越简越好，越简便会越有力。然而多数时候，你面对的简历却是洋洋洒洒十多页，甚至几十页。你不可能一天只会面对一个人、一份简历，而如果是几十人，甚至是几百人呢？是不是会有一种将要崩溃的感觉。

简历的本质是什么？简历是一个人的生涯记录，上面极力粉饰所有的成就，却刻意回避所有的失败。一般而言，越复杂的简历内藏的水分或许越多。

对招聘小 C 来说，要试着让你的候选人的简历越简单越扼要。

对候选人的简历，我崇尚极简主义。

经验告诉我，无论你的人生经历如何丰富，如何卓越，一页 A4 纸应当可以说清楚。这就是我常常对小 C 讲的"简历一纸禅"。

正如本书我在序中所说的一样，全书的价值不及目录，目录的价值不及其中的一句话！如果找到一两句有价值的话，让你的未来职业大放异彩的话，是不是就已经足够！

简历之所以为简历，正是由于其精简明晰，能较有条理地反映出求职者的工作经历及相关信息。因此，通常我们建议简历最好控制在一页 A4 纸的大小，以避免简历出现过于拖沓烦琐的现象。

如果简历的内容过多，如何有效压缩到一张纸，可以参考以下 5 点提示候选人注意。

（1）简历页面是寸土寸金的，不要让你的姓名、性别、地址、电话等信息占据过大的页面。将姓名作为标题，联系方式紧跟标题给出。

（2）删除那些无足轻重的细节，将内容重复的细节合并，使你提供的细节更简洁，内容更有效。

（3）过滤简历上的废话，可以从以下几方面入手。

①计算机技能：消灭最基本的计算机应用技能，如"熟练使用 Windows""会操作 Office"等。

②教育背景：不应罗列一大堆学过的课程。除了与应聘职位密切相关的主要课程外，其他的都应该过滤。

③过滤那些大而无当的套话、空洞的自我评价，过滤空话。

④避免"喊口号"，如"天生我材必有用。"

⑤避免"说大话"，如"给我一个支点，我将撬起整个地球！"

⑥避免"表忠心"，如"你给我一个机会，我给你我的全部！"

（4）缩减与求职意向不相关的素材。以财务为例，所有与财务没有关系的内

容,都是可以被删掉的。如果所有的内容都与财务有点关系,也可以为它们排一个优先级,把那些不太重要的压缩,或者删掉。

(5)适当减小行距、字体、段前段后的距离,这是最后的办法。但是行距太小,会让人难受。简历上的汉字如果比小五号还小,也会让很多人不舒服。

2.7.2　筛选简历的过程

小 C 进行简历筛选时,什么样的简历才算是好简历呢？

1. 个人资料真实

重要性不必多说,资料真实是最基本的要求。不管是证书或是能力还是资历,小 C 都是务实的,没有人会选择一个没有诚信的候选人。

2. 留有多种途径的联系方式

发现候选人的资料很满意,却发现电话联系不上,要么欠费停机、要么通话中、要么无法连接。对于候选人来说那是最失败的事情,小 C 们就要试着找找其他的联系方式,如 QQ、邮箱、微信等。多种联系方式反映了候选人对于细节的考虑周全。

3. 求职意向明确

候选人试图表明什么都能干,或者列出 10 多个工作岗位,记住:企业需要的是专业人员。即使是比较通用的职位,一个人也会有自己的兴趣和定位,候选人的描述让小 C 们觉得他是在找一个暂时的跳板,频繁的人事变动会耗费企业大量的精力。站在候选人的角度,可能会觉得多多益善,而对于小 C 们来说,面对候选人诸多的岗位要求,小 C 最好在电话邀约前予以确认。

4. 工作经历翔实,关注事实与数据

审阅和筛选简历是小 C 日常工作之一,在海量般的简历里,小 C 会对几个关键要素进行把关,首先是工作经历。简历上的工作经历,一般会按年份记录每份工作,以及在这些工作中获得的成就,一目了然,也可以很快地从这些信息中获得对候选人初步的印象。小 C 们在审阅这些工作经历内容时,要特别关注经历中提及的事实与数据是否符合常规、是否符合逻辑。

5. 简历的重点越少越好

小 C 拿到简历以后,要尽可能迅速地了解候选人是不是适合这项工作。候选人一般会在简历中想要表现他所有的优点,比如可能擅长篮球、辩论赛拿过冠军、在某社团是骨干、曾任学生会某部部长,他会尝试强调他所有的优点,小 C 们需要选择其中与其申请的工作有关的内容进行重点关注。比如他申请的是销售经理,候选人就需要展现他的口才和领导能力,那么其辩论赛冠军和部长的头衔将会有用。小 C 不能把所有的特点都当作重点,这样的简历将显得没有主题,也看不出候选人是否适合这项工作。

6. 不要漏掉简历中的缺点

候选人写简历往往罗列自己的优点,使简历显得非常做作、不真实。好的简历应当在叙述完自己的优点以后加上自己的缺点。或者优点和缺点穿插起来介绍自己。能够从正反两个方面来介绍自己可以显示出候选人人格上的成熟,如小孩子通常能够说出自己的优点但是却说不出自己的缺点,这就是不成熟。小 C 们在简历的审核中对于通篇全是自我欣赏、表扬的简历要留心,此类简历要么言过其实、要么欲盖弥彰,所以要重点审查。

7. 简历不要复杂化,要简洁,最好是一页纸

有的候选人简历就是一本书,几十页的内容拿在手里就让你感觉心烦。你还要一页一页地翻找自己需要的信息。曾经看到过一份简历,里面包括了大学四年的各种荣誉证书的复印本,大大小小加起来十多页,其实完全没有必要。如果候选人觉得自己有必要强调在学校内多么优秀获得过多少奖,那么最好把这些内容放在简历的最后,用文字列出自己的荣誉,不要复印那些谁都不看的证书。小 C 们对长长的简历要有快速的关键词定位能力,如果不得要领,建议可以放弃。因为写好简历也是候选人能力的表现,就经验而言,洋洋洒洒十多页简历的候选人其职位与工作年限一般不低。如果有可能,小 C 可以提醒候选人提供的简历要简明、扼要。

8. 事件相关的叙事方式

很多人都习惯用时间顺序来列举自己的工作经历。这种方式非常不好,显得简历非常混乱。

9. 写好简历的首尾

人在心理学上有短时记忆的特点,所以,对任何一篇文章、任何一个段落的首尾是最能给人留下深刻印象的。所以好的简历一般会将最能代表候选人能力的经历放在开始的位置,末尾也会加重态度和语气。例如,有的候选人这样结束他的简历:虽然有些地方不太满足公司的期望,但是我希望能有这个工作的机会,我相信通过自己的努力,会得到公司的认可。

10. 包含关键词

如果候选人的简历标题和内容包含小 C 们所关注的关键词,会使候选人的简历提升到搜索排名的前列,让小 C 们更容易查找。因为小 C 们常习惯于通过关键词在招聘网站搜索候选人。

简历关键词,一般会体现在如下方面。

(1)职位和行业的关键词。职位和行业是最常用的搜索条件,所以相关的关

键词不仅可以在简历内容里面体现，而且还可以写在简历标题上。

（2）证书和技能的关键词。比如，针对招聘中会要求使用某某软件、拥有会计证、英语八级证书等的指标要求，总结与其能力有关的关键词，可以这样写：2 年 Java、Visual C＋＋、Perl 应用开发经验；有会计从业资格证书等。

（3）学校、专业的关键词。不少小 C 对学历、专业和学校有要求，会作为非常重要的审核条件，这些应在简历中明确体现。

（4）工作经历的关键词。小 C 对候选人的工作经历非常看重，如曾经在哪些公司工作过，与哪些公司有过接触，或拥有哪些行业或公司的资源等。例如，日用品企业的营销职位，可能需要候选人拥有一些超市方面的资源，或是之前和相关的公司有过合作经验。如果候选人拥有这些资源，或者和新的工作有关联，就需要在简历中列举出候选人所接触过的公司，或候选人使用过他们的工具或产品，或是作为他们的客户的经历。

2.7.3 "挤掉"简历中的水分

大量的招聘经历证明，几乎所有的简历都会含有水分，即使不是水分，也会被候选者称为善意的谎言。作为招聘小 C，不需要这样善意的谎言，要让简历去伪存真，还原本质。

简历内藏有太多的谎言。所谓简历中的谎言，顾名思义，即简历中伪造虚假的信息。鉴别简历的真假已经成为一名招聘小 C 们的必备技能。那么，如何练就一双火眼金睛，一眼发现简历中的疑点，从而识别出简历中的谎言。小 C 应重点关注简历中工作经历、教育背景、工作业绩描述、资质证件等内容的真实性。最典型的有如下特点。

1. 工作年龄

例如，企业在招聘员工时的要求是"5 年相关工作经验"或"3 年以上同岗位工作经历"。部分求职者可能会在简历中虚报年龄或同岗位工作年龄以达到企业的要求，增加应聘机会。

2. 教育背景信息

企业在招聘的过程中对学历有硬性要求，伪造证件的成本和难度太低，市面上充斥着大量的假学历，假学历也成为招聘过程中常见的现象，致使很多求职者在伪造学历上存在侥幸心理，教育背景信息是简历造假的高发地带。尤其是有的企业要求特定的学校、特定的专业，这就使得候选人为了被录用而铤而走险。教育背景信息包括毕业时间、学制时间、毕业院校、所学专业、学历等内容。小 C 们在简历审查时，不应仅关注学校，还应包括专业、起止时间。还有由于国内的教育不同，是否为全日制、是否为国家统招其毕业证的含金量完全不一样，小 C

们应仔细甄别。

（1）学制时间存在异常。

有的候选人第一学历成教的学历直接就是本科，没有专科。正规的成教应当先有专科再通过专升本，而不是直接本科。

正常情况下，硕士是三年制，本科是四年制，大专是三年制，本硕连读是七年制，专升本是五年制。

（2）毕业时间异常，要么提前、要么缩短，或者干脆就是假的。

重点关注候选人的学历情况，是成人自考、中途辍学还是忘了更新？如果是后者则无法提供毕业证明。此外，在教育经历的起止时间月份上，正常起始时间月份为 9 月，终止时间为 6 月，如果求职者简历上教育起止时间有异常，则表明其可能不是正规全日制大学毕业。

（3）所学专业不符实际，或根本就没有。

求职者在专业上造假大多是为了迎合企业招聘职位的专业要求。如果求职者的专业选项中填写比较简单、模糊不清，或者不符合常理，我们有理由保留质疑的态度。通常各大院校的专业设置会有相似的地方，据此我们可以判断求职者的专业是否存在异常现象。

（4）毕业院校异常。

同理，通过对目前国内有关院校情况的掌握，我们可以发现各种不符合现状的信息。关于教育经历的异常多数都可结合求职者年龄、工作时间、对教育状况的了解等判断其真假。

特别值得一提的是，小 C 们要重点关注"山寨大学"。2013 年 7 月份，国内一家教育咨询类网站相继发布了《百所中国虚假大学警示榜》第一、第二批次，共150 所院校，之后这两份榜单在网上热传，教育主管部门的官方微博也主动转发了这两份榜单，对考生、家长提出警示。

3. 工作经历

工作经历是企业评价求职者工作能力最重要的依据，同时需要结合第三方的确认才能最终判断其真伪，故容易成为简历造假的"重灾区"。工作经历包括工作单位、每份工作（项目）起止时间、总工作时间（工作经验）、工作职责、担任职位、工作业绩、离职原因、参与项目名称等内容，通过仔细推敲小 C 们也能识别其中的疑点。

（1）工作单位（含企业背景）。

有些候选人的简历中对原工作单位描述得非常有吸引力，或有意夸大原单位的实力与影响力。一般的企业都有自己的官方网站，如发现候选人对原工作单位的描述过于夸张，而小 C 又确实不了解这家企业，可上网查询这家企业的具体信息。小 C 平常需要注意各种信息的收集和积累，相关行业内上规模的企业都要略知一二，谨防候选人为了抬高自己的工作职位的重要性及含金量而夸大原来的工作单位。

（2）总工作时间（工作经验）与每份工作（项目）起止时间。

工作时间的连贯性会是企业考察求职者稳定性的因素之一，所以有些候选人可能有一段时间没有工作，但在简历中却把时间归到某段工作经历中。另外，为了满足企业招聘过程中对工作经验的要求，很多候选人会直接将工作间断的时间也计算在总工作时间内，以增加企业阅读简历或面试的概率。所以，小 C 们需要仔细查看候选人每份工作（项目）的起止时间，如果发现有多项工作（项目）时间重叠，或教育经历重叠及时间间断等异常情况，都需重点关注。

（3）工作职责、工作业绩与担任职位。

这三项内容是候选人工作内容的最直接体现，很多时候会存在夸大、不实的情况。小 C 们应根据常理判断其描述是否合理。

例如，工作半年就从普通职员晋升到管理岗位合理吗？刚毕业就担任人事经理合理吗？

然后综合三方面内容看其是否符合逻辑及常理。

例如，对方原来担任的只是一个大公司的普通人事专员，那么其日常工作职责应该只是负责执行有关人力资源相关工作，公司人力资源发展规划、薪酬设计等重要决策性工作是不可能由其独立担任或完成的。所以，如果对方工作职责、业绩上夸大，就会露出破绽。

（4）离职原因。

离职原因通常是候选人忌讳莫深的问题，很少会在简历中直接表现出来。但如果候选人在简历中表示因"辞工、合同到期、换个环境"等含混不清的原因离职，未必代表其真实的离职原因，在后续沟通过程中需要进一步去了解。

除了以上在工作经历中可以发现的疑点以外，将候选人的工作经历与其年龄、应聘职位（期望职位）、期望薪资等进行综合对比，如发现候选人工作经历上显示的能力程度、工作经验都要比应聘（期望）职位的任职要求高很多，或与其要求的薪资待遇存在不匹配的情况，则其工作经历的真实性或是求职动机就值得我们特别关注了。

例如，为了显示自己的才能，有些年纪轻轻的候选人在自己的工作经历中列举了曾经在多家知名企业里面担任高层管理岗位的经历，但简历上填写的应聘（期望）职位却只是普通职员，同时薪资要求也只是在一个普通职员的薪资范围，这显然是不符合常理的。

4. 资质与证照

（1）专业技能和知识。

通常专业技能和知识需要通过教育、培训、工作过程慢慢积累,如果结合这三方面情况来看,候选人的工作经历中都没有接触或运用到所描述的专业技能和知识,那么技能的真实掌握情况以及熟练程度就值得斟酌。

(2)荣誉或资格证书。

荣誉或资格证书一般附在简历的末尾,有的候选人简历中声称自己在工作过程获得了很高的荣誉,但是从他/她的工作单位和职位来分析,他/她很难有这样的条件和机会,则有必要引起我们的格外注意和警惕。

一名工作经验只有两年的候选人,声称自己在一家不知名的广告公司里担任助理广告设计师的时候,曾获得该行业的"十大杰出设计师"称号,是否不太符合常理?而应届毕业生最普遍的就是夸大自己的学习成绩,如将三等奖学金夸大为一等奖学金,这需要结合其学习成绩进行判断,必要时可联系校方进行了解。

2.7.4 应聘人员登记表

应聘人员登记表有助于对应聘者的评估,因为它将所有的人都放在同一起跑线上。每个应聘者都要回答同样的问题。将应聘者提供的信息与你设定的标准进行比较,即可找出面试人选。把申请表上的信息建成信息库,并将应聘者申请的工作和掌握的技巧分门别类储存,以备将来之需。这样为某些空缺岗位寻找具备某些特定技能的人选就容易多了。

2.7.5 与简历填写有关的几个核心问题

面试时有的候选人会自带简历,有的则是在现场填写。不管候选人是否准备简历,根据招聘的常规性做法,一般会要求候选人填写自己企业的应聘人员登记表,一方面应聘人员登记表中包含企业重点关注的信息,另一方面填写应聘人员登记表的过程也是了解与观察候选人的过程。但在实际过程中,候选人应聘人员登记表的填写有时会形形色色、千奇百怪,这些不合常规的填写常常会给你后续的审核带来困扰与不便,有的甚至会造成一些不必要的麻烦与法律风险。应聘人员登记表的填写过程要注意如下几个方面。

(1)语言简练,并尽量在表格内填写。最好不用另外的纸书写,另外的纸书写部分应有签名。

(2)不用铅笔、蓝颜色的圆珠笔书写。

(3)应聘人员登记表中的栏目设计经过充分考虑,除非有说明不能留有空白。

(4)减少涂改。

(5)一定要手写的签名。

示例

应聘人员登记表

应聘职位		期望工作地点			填表日期：		年 月 日	
姓 名		出生日期		性别	□男 □女			照片
政治面貌	□党 □团 □非	婚姻状况	□已 □离 □未	健康状况	□良 □好 □差			
户口所在地		身高（cm）		体重（kg）				
身份证号				联系电话				
通信地址				电子邮箱				
工作经历	起止时间	工作单位		担任职务	证明人	薪资	离职原因	联系电话
学习经历	毕业院校				毕业时间		专业	学历
工作业绩或成果								
应聘职位工作职责描述								
外语水平	□精通 □熟练 □良好 □一般 □其他				薪资要求			
计算机水平	□精通 □熟练 □良好 □一般 □其他				其他要求			
资格证书					其他特长			
家庭成员情况	姓 名	关 系	职 业	任职单位		家庭住址		
备 注								

填写要求：1. 资料填写必须真实有效。

2. 所有内容均需填写，未填写部分请在备注栏中说明。

郑重声明：本人承诺上述资料真实，并对失实信息承担相应责任！

签名：

除应聘人员登记表之外,有的候选人会准备较为翔实的简历。小 C 要做好简历验证与简历的修订和完善、电话评估等一系列工作,如果招聘小 C 在给用人部门推荐简历前能做好这些功课,就可以节省候选人与用人部门主管双方的时间,提高工作效率。对于候选人发来的简历,在对简历进行审核的过程中,也应注意以下事项。

1. 检查简历,确保相关内容填写完整

如果未填写其职位经历中上下级岗位人员的姓名、联系电话以及 HR 负责人的姓名与联系方式,应与其沟通尽量填写完整,并承诺未经其许可,绝不接受背景调查。

2. 验证简历

适度地利用电话进行验证,如自称物流公司致电前台以验证候选人目前的职位或通过网络搜索等验证,确保候选人简历中职位的真实性;对于离职人才,可以直接电话联系其提供的背景调查方式,并通过电话咨询前台确认所提供的背景调查人员的岗位和经历是否真实。

3. 确认简历

检查简历的错别字、语句、标点符号;特殊职位需要收集候选人的近照、相关资质证书等,并电话告知其修订之处,以电话或邮件等方式确认简历中的存疑信息。

2.7.6 【新技能 get√】看简历的火眼金睛

作为招聘小 C 应该充分、仔细地审查简历中的基本信息,努力找出其中的矛盾、疑点,并将这些问题记录下来,在今后的面试中作为重点考察的内容。识破简历中不实内容的要点是要看简历是否符合常理及逻辑性,对于有可能适合企业的求职者应及时进行背景调查,避免造成时间的浪费及承担企业用人风险。简历的各种不实信息,除了从简历中所填写的信息中能识别出来以外,还需要结合各种方法、多方考虑才能得出其简历造假的结论。要让自己具有火眼金睛,小 C 们要做到如下。

1. 让候选人填写应聘人员登记表

建议企业在候选人应聘时除了要求其提供自带简历以外,还要在现场填写一份应聘人员登记表。应聘人员登记表会有针对性地提出一些具体的问题,比如应聘人的教育背景、拥有何种学历、有无培训经历、有无自学、证明人及联系方式等,并且最后填表人须做出"所填信息如若不实,造成的损失与法律后果由本人承担"的承诺。应聘人员登记表一方面是为了与简历提供的信息进行核查,看是否有特别大的出入;另一方面是为候选人的面试提供进一步的资料,在一定程度上确保候选人信息的真实性。

2. 与候选人电话沟通存在疑问的内容

为了提高招聘效果及避免浪费招聘时间,对于基本符合企业招聘要求,但又不能直接判断其简历信息真假的候选人,可先记录其简历存在的疑点,要先通过电话沟通了解清楚再进行判断。如果候选人承认存在虚假信息,可视其具体情况判断是否需要进一步预约面试;如果还是未能判断其简历真伪,可要求其携带好相关证件、证明待面试时进一步观察。

3. 简单的心理测题

目前,有很多权威的人力资源网站可提供心理测试题来测试求职者的诚信度,小 C 可让候选人在填写应聘人员登记表之后,再花 10 分钟甚至更少的时间来填写相关测试题,这些心理测试的结果可作为对简历中陈述的部分性格倾向的判断依据。但值得注意的是,这种测试只能作为辅助手段,不能作为主要判断的标准。

4. 与候选人面谈沟通有疑问的简历内容

有些简历从表观信息上看各方面条件都比较适合,也无法直接判断其真伪,这时可暂时记录简历中存在疑点的内容,待电话或面谈过程着重了解,看其直接回答是否具有可信度。

5. 要求候选人提供简历中所述内容的相关证明资料

对于求职者在简历中提到的任何荣誉或证书,包括学历、职业技能等,都可以要求其提供证明资料进行查证,如果求职者在这时表示含混不清,则可判断其简历造假。例如,可透过审查求职者的税单和工资卡的银行流水记录,以佐证其原有薪资;包括对于工作不相关的技能证明,也可要求其提供。

6. 通过互联网权威网站验证求职者证件

学历及准入类的从业资格证书应到中国高等教育学生信息网(学信网,http://www.chsi.com.cn)。另外,对于 2001 年之前的本、专科以上学历是不能网上查询的,可以通过联系应聘者毕业院校的教育处进行确认。准入类的从业资格证书需要进入对应主管部门的网站进行验证。

7. 对简历中的存疑内容背景调查

背景调查是指根据候选人提供的证明人及其原来工作单位的资料核查其个人资料是否真实的行为,对于重要岗位的招聘是必不可少的环节,它既可设立在深入面试之前也可在其后进行。如果招聘小 C 无法判断候选人所述的工作时间、职位、业绩描述等信息的真实性,则可以通过候选人所述公司的网站,上网查询其曾经就职的公司,或通过其原人力资源部门对其基本情况进行电话核实。

2.8 招聘之道，唯快不破

小 C 问道之招聘效率

小 C 与主管在风景秀丽的岳麓山上散步，两人边走边聊。

小 C：主管，我每天都很忙，每天都有看不完的简历，打不完的电话，可是效果却不太理想，怎么办？

突然，主管猛地向前冲去，越跑越远。小 C 不知所措，跟着追了上去。奇怪的是，小 C 越追，主管就跑得越快。最后，两人距离越来越远。小 C 只好无功而返。

事后，小 C 问主管当时发生了什么。

主管：你比我年轻，要论速度、论耐力，你是否要好于我？

小 C：是。

主管：如果这是一场比赛，你是否会跑在我前面。

小 C：是。

主管：那你为什么没有追上我？是不想，还是不会？

小 C：不是不会，是不太想。一是你跑之前并没有跟我商量，也并未表明我们之间要进行一场比赛。二是我们今天出来是散步，不是跑步，我没有做好心理准备。三是我今天没有穿运动鞋，皮鞋并不适合跑步。

主管：小 C，你如果真想要追上我，你可以吗？

小 C：可以。

主管：所以效率低的核心就是，你不想马上行动，并且行动之前顾虑太多。这就是你效率低的原因，也是我们之间的差别。另外，工作本身就是一场没有彩排的职场竞赛，没有人会时时刻刻提前通知你比赛的时间，你落在别人后面，别人正好也就在你前面。

2.8.1 没有效率，没有效果

"天下武功唯快不破。"有时候，快就是一种力量，你快了以后能掩盖很多问题，企业在快速发展的时候往往风险是最小的，当你速度一旦慢下来，所有的问题都暴露出来了，招聘工作其实也是如此。慢，是招聘工作的大忌，再合适的候选人，如果效率跟不上，最终也会慢慢地失去耐心，悄悄地溜走。

对于企业来说，你即使招到了天才，可是企业已经错过天才生长的最佳时期，天才没有了土壤，或者你招到的天才，到岗时便有可能"生不逢时"。

对企业，空缺岗位越早到岗，对于企业产生的价值的时间就越早。因为对于企业来说，人才到岗之日，并非产生效益与价值之时。其间，有一个较长的时间差，早只会更主动；晚，只会被动、价值减弱或甚至无益成为一种负担！

ZK集团，是国内一家从事光伏发电的企业集团，在业内享有较高的知名度，市场份额一度排在行业前三，但2012年以来，受美国光伏反倾销事件影响，市场呈微弱的下滑之势，为了确保公司业绩的持续增长，2013年年初公司与所有的营销区域的负责人签署了目标责任书。该目标责任书中规定，为完成所对应的销售合同、利润指标、毛利额等财务指标，需要匹配相应的销售人员。由于该企业所处行业的客户对象为政企大客户，所以对业务人员的要求非常高，既要有项目营销经验，又要有招投标方面的成功案例。目标责任书一签署，人力资源部门便安排小C忙开了，由于市场上符合岗位要求的人员实在太少，一年下来，有部分区域的人员都没有匹配齐整。到了年底，未完成任务的区域以人员匹配不足为由向公司管理层提出抗辩。各个部门将矛头指向前人力资源部，刚开始CEO也还能理解人力资源部，可随着投诉的区域总监越多，CEO对人力资源部的工作也提出了不满意与批评。人力资源部部长当然不能一个人背着，于是找到小C，更加严厉地批评了小C，并根据公司制度处罚了小C。

小C感觉很委屈，在申辩书中指出，如果按人数计算，他实际上全年的招聘任务完成了90%以上，在这个行业，这种岗位类别中算是很出类拔萃的了。为什么部门领导还要批评他，不公平。尤其是人力资源部在10月份走出去打了一场硬仗，收获了不少精英。

其实，按上述小C的描述，以政企类大客户的营销特点，即使人员到岗了，也需要一个较长的适应过程，培训过程和融入企业文化的过程。仅试用期至少要半年以上，在远大、华为这样的企业，业务员在打单之前的专题营销培训不会少于六个月。由于华为的新员工中想成为营销人员的人不一定是营销专业的毕业生，所以对于营销理论并不了解，营销理论与知识的培训是必需的。营销理论知识培训，这些理论包括消费者行为理论、市场心理学、定位理论、整合营销传播、品牌形象理论等。理论需要与实践相结合。在理论知识培训结束后，华为还要给新员工搞一次实战演习，主要内容是让员工在深圳的繁华路段以高价卖一些生活用品。而且规定商品的销售价格必须比公司规定的价格要高，且不得降价。经过以上培训的人都有一种"脱胎换骨"的感觉。通过培训，为派往市场第一线做好心理和智力上的准备。这样才具备一个华为营销人员上岗的基本条件。

对于候选人来说。长时间的等候无异于是一种伤害。经常会发现面试候选人告诉小C，抱歉，我已经上班了。

抱歉，我已经上班了。是一句很简单的话，对于招聘人员来说，这就意味着，你前面的工作全白做了;对于之前精心参与面试的公司面试官亦如此;如果 CEO 参与了最后的面试把关,也如此。总之,一句话,前功尽弃!

什么原因?你比别人慢了半拍!别人已经先下手为强。

招聘人员不仅要做好招聘工作的本身,而且还要做好招聘管理,全面协调公司的各个环节与流程,尤其是对于一些重要的、难招聘的岗位。

因为大部分时候,被别人抢先半步,并非招聘小 C 的原因。大多数与公司的录用决策有关,尤其是有关薪酬、岗位定位、录用审批的时效、面试人员对于企业的印象等。每一个环节的疏忽,都有可能导致候选人的流失,故而,招聘小 C 不仅要有良好的专业能力,而且还需要全面、认真地统筹与协调。

2.8.2　帕金森定律

1958 年,英国历史学家、政治学家西里尔·诺斯古德·帕金森(Cyril Northcote Parkinson)通过长期调查研究,出版了《帕金森定律》一书。帕金森经过多年调查研究,发现一个人做一件事所耗费的时间差别如此之大:他可以在 10 分钟内看完一份报纸,也可以看半天。一个忙碌的人 20 分钟可以寄出一叠明信片,但一个无所事事的老太太为了给远方的外甥女寄张明信片,可以足足花一整天:找明信片一个钟头,寻眼镜一个钟头,查地址半个钟头,写问候的话一个钟头零一刻钟……特别是在工作中,工作会自动地膨胀,占满一个人所有可用的时间,如果时间充裕,他就会放慢工作节奏或是增添其他项目以便用掉所有的时间。这就是管理学上有名的帕金森定律,又被称为"金字塔上升"现象。

在招聘管理中,招聘小 C 由于经验不足,为保证不出错,担心被骂等因素,致使小 C 在招聘的不同环节,时常上演帕金森定律。例如,找一份简历半小时,打电话与候选人确认简历中细节与工作经历,候选人陈述工作与业绩细节花了一个小时,在网上验证学历花了半个小时,通过背景调查其职位的真实性花了一个小时,其中被其他部门主管叫过去聊天花了一个小时。这样上午的四个小时过去了,下午的时候发现这个人对公司的企业文化不认同,或者不愿较长时间出差等。总之,他放弃了。

2.8.3　提升招聘效率的十大策略

招聘小 C 提高招聘效率的有效办法首先要把好每一个关键环节的关键点。

1. 严把简历筛选关

很多企业有专职的 HR 专员,负责前期的简历筛选。HR 专员的工作能力、对招聘岗位的理解、对候选人显性和隐性标准的把握,都会影响候选人能否如约而至。HR专员工作本身也是专业性质的,认真、负责地筛选简历,需要较强的职业规范和标准。对岗位的理解及公司对候选人的要求,则是考验HR专员的理解力和洞察力,需要加强对公司业务和公司未来发展的认识。

2. 多渠道面试通知

由于现代的技术手段和网络工具的方便快捷,一个短信群发就能搞定通知工作,但是事实是不少人并未收到。群发通知后,还要电话确认求职者是否收到面试短信,并了解其能否按时参加面试等。如果电话关机或停机,可发邮件到其邮箱,并做好跟踪。通过多渠道通知,确保每个求职者都能收到通知,避免选才机会流失。

3. 简化招聘流程,提升招聘衔接性

除了制定适合本企业特点的招聘工作流程,使之标准化、程序化以外,还需简化流程,提升招聘的衔接性,推动用人部门参与招聘的全过程。招聘工作衔接性不强,部门之间配合程度不紧密,导致工作效率低下,优秀人员流失,这也是招聘效果不佳的主要原因。由于工作环境、领导者的管理风格及用人理念均因单位、因人而异,什么样的求职者适用,只有用人部门最清楚。因此,招聘部门要不断地向用人部门灌输招聘管理理念,推动其主动参与招聘全过程——人力资源规划、招聘需求制定、面试、录用等。用人部门对招聘的配合、支持程度,决定了招聘的成败。

4. 合适的面试时间

大部分求职者爽约的原因是面试时间不合适,而又不好意思直接拒绝所致。大部分HR都是提前一天发送面试通知,多数人都不能如期参加面试,在职求职者更是如此。HR可以针对岗位的重要性和需求程度,灵活安排面试时间。在岗人员可以安排在晚上或者周末面试,以避免与其工作时间相冲突,这样一来就可以提高在职人员的应试率。

5. 良好的招聘宣传

一个招聘广告,本身就是一次展示公司实力的机会。一个好的招聘广告的内容、描述、设计、发布渠道等都会给求职者带来一些积极、肯定的正面导向。一旦有同样的面试机会,多数会首选对招聘广告有深刻记忆和良好印象的企业。特别是对于通过网络发布招聘信息的企业,除了传统的招聘信息发布外,尽可能用专有的设计页面来与其他公司区分。

6. 提供有吸引力的工作描述

传统的工作描述通常会罗列公司所要求的技能、资历以及工作经历等,它发挥不了营销工具的作用,也预示不了应聘者能否在这个岗位取得成功。所以,必须少用这种列表。企业要站在应聘者的角度,在工作描述中重点强调他将在这个岗位上做些什么,他能学到什么,他将成为什么样的人。你还要清晰地表述他可以发挥的影响力。从营销的角度来看,你必须消除那些非描述性的头衔。

7. 让发展机会成为焦点

招聘广告方案必须清晰地指出这份工作所具有的挑战,应聘成功者能在公司发挥的影响力以及成长机会。例如,"帮助公司向市场推出新的阀门产品"就远比"(你)必须具有五年的阀门产品营销经验"有吸引力得多。当招聘官初次接触应聘者时不管对方表现得积极还是被动,你的重点必须放在促使应聘者站在职业发展的角度去评估你所提供给他的机会上,而不能让他仅仅把它当作另外一份能提高更多薪水或离家更近一点的工作。这能有助于谈判流程的顺利进行,并最大限度地降低他被竞争对手吸引走的概率。

8. 允许应聘者"只是看一看"

顶级人才,特别是那些"早起的鸟儿",往往只是看一看并比较一下自己手上的诸多选择。为了适应这些人才的需要,招聘人员绝不能太激进地推动招聘过程,招聘经理必须乐于与应聘者们进行"探索式的"交谈与会面。这一切的重点必须建立在这样一个理念上:这些早起的鸟儿首先只是到处看一看,他们乐意进行合理的"迁徙",前提是他们在每一步都能获得合适的信息。

9. 拓展伙伴关系

换工作是件大事,并且在今天这种压力重重的工作环境下,时间相当宝贵。招聘官需要积极参与到与应聘者的关系拓展中,而不是被对方一个"不"字就直接打倒,你要去了解应聘者遇到过哪些职业发展瓶颈,你能给他提供什么解决方案。有很多招聘官总问一些错误的问题,对于岗位的真实需要缺乏了解,所以给人留下肤浅的印象。在这样一个流动性与竞争极大的市场,招聘官将要发挥越来越重要的作用。这就像做销售一样,这要求企业给他们提供更多的培训,让他们对人才市场有个全面的认识,让他们与主管招聘的领导者建立真正的伙伴关系。

10. 确保应聘者持续获得信息

面试的结尾并不是确定应聘者,而是开启新一轮的接触。对企业来说,根据诸多事实来评判应聘者合适与否很重要;同样,对应聘者来说,他也需要根据诸多机会来评估不同的公司,看到底哪一个最合适自己。

2.8.4 学知名企业招聘流程的设计

招聘流程的设计在整个招聘管理中是保证招聘成功的关键性因素,特定的招聘流程是为特定的招聘管理服务的。不同的企业因为企业文化的差异、主管用人决策的领导管理风格差异而不尽相同,甚至有的企业的招聘流程成为其独有的特色,成为职场人士谈论的焦点与话题。一方面广泛地传播了雇主的品牌,另一方面也让候选人提前了解了该企业。

反过来说,招聘流程的设计是一个让人纠结的问题。太简单,达不到甄选与鉴别的效果;太复杂,让候选人无所适从,有的甚至不愿意配合,有时还会漏掉有个性的"天才"。总是在质量与效率之间选择,就以往的经历而言,良好的流程设计的确可以提高招聘的效率,并且在较大程度上保证了招聘候选人的质量。

一些业内的标杆企业给我们提供了良好的借鉴。

1. 华为的面试流程

华为的面试极具神秘感,有关各路神人闯关的帖子在网络上漫天飞舞。华为一般有 5 次面试。一面是技术面,由候选人与面试官一对一面谈,并就简历提问。先介绍自己,然后面试官提问,候选人答疑。二面,俗称"群殴"。面试官出题,5 分钟书面答题,15 分钟时间小组讨论,并将小组的结论写在白板上。然后是小组辩论,面试官提问并答疑。三面是心理测试。以前是纸质,后来改为电脑上做题,题型为选择题,有单选和多选,主要内容为心理健康程度、承压能力、测谎。四面为英语测试,题型不一、难易程度不一,有口语,也有专业术语,针对海外人员及技术研发类岗位的题目较难。五面为最后一关,也称"boss 面"或"生死面"。有的在当天,有的会安排到第二天,面试时间约半小时,为用人部门的"文管"亲自面试。

2. 宝洁公司的招聘流程

宝洁公司的招聘流程大体需要经过以下几个关口。

(1)第一关是填一份 12 页的标准表,考核的是领导组织方面的能力。

(2)第二关是解答难题方面能力的测试,一般是一些算术图表和阅读题。题目虽然不难,但是要求答题的速度一定要快。

(3)第三关是英文能力测试,分为听力和阅读两部分。不过,不同部门的英文要求也不尽相同。

(4)第四关是非常残酷的,淘汰率很高。面试官提出的问题基本上围绕宝洁的几个经典问题,答题思路基本上就是过往的事例。但是注意,一定要诚实,他们很容易问一些很细节的东西。最好都是自己亲身经历的。

(5)第五关是 MKT Director、Advisory Managers(经理和顾问)一起面试,宝洁公司将出资请应聘者来广州宝洁中国公司总部参加最后一轮的面试。

为了表示宝洁对应聘者的诚意,除免费往返机票外,面试全过程在广州最好的酒店或宝洁中国总部进行。第二轮面试大约需要 60 分钟,面试官至少 3 人,为确保招聘到的人才真正是用人单位(部门)所需要的,宝洁对复试非常重视,复试都是由各部门高层经理亲自考核。如果面试官是外方经理,宝洁还会提供翻译。

3. 壳牌中国石油的招聘流程

壳牌中国石油的招聘流程大体如下。

(1)首先面试官会发给求职者一个复杂的表格,除了各种比较详尽的个人信息之外,还要回答5个问题。这5个问题的范围会比较广泛,而且回答起来也会有一定的难度,但是如果你真的对这家企业有兴趣,最好能认真回答这些问题。必须中英文都写,这也是公司的要求。另外,如果公司内部有朋友或者熟人推荐你,那么你得到第一次面试的机会将会很大。

(2)首轮面试分两个部分,分别由两个人与你交谈,每人30分钟。通常会问你个人的最大非学业成就,以及聊一些比较宽泛的话题,如奥运会、环境保护、交通问题、城乡差别、太空旅行等。

(3)第二轮测试,具体内容因人而异,通常包括以下三部分。

①从几个话题中自己挑选1个,花30分钟准备一个speech(演讲),并接受两个HR的提问。

②Case Interview(案例面试),如分发一份30页左右的关于一个虚构国家壳牌公司的材料,5分钟阐述对其长、短期发展的规划,20分钟两个HR提问,各发中、英文材料一份。

③Group Discussion(电子兴趣小组),如把3人分一组,每人的资料不同,描述某地区壳牌公司将要新建的沥青厂的选址方案,组员各自准备对发给自己的那个备选厂址进行利弊分析,然后30分钟讨论出小组的共同意见,两个HR在边上观察。公司会通过层层考核选出他们心目中合适的人选。

4. 微软公司的招聘流程

微软公司的面试招聘被应试者称为"面试马拉松"。应聘者需要与部门工作人员、部门经理、副总裁、总裁等五六个人分别交谈,每人大概一个小时,交谈的内容各有侧重。除了民族歧视、性别歧视等敏感话题外,其他问题几乎都可能涉及。企业最关注的是求职者是否具有以下几种能力:

(1)反应速度和应变能力。

(2)语言表达能力。语言是表达思维、交流思想感情、促进相互了解的基本功,据说微软总裁比尔·盖茨一遇到口齿不灵的应试者,便会表现出很不耐烦的样子。

(3)创新能力。只有经验而没有创新能力、只会墨守成规工作的人是不会受到公司青睐的。

（4）技术背景。这点是最关键的,公司会要求应试者当场编程。

（5）个人修养和性格爱好。公司会通过与应试者共进午餐或闲谈来了解。

微软对应聘者进行面试,通常是面对面进行的,但有时也会通过长途电话,越过千山万水甚至太平洋,主考官和应聘者只是坐在电话线的两端。

当面试者离去之后,每一个主考官都会立即给其他主考官发出电子邮件,说明他对你的赞赏、批评、疑问及评估。评估均以四等列出:强力赞成聘用;赞成聘用;不能聘用;绝不能聘用。你在几分钟后走进下一个主考官的办公室,根本不知道他对你先前的表现已经了如指掌。

在面试过程中如果有两个主考官对应聘者说"不",那么这个应聘者就被淘汰了。一般来说,你见到的主考官越多,你成功的希望也就越大。

2.8.5　不要搞砸你的招聘

通常而言,漫长的招聘过程是潜在候选人放弃的主因。

雇用新员工是一个多阶段过程。首先小 C 需要找到有前途的候选人,然后进行筛选、面试、尽职调查、谈判条款等。但是这个漫长的招聘过程会成为日后录用的绊脚石,尤其是当潜在的候选人对企业的信息了解得不够全面时。

没有候选人会接受漫长的等待。一方面是候选人对企业录用诚意的质疑,另一方面也会被别的企业夺得先机。如前文所述,没有效率,就不会有好的招聘效果。对于层次偏高的候选人而言,漫长的等待是他们所忌讳的。

有一次,笔者问小 C,为何之前他紧盯的一名候选人没有来报到,此人早在一周前笔者就已签批了。小 C 告诉笔者,此人已经去了我们的竞争对手公司,不过是在深圳。笔者心有不甘,于是拨通了对方的电话。

"你好,请问是章总吗?"

"是的,你是哪位?"

"章总你好,我是 ZK 集团负责人力资源的 Y××,请问现在说话方便吗?"

"哦,想起来了,Y 总你好,好久没见。没事儿,您说。"

"上次您来长沙之后,我们谈得很愉快,您也答应回深圳后尽快安排工作,一周内到岗,刚才小 C 告诉我,您不来了?"

"是呀,我也觉得有些遗憾。我是答应过你们公司,我也有这个诚意。不然我不会特地到长沙与您和董事长会面。只是……"

章总欲言又止。

"没事,您说,如果是我们做得不对,我们改进就是了,您的意见对于我们以后的工作将是莫大的帮助。"

"您这边决策很快,但是之后张总(其直接上级,民用事业部总经理)说希望与我再沟通下,我一直等他电话,也不知道他是否方便,不便问他。等了差不多一周了。"

"您可以跟我说说,我帮您沟通呀。"

"实在有点抱歉,Y总,感谢您的信任。我本想与您电话沟通的,恰好ZZ公司(他现在的东家,我们的竞争对手)的L总约了我喝茶,当场就把这事儿定下来了。"

事后,笔者了解到张总面试之后觉得不错,也签了录用意见。但对其项目经验的描述有一些存疑,又不便明说,于是想找一个方便的时候与他再沟通,让他回去以后等电话。可是,几天之后,他居然把这事儿给忘了……

第一印象不佳,也会让候选人难以作出加盟的决定。

第一印象在社会心理学中是被经常研究的。第一印象包括第一次小C的着装,第一次公司的办公环境与状态,第一次对于候选人提出问题的答疑,第一次走进企业的车间等。如果第一印象糟糕的话,那么小C可以翻身的概率会非常小。当企业的第一印象对候选人来说并不美好时,那么对于招聘来说这就是一种灾难,尤其是小C在为公司寻找有竞争力的人才时。

小C在招聘实践中,应尽可能避免招聘决策的延迟,对于重点岗位一定要有重点跟进表,要日结日清,不要因自己的疏忽而导致候选人的错失;也应当让候选人保持良好的第一印象,包括着装、第一次的面试环境等。如果因此而导致持续跟进了好长时间的候选人丢失那就得不偿失了。

2.8.6 重要的招聘候选人,不要轻言放弃

对于一般没有经验的小C来说,听到候选人放弃的电话大多就放弃了。但作为一名负责任的或资深的小C来说,他一定会坚持再持续跟进,直到候选人最终放弃。

对于小C来说,候选人就是你的订单,候选人的放弃意味着你的订单失败,意味着你的前功尽弃,对于一些中高端职位,特别是一些偏、难领域但活跃的岗位,这种放弃在一定程度上就意味着此类岗位招聘任务的中止。

5年前,笔者在ZK集团时,当时的CTO是企业的创始人之一,也是公司磁悬浮技术的核心骨干之一。当时小型风力发电在国家的大力支持下如火如荼地进行,磁悬浮技术由于减少了轴承的摩擦系数,极大地提高风力发电系统的发电效率与稳定性,在行业内被众多的竞争对手觊觎,此君与当时的董事长在某项重大研发项目上发生了较大的分歧,加上不怀好意的竞争对手的推波助澜,此君没有经得住诱

惑离开了。

经过一段时间的寻找，也找遍了各大网站，也咨询过猎头公司。由于小型风力发电是一个小众市场，参与的企业普遍规模不大，ZK集团在当时是行业的老大。只能从相关行业寻找，但大多数业内有名的企业的技术骨干对于这个市场有太多担心，不愿轻易涉足这个行业。找了近半年，无果。一个偶然的机会，小C在浏览一份简历时，看到一份只有寥寥几行字的自我简介，上面项目经历与工作单位的信息一个也没有，包括姓名，只有英文名David；联系方式，只有一个电子邮箱，但是有两个至为重要的信息：清华大学博士后，电气专业，国内某电源类上市公司高管。小C好奇地问我，为什么这么厉害的"大牛"，简历的信息这么少？笔者当时有两个判断，其一是此人目前工作意向并不太强烈，此简历的填写可能是偶尔为之，一则谨慎，二则马虎；其二，此人对于未来的工作选择相当谨慎，不会轻易动。于是笔者让小C试着发了一份邮件，随信将网站上未提及的企业的详细资料也附上。信末加了一句，如方便，可否将更详尽的资料发至笔者的私人邮箱。第二天，便收到了对方详尽的个人简历，信末特别提及，只与人力资源高层洽谈，不可影响现有单位。三天之后，笔者到他的工作所在地，业内很有名气的一家光伏发电的民营企业。在我们近6个小时的交谈中，他对行业的了解让我深深折服，果然，此人系一位业内高手，不但在电气领域资历深，而且手中拥有多项与发电装置有关的发明专利。此次面谈的最大成果是此人同意前往公司总部与董事长面谈。

一个星期之后，此人来到长沙，与董事长相谈甚欢，包括薪酬、职位及分管范围，甚至包括股份，一个月左右报到。

一个月很快到了，小C打电话给David告知一些报到注意事项，并提前准备所需的办公用品。电话那边说不急，他现在有一些事情要处理，可能要晚一些时候，问具体要晚多久？对方有点含混不清，只是侧面问了一些工作的福利制度等。

板上钉钉的事情怎么可能出岔？笔者当时也认为他确实是有事情要处理，一个百亿企业的总工，离职哪能那么容易。但是为何没有一个具体的时间呢？按道理，这么大的企业的离职程序应当很规范的。可令人意外的是，第二天，小C接到电话，说David来不了了，因为那边公司不放，公司还给他开出更高的待遇与股权。

不对呀，不是说得好好吗？不会这么儿戏吧。笔者找到小C，要他再汇报下当时的电话沟通情况。关于福利制度的细节提醒了笔者。但笔者又想了想，不至于吧，年薪100多万元的人，怎么也不至于与一些小小的福利标准过不去吧。作为总部在长沙的ZK集团，福利制度与江浙一带的名企相比，的确不敢恭维，但也算尽如人意。至少，双方是可以沟通的，不至于就因为这些放弃。

于是,笔者直接拨通了 David 的电话,在近两个小时的电话沟通中,了解到,其实 ZK 给出待遇与他目前的差不多,唯一不同的是,在 ZK 集团是副总裁,可以直接决定研发的方向与预算,而在原单位常常受制于原集团的副总。但是相比于现单位,ZK 集团的福利标准太低,如餐补、车补等都没有。笔者算了一下,这些加起来一年不到 3 万元,比找一个猎头公司的费用还低,为何不答应呢?以笔者的经验来看,从事技术的人员大都有点钻牛角尖,没想到这位还真是有点特别。不过,人才难得,想用他,就得迁就他!

后来证明,此人的确是不可多得的业内人才,在他的带领下,建立了 ZK 集团的北京研发中心,目前运作良好。

2.8.7 【新技能 get√】快速招聘决策——搞定领导

作为招聘人员,有时搞定你的候选人还相对容易,要搞定你的主管可并非易事。

经过面试各个环节,对候选人的了解也足够充分,因为与候选人一路走来,只有你最清楚候选人的基本情况,而你的主管,或者用人部门主管却可能只是 10 分钟、20 分钟便做出不予录用的决定。与主管的意见相左,如果你认为你的判断是对的,那么如何让主管听你的?

由于你的工作关系,在面对候选人的时候,你所获得的信息要远远大于你的主管所获得的信息。也就意味着,你与主管在候选人的判断上,你所拥有的资源会多于你的主管,而决策又不由你作出。尤其是当你的主管态度比较强硬时,怎么办?

笔者的老领导经常告诉笔者的一句话值得大家借鉴:领导你的领导。

领导也有个性,领导也有自己的工作方式,领导也有不同的文化背景。如何相处?如何适应?是抱怨?是放弃?还是各干各的?

面对同样的领导,为什么有人如鱼得水,有人却觉得寸步难行!

方法不同,结果当然不一样。

以下 6 个小方法,有助你快速搞定你的领导。

(1)换位思考。尝试从领导的角度来看待招聘中的问题。这个岗位是否急缺?替代性是否强?领导是否喜欢此类型候选人等。换位思考有助于消除双方的分歧。

(2)了解领导对候选人的期望。你需要把岗位说明书或工作目标等铭记在心,并且把领导所关心的问题弄清楚。有时候,你必须主动与领导沟通,弄清楚领导对于候选人的真正期望是什么,因为领导有时候也会忘记说清楚。

(3)尊重领导的权威。

（4）报告问题的时候也给出解决方案。不要只是带着问题去见领导,如果能够想好解决方案,或者把问题解决后再向领导汇报,这样对于领导决策的效率也是一种极大的帮助。

（5）给领导营造适时出现的好印象。经常出现在工作场合,始终保持在第一时间出现,是一种引起你的领导或者公司领导注意的常用方式。这种行为能够打动重要人物,有助于职业生涯发展。

（6）表现出良好的职业道德。这一点非常重要,具有良好的职业道德既是对你的职业的尊重、对自己的负责,也是给领导留下深刻印象的重要因素。

2.9　A 级招聘法

小 C 问道之 A 级招聘法

小 C:听说 A 级招聘法很厉害的,许多世界 500 强企业的 CEO 都是通过这种顶级招聘方法寻找、筛选到的。

主管:是吗?

小 C:业内众多的同人,尤其是稍显高端的职位招聘。我在网站上看了看他们所采用的量表与评审表格,那些确实很规范,可是就是量表太复杂了,让人不太容易懂。领导,能不能给我指点迷津!

主管不语,只是拿出一张空白纸递给小 C。

小 C 似乎懂了。

小 C:您的意思是让我多参考网站上内容,然后在这张纸上记录一些要点,归纳总结,吸取精华,化繁为简?

主管:不是,赶紧把网址写给我,让我也学学!

2.9.1　企业呼唤 A 级选手

招聘小 C 进入职场时间不长,作为年轻人,有野心与冲劲,想要做到最好。做招聘也是如此,做到最好就需要你的全力以赴,可有时,你未必能做得到。

一小孩搬石头,父亲在旁边鼓励:孩子,只要你全力以赴,一定搬得起来! 最终孩子未能搬起石头,他告诉父亲:我已经尽全力了! 父亲答:你没有用尽全力,因为我在你旁边,你都没请求我的帮助!

这个 70 多亿人的星球,稀缺的不是平凡的人而是对企业有用的人才,稀缺的是决定企业未来的天才! 连天才的乔布斯也发出了对 A 级选手的呼唤。如何寻找最顶尖的 A 级人才来为企业服务? 有没有一种专门针对这种 A 级人才的招聘方法？

什么是 A 级选手？A 级选手是企业合适的超级明星或天才,他的才华既可以胜任工作,同时还能融入企业文化。《聘谁》中这样定义 A 级选手:他有至少 90%的希望实现排名在前 10%的选手能够实现的成果。注意,该定义中的两个数字。企业要雇用那些至少有 90%机会能胜任未来工作的人,让自己一开始就占据高地。不是 50%,而是 90%。现在多花点时间进行考核,未来能帮助你省下大量的时间和金钱。在定义的后半句,我们设定了高要求。如果成果是人人手到擒来的,那么谁还会在乎至少有 90%的人希望实现它呢？你不只是想做好,你想做得很棒。A 级选手至少有 90%的机会实现那些只有 10%的最佳潜在雇员能够做到的东西。

聘人决定成败！

如何得到 A 级团队呢？斯玛特公司花费 13 年的时间,做了大量实地调查,验证并提炼了一整套解决方法,被称作斯玛特 A 级招聘法或简称为 A 级招聘法。这种方法提供了甄别和聘用 A 级选手的简单流程,成功率极高。它能帮助企业聘对人才,尤其是 A 级人才。

2.9.2 全面认识 A 级招聘法

1. 什么是 A 级招聘法

A 级招聘法简单明了,各个层级的人员——不论是 CEO 还是前台接待都能够理解并运用。然而,方法简单并不意味着你无须花真功夫就能用好。用好了,它会给你带来巨大的回报,如图 2-2 所示。

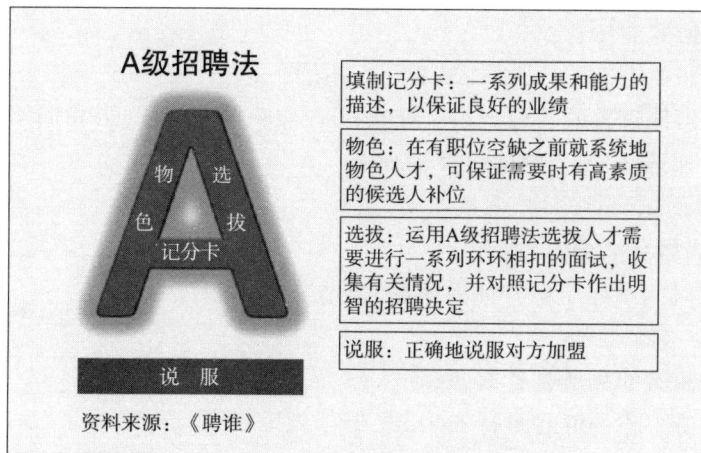

图 2-2　A 级招聘法

你可以把字母 A 的每边和下划线看作整套方法的四大步骤,说明如下:

(1)填制记分卡。记分卡是一份文件,描述了你到底想要什么样的人来干什么工作。这些并非职位描述,而是一系列成果和能力的描述,以保证良好的业绩。记分卡确认了岗位的 A 级表现,来明确物色来的人要实现什么目标。

(2)物色。找到精英人才越来越难,但并非不可能。在有职位空缺之前就系统化地物色人才,可保证需要时有高素质的候选人补位。

(3)选拔。运用 A 级招聘法选拔人才需要进行一系列环环相扣的面试,收集有关情况,并对照记分卡作出明智的招聘决定。这些系统化的面试可帮助你摆脱错误招聘术。

(4)说服。一旦通过选拔确认了团队想要的人,就需要说服对方加盟。正确地说服可保证你不会功亏一篑,防止想要招聘的人加入其他团队;它还能保护你免于心碎——在最后一刻失去理想人选。

2. 四次专业面试

选拔 A 级选手的最有效途径是进行四次环环相扣的面试。这些面试能提供选手的实情,让你知道他与记分卡上的要求有何差距。作为 A 级选手,只有成绩记录符合要求、有能力胜任岗位、适应企业文化并对工作充满激情,才是你所需要的人才。

(1)筛选面试。

目的:剔除不合格者,为后面的面试节省时间。

提问:

- 你的职业目标是什么?
- 你有何职业专长?
- 你在职业上不擅长什么,或对什么不感兴趣?
- 请说出你过去的 5 位老板。如果按 1～10 分来打分,当我们给你的老板打电话时,他们各会给你打多少分?

(2)升级面试。

聘你是去做什么的?

目的:按时间顺序了解其职业生涯,搞清其经历和行为模式。

提问:

- 你最骄傲的成就是什么?
- 做那份工作的低谷是什么?
- 你跟谁一起共事?
- 你为何终止那份工作?

（3）专项面试。

目的：深度考察岗位要求的关键能力，确认岗位非此人莫属。

提问：

- 此轮面试的目的是谈论＿＿＿＿＿＿＿（填上具体的成果和能力要求，如开拓新客户的经验，组建和领导团队等）。
- 职业生涯中，你在这方面的最大成就是什么？
- 在这方面，你犯下的最大错误和得到的教训是什么？
- 严格考察文化适应性。

（4）咨询证明人。

前面三个专项面试完全、充分地了解候选人是否合适未来的岗位，是否作为企业所定义的 A 级选手。作为 A 级选手的面试中，还有一个很重要，而往往被人忽略的环节——咨询证明人。这种咨询与了解，不同于日常招聘中的背景调查。鉴于候选人未来担任岗位的重要，小 C 在 A 级选手的招聘中，应通过合适的渠道与方法来了解候选人的同事、领导、下属甚至是其雇主，了解是否真如他所说的那样优秀。被询问者任何中立、不耐烦和勉强的夸奖都说明证明人并不是真心推荐这名候选人。相形之下，真正的夸赞应该是语气里充满热情并饱含钦佩。证明人回答时不会有任何犹豫吞吐。他激动和兴奋的语气都清晰表明：咱们谈论的人就是 A 级选手！须注意以下三点。

第一，选好证明人。浏览你的升级面试记录，看看跟哪些老板、同事或下属交流。别把候选人给你的名单拿过来就用。

第二，要候选人联系证明人进行电话预约。一些公司明文规定：禁止员工充当证明人。如果你直接打过去，会吃闭门羹，但是，如果你要求候选人替你联系安排，就可以成功对话（可在工作时间内进行，也可下班回家后通话）。

第三，咨询人数要够。如果总共有 7 人要咨询，我们建议你亲自打给 4 位，另外 3 位请同事代劳。7 人可选 3 位老板、2 位同事或客户、2 位下属。

3. A 级招聘中一些需要警惕的情况

（1）推诿责任、满腹牢骚的人不要招，真正的赢家从不抱怨。

（2）爱找借口。如果他说出现困难不是自己的错，而是别人造成的，说明他在推卸责任。

（3）老强调"我就是"怎么样的人，不会积极改变以适应你公司的文化。

（4）贬低以前的同事是非常危险的信号，此人一旦与你共事，也会同样不客气地讽刺挖苦你。

（5）选手闭口不提过去的失败、回答时夸大其词、说不清为何要换工作、总是摆出"专家面孔"、过于关注自我。

（6）选手对薪酬福利比工作本身更感兴趣。

（7）选手身边最重要的人不支持他换工作。

2.9.3　应用量表：记分卡

在 A 级招聘法中，最核心的应用量表就是记分卡，主要由使命、成果、能力三大部分组成。

1. 使命

构思 1 ~ 5 句简短陈述，描绘岗位存在的必要性。比如"客户服务代表的使命是以最礼貌的态度解决客户的问题和投诉"。用平实的语言写下工作的核心目标。聘用专才，而不是通才。

- 全能员工不适用。
- 如果你想一开始就把职位定义得清晰明确，就应当缩小范围，寻找领域内的专家。
- 使命，不是帮你找来能指出问题的通才，而是帮你请到能够解决问题的专家。

2. 成果

构思 3 ~ 8 项某人做出 A 级成绩必须能实现的具体、客观的成果。比如"截至 12 月 31 日，把客户满意度从 7.1 提升到 9.0。评分范围为 1 ~ 10 分"。

- 描述一个人在岗位上必须干出什么成果不是工作活动，而是工作业绩。
- 没有人想失败，制定合理的高标准成果，能吓跑 B 级和 C 级选手，同时引来 A 级选手。
- 规定了成果，新官一上任就能大施拳脚，因为他们知道从哪些方面评估自己，知道公司最重视什么，成果不是限制人，而是给人发挥的空间。

3. 能力

确认为实现岗位成果所需的行动能力。明确 5 ~ 8 项用于适应企业文化的能力，并把它们写到所有岗位的记分卡上。比如"高效、忠诚、高标准、重视客户服务"等。

"如何做"才能胜任工作。

- 不要将能力要求得过于狭隘，因为人们可以殊途同归——方法相异，成果相同。
- 能力包括通用能力、专业技能，还有文化适应性。

- 不能融入企业文化的人,即使再有才干,也做不好工作。

确保工作协调一致,清晰传达记分卡内容。检测记分卡,看符不符合经营计划,并把它与相关岗位人员的记分卡比照,确保工作安排协调一致。然后向有关各方(如同事、具体招聘人员等)清晰传达记分卡内容。

例如,一名销售副总裁的记分卡可以这样设计(见示例)。

记分卡(示例)

销售副总裁的使命

同企业客户签订大额订单,获取利润,用 3 年时间让公司利润翻番。组建一支业务拓展团队来开发新客户;创建一支业务维护团队来留住老客户。

成　　果	评级和评价
1. 截至第三年年末,将收入从 2 500 万元提升到 5 000 万元(年增长 25%) ● 把企业客户数从第一年的 4 个提升到第二年的 8 个,再提升到第三年的 10 个 ● 截至第三年年末,使零售顾客销售收入占销售总额 75% 的比率降低	
2. 截至第三年年末,把税前利润率从 9% 提升到 15% ● 截至第一年年末,将客户订单中占附加销售额 70% 的包装销售利润从 33% 提高到 90%	
3. 截至第一年年末,打造出一支顶级销售团队 ● 截至第一年年末,聘请 1 名外部销售(去外面推销,不坐办公室,自己掌握时间)A 级主管 ● 截至第一年年末,聘请 1 名内部销售(在办公室运用电话、网络等销售,有固定上下班时间)A 级主管 ● 截至第一年年末,清除所有完不成销售目标的销售代表	
4. 提交准确率为 90% 的每月预测报告	
5. 截至第二年年末,针对所有一线销售人员,设计并展开培训	

资料来源:《聘谁》

2.9.4 【新技能 get√】如果公司的 CEO 都是自己招聘的,想想都激动

10 年前,笔者入行刚 3 年,东家公司是一家汽车核心零配件制造企业,在变速箱领域享有盛名。当时,笔者刚转为人力行政部负责人,上任之初,自当勤勉努力,加班不断,好的简历自然积累不少。其中,有一个生产副总的职位有很长一段时间

的空缺,无法找到业内有影响力的人员到岗。当时的互联网应用不算很发达,智联招聘使用热度很高,也基本以其为主导。在智联招聘众多的简历挑选中,有一份来自六安市的一家变速箱厂厂长(杨××)的简历吸引了笔者。主要原因倒不是因为简历有多出彩,反而是不出彩。而其吸引笔者的是,他有近20年的厂长经历且之前还有过长达六年质检部长的经历,目前有了想"跳"的想法。

这是一个很重要的消息。因为笔者结合当时的企业现状判断,当时企业的矛盾与问题点主要在产品的批量化生产与核心零配件的可靠性测试。

于是笔者将自己的想法与当时的董事长沟通。董事长马上召集相关人员商议,不久我们便邀请杨××来到公司考察,经过几轮的沟通,遗憾的是由于薪酬要求与当时的高管薪酬体系冲突,公司的高管团队可能并未给予足够的重视,此候选人暂无法决定。不过在犹豫与等待期间,笔者与他一直保持着沟通与联络,并及时地将公司的发展情况与之交流。大约半年后,公司的股东大会如期召开,出人意料的是,来了一位我们平时不太熟悉的人。他就是笔者一直保持联系的杨××,不过,他这次的身份却发生了变化,在会上宣布为公司的CEO,是大股东派来的代表。

由于之前沟通较多,在后续的工作中,他给了笔者工作上极大的支持,也成就了笔者后续的职业晋升。

所以,各位即将走入招聘岗位的小C,如果有朝一日,你的候选人名单中有你企业未来的CEO、你的领导、你未来的工作伙伴。想想,是不是有点小激动?

2.10 招聘的未来：基于移动互联的招聘

小C问道之招聘未来

小C:领导,现在好的人才越来越难找。茫茫人海,无从下手,您能给我们说说,未来的招聘是什么样子吗?

主管指了指天空,又指了指小C。

小C:领导,您是说我要开动脑筋,不拘形式,像浩瀚的天空一样放开思想束缚,大胆创新、锐意进取吗?

主管:不全是。

小C:那您的意思是?

主管:人才都在云端,而你却在凡尘中落入俗套,用着最原始而常规的方式寻找,这样的招聘怎么会有未来呢?

主管接着掏出手机,在小C面前晃了晃。

小 C：领导，您是说我应该借助现代的通信手段，现在就马上行动，拨打候选人电话，时不我待，马上与候选人联系？

主管：不是。我是说现在都移动互联时代了，人才招聘怎么能不用移动互联呢？

2.10.1 500 强的招聘经理们在忙什么

小 C 对世界 500 强企业的 HR 崇拜有加，能进入其中工作更是梦寐以求，然而对于大部分小 C 来说，这可能是一种奢望。我们来了解一下 500 强的招聘小 C 甚至招聘高手是如何做的呢？二者之间的差距何在呢？

招聘小 C 与有经验的世界 500 强的招聘经理的区别往往不在理念或知识，而在工具上。做个类比，一个中国农民只能种 10 亩地，一个美国农民却能种 100 亩地——差距不在他们的农业知识上，而在他们使用的工具上。让我们来看世界 500 强的 HR 怎么利用工具来做招聘的吧。

500 强的 HR 招聘大牛们通常会让工具做牛做马，不是让自己做牛做马。Aberdeen Group 的《人才招聘战略》调查数据——全球 500 强中有 90% 左右的企业搭建了外部招聘门户和内部招聘平台，有 80% 左右的企业正在使用应聘跟踪系统和录用管理系统，有 50% 以上的企业搭建了内部交流平台以完成招聘过程中涉及的各种沟通协调事宜。

全球 500 强正在使用的招聘管理系统，他们通过这些招聘管理软件来处理简历汇总、简历筛选、信息共享、面试通知等事务性工作，而把更多的时间花在了真正的难题上——挖掘高端人才。所以，国外 HR 招聘大牛们没事就"逛"SNS（Social Network Site，社交网站或社交网）淘人，这些大牛们如此悠闲都是有物质基础的。据说，美国的 500 强企业的 HR 招聘大牛们 91% 都会登录社交网站来寻找潜在的面试者。正因为在招聘工作中，别人家的招聘是让工具当牛做马，而我们自己的招聘是让自己当牛做马，搞得中国的招聘 HR 们自我效能感太低、离职率太高。

2.10.2 招聘要么移动互联，要么无人可联

截止到今天，全球移动互联网用户数总数已经超过 10 亿，这就意味着移动互联网已经并正在改变 10 亿人生活方式的点点滴滴。但与此同时，还有 50 亿人没有被"移动"起来。移动未来，就是移动下一个 50 亿。

——2014 全球移动互联网大会

自新浪在 2010 年首次向公众开通其微博业务以来，截至 2014 年 3 月，其微博业务以子公司姿态正式登陆美国纳斯达克，短短 4 年间，"移动互联"这个颇为专业

的词汇于普通大众而言已经不再陌生。与此同时,近年来微信业务的快速崛起和移动支付的激烈战争更是让本已方兴未艾的移动互联网一点一滴却又如火如荼地在改变传播路径的同时,也颠覆了原有的商业和营销生态。

HR,尤其是招聘小C应更深切地意识到,不是只有移动互联网公司才需要思考移动互联网。对于移动互联的理解,也不应仅限于狭义上视其为一种使用工具;更深层面的思考直指移动互联思维,以及应该如何运用这种新型思维方式对企业现有的商业和人员管理模式进行调整乃至重塑,以巩固企业核心竞争力,从而获得可持续性发展。

现在企业都在抱怨招聘困难,找不到合适的人才。其实,人才也在抱怨,找不到合适的企业。这一对孪生矛盾从来就没有消失或减弱过,反而在不断加强。是矛盾就一定会有对立存在的两个方面,对于人才供求也是一样。换言之,企业有多少困惑,人才也会有多少困惑;企业在抱怨人才,人才也在抱怨企业,双方一定是对等的,出现矛盾的根源是信息不对称。信息不对称的原因是,企业就只知道在人才网上发布招聘消息,姜太公钓鱼等待愿者上钩,而人才越来越不上人才网了,就找不到人才。

20年前就有预言家大胆说过:21世纪要么电子商务、要么无商可务。

职场成功的关键有时靠努力,有时不全是,靠什么?靠选择!选择对了,努力就对了。处于21世纪人才最前沿的招聘小C们正面临着前所未有重要的挑战!

移动互联网侵袭传统产业的浪潮正在席卷招聘领域,对习惯了在网上投简历、邮件沟通、通过多次面试、笔试的复杂流程才最终得到工作的候选人来说,移动互联网招聘带来的改变可能会是一个惊喜。除了简化流程、缩短时间之外,移动端的招聘也正在往更加专业、人性化、定制化的方向发展。

截至2020年12月,中国网民的规模为9.89亿,互联网普及率达70.4%(数据来源:CNNIC)。

互联网的社会化趋势愈演愈烈,正大幅度地影响着人们的交流方式,如图2-3所示。

网络的移动互联,已成为沟通的桥梁,就像一个市场。在这里,雇主与候选人会在第一时间看到信息,并且立刻得到回应。候选人想在他们的移动设备上查看和申请工作,企业的招聘需要满足这个需求,而且要很容易操作。如果企业的申请渠道不能适用移动设备,你将必败无疑。这不必是一个完整的求职体验,但是在火车甚至飞机上查看职位已经成为候选人未来求职的一个常态。

路敏思发布了2014年十大人才管理趋势报告,报告中重点提及招聘变得移动化了,雇主最多只有12个月的时间去学习,否则未来的雇主将会输掉人才战。

图 2-3　互联网时代人们的交流方式

移动互联时代使得人力资源管理基于数据,并用数据说话的决策方式成为可能。数据化管理、大数据使得人力资源价值计量管理成为提升人力资源效能管理的有效途径。人与组织之间、人与人之间的互联互通累积、集聚的巨量大数据为人力资源的程序化决策与非程序化决策提供了无穷的科学依据,人力资源管理真正可以基于数据并用数据说话。移动互联时代,新生代员工登上职业舞台,新思维、新方法、新需求,不断刺激着传统人力资源理念。

人力资源管理者要杜绝"一劳永逸"的想法,在产品和服务的基础上,不断整合员工诉求,顺应互联网时代趋势,在实践的过程中不断优化、提高、完善,不断迭代更新,满足新形势、新群体、新需求。

人才互联共同体与区域一体化。移动互联时代,人才自由流动,企业对于人才的诉求,不再是"人才为我所有",而应是"人才为我所用"。

上线仅 8 个月的拉勾网便宣布获得贝塔斯曼 500 万美金的融资。这家专注于互联网领域招聘的公司,主打快招聘。

这家获得资本青睐的新公司,以互联网思维为招牌,紧紧抓住移动互联的契机"杀"入人们的视野。中国的网络招聘市场里有传统招聘网站,他们曾经风光无比,牢牢地把持着网络招聘市场的绝大部分份额。然而在这个一直相对稳定的行业里,行业革命和洗牌已现端倪。新兴类型的招聘网站成长迅速,冲击着传统的综合招聘市场。垂直招聘及社交招聘的市场逐渐得到企业方及求职者的重视,传统招聘网站所代表的招聘网站尽显疲态,而如拉勾网之类的全新招聘玩家早已做好了无缝对接的准备,这是属于他们最好的时代。传统招聘网站首创了网络招聘之先河,他们曾经颠覆了人才市场求职的主渠道。然而16年过去了,招聘小C如果仍然继续着首页广告展示、个人注册会员、投递简历、企业注册会员、邀请求职者面试的传统招聘流程,最后便只能落得被颠覆的命运。

传统招聘网站的核心运作模式多年来一成未变。一边是用人企业在招聘网站招不到合适人才,另一边是求职人才吐槽投递出去的简历如石沉大海,求职越来越难。传统招聘网站曾经风靡的卖广告的模式已经无法适应如今的人才市场需求。泛行业的传统招聘网站无法实现人才的精准推送,以企业为销售对象的运营模式忽略了用户的体验,高成本却低效率,企业和求职者都无法得到满意的结果。

从本质上而言,传统招聘网站的模式都趋于同质化,且盈利方式单一。传统招聘网站都类似搭平台。求职者在招聘网站上填写简历,然后自己去搜索岗位,企业发布招聘信息后,自己去搜索合适的应聘者,平台上塞满了海量的信息。如果把找工作比作一次相亲的话,求职者和企业要想在海量信息中找到那个合适的另一半,大多数时候就只能依靠人品。

移动互联时代,垂直招聘像狼一样悍然入侵,直指传统招聘网站的弊端与不足。

垂直搜索是针对某一个行业的专业搜索引擎,是搜索引擎的细分和延伸,是对网页库中的某类专门的信息进行一次整合,定向分字段抽取出需要的数据进行处理后再以某种形式返回给用户。相对通用搜索引擎的信息量大、查询不准确、深度不够等提出来的新的搜索引擎服务模式,通过针对某一特定领域、某一特定人群或某一特定需求提供的有一定价值的信息和相关服务。其特点就是"专、精、深",且具有行业色彩,相比较通用搜索引擎的海量信息无序化,垂直搜索引擎则显得更加专注、具体和深入。

随着求职和招聘需求向多元化、精准化、个性化发展,招聘行业已经走到了必须细分化的门口,网站的流量和黏性受多重因素的影响,而要真正实现用户数量增长,必须从根本上提升用户体验,这也是为何垂直细分类网站强劲崛起的原因。

传统招聘网站如今只能依靠多年来积累的巨大份额苟延残喘,带有天然互联网因子的垂直招聘新贵,如拉勾网等悄然出现,这些在线招聘领域的新玩家们,用全新的思维颠覆着网络招聘行业的格局。来自三位腾讯前员工的创业项目拉勾网,自上线以来造就了超乎预期的数据表现,至今已有6 000多个公司在拉勾网发布职位,经过统计大约每 6 个面试就能成功发出一个 Offer,效率惊人,惊艳的表现让人更有理由相信垂直招聘的未来无限广阔,这些把 C 端用户视为一切,更加细分化、社交化的后起之秀正不断蚕食网络招聘领域整个市场的份额。拉勾网的特色一方面是打造"快"招聘,据记录,最快的用户在投递简历 5 分钟后便收到 HR 的联络电话;另一方面则是主打"好工作",所谓的"好工作"不仅是薪酬福利优厚,更是公司本身优质,职位具备成长性。拉勾网是目前唯一一个明码标注薪酬的网站。

垂直招聘网站采用推荐机制,相比传统招聘网站更加精准。在用户填写个人简历后,后台会根据用户填写的资料调整首页显示的内容,以确保信息的准确性。

基于移动互联的招聘市场被视作网络招聘市场未来的三大趋势之一,而垂直招聘网站在移动端的尝试相对于动辄推出 App 的传统招聘网站而言切入点更小,效果更明显。时代更迭推动着在线招聘革新,正如当初智联招聘等把人才市场拉到线上。

2.10.3 招聘就要混圈子

以前读书时看电视剧《射雕英雄传》,觉得江南七怪、梅超风等太厉害了。同学们课余谈论的全是他们出神入化的武功。随着剧情的推进,真正的武林高手才相继露面。再看江南七怪、梅超风等,不过是普通的习武者而已,与真正的大师相差何止一个级别?

在成长的路上,如果能够不断遇到改变自己命运的人物,或者能够遇到给自己重大启发的人物,一定会加速走向成功。

这是一个圈子时代。网络上各种圈子充斥,如微信圈、QQ 圈等,现实生活中同学圈、同事圈、朋友圈。作为一名招聘小 C,混圈子也应是时代发展的必然。

传统的招聘方式有去人才市场,看报纸的求职广告以及上网求职等。伴随着科学技术进步的今天,求职者找工作的方式日新月异,"圈子招聘"的方式已经出现两年时间,正受到越来越多求职者的青睐。所谓"圈子招聘"是指在由特定人群形成的圈子内发布招聘计划,包括在网上论坛发帖、开微博或在 QQ 等即时通信工具上发布招聘信息,利用网络的圈子效应招兵买马。

"某外企正招聘公关人员 2 名,有意者请速与我联系。"近日,在媒体工作的 M 小姐将亲戚委托她发布的招聘信息写在了 QQ 上,很快就有不少朋友与她联系,在她的介绍下,2 名同是媒体圈的朋友跳槽到了亲戚所在的公司。"我亲戚是公司人力资源部的,他认为有媒体从业经验的人很适合做公关工作,所以托我发布信息。这种方式效率挺高。"M 说。

因为 QQ 上的联系人一般是同一个圈子的，而看博客、逛论坛的人也经常都是同行，不仅有从业经验，而且针对性强、命中率高。目前，小 C 利用网络的圈子效应招兵买马，正成为一些企业招聘很好的补充方式。

自媒体时代的通信工具，随着智能手机的普及，手机终端应用的推广、渐入人心，极富圈子聚合功能的微信被广泛使用，其近 4 亿庞大的用户群，方便的圈子组建功能，在改变人们生活的同时，也蕴含着巨大的商机。

在郑州一家保险公司工作的杜小姐则借助圈子论坛顺利跳槽。原本在一家公司做内勤的她，无意中加入一个保险行业的圈子论坛，后来根据论坛上发布的行业招聘，跳槽去了一家大型保险公司。

在互联网一些 IT、保险、金融、房地产等专业论坛上，经常可以看到一些公司发布的招聘帖子，这些帖子后面一般都有很多应聘者跟帖。郑州某测绘公司的总经理 Y 总在 2014 年的一次招聘中，就是利用圈子招聘的形式，及时、快捷、准确地聘用到了公司急需的 5 名测绘人才。2015 年他把公司的业务发展到足疗，由于在行业内不了解情况，花了很多钱打广告也没有挑选到自己需要的技师，于是他又通过圈子招聘，顺利物色到了一批技师。

移动互联时代，招聘小 C 如何顺势而为建立自己的圈子？

1. 要有广泛的人际关系资源，不断地拓展人际关系

（1）在自己的日常朋友圈中，选取几名"混得好"的人士发展成为你的好朋友，他们可以成为扩大圈子的助推剂。大家其实都心知肚明，能够结交一些重要的朋友，他们关键时刻能帮上你，这是非常重要的成功关键因素。人在平时要有意识地为自己的将来做些铺垫。

（2）小 C 可以从自己的校友资源中寻找！如果是同系、同班则更好。或者请老师帮忙推荐，或者就是你自己直接发邮件给校友，建立校友间的联系。无论校友、系友，他们会很愿意对你有所指导，只要你在邮件里表达相应的尊重和感谢。只要小 C 主动去联系，这就已经表明了你在职业发展方面会比一般人稍微强一点，所以他们今天帮助你，也许明天你也会帮到他们。

（3）小 C 可通过朋友介绍，或者朋友的朋友介绍（在这么大范围的情况下，我相信你一定可以找到）有空的时候，请他们喝杯咖啡，请教一些职业发展方面的问题。这种情况下，也许有少部分人会拒绝，但是大多数人还是会愿意帮助你的。一方面，你这样做，其实也是表达了对他职业发展的尊敬和羡慕，一般人是很难对仰慕自己的人表现冷漠的；另一方面，你也并没有请求他们做多困难的事情，只不过就是抽空喝杯咖啡聊聊天而已，谁说多一个朋友不是多一条路呢？在见了第一面之后，就可以慢慢建立起联系，让他们给你一些招聘上的建议，你可以按照你的要求与标准来逐步调整自己。

2. 充分利用微信、QQ 等社交工具,让朋友圈变猎头圈

现在的候选人除了勤奋地奔跑在现场招聘会外,网络招聘、微信求职、手机软件也通常会密切关注。有的小 C 甚至祭出大招,说服老板设置奖励推荐人才的获伯乐金。最近在微信朋友圈中,佛山有一家化工企业招聘广告上面不仅详细罗列了岗位要求等信息,还包括了公司的介绍,最引人注目的是上面写着"只要推荐人才通过试用期,可以获得 1 000 元的伯乐金"。随着电商发展的迅速,智能手机、3G、4G、5G 网络应用及普及,利用新媒体形式来发布的招聘广告越来越多,有些微信招聘广告制作精良,包括动态场景设计,将企业的福利待遇通过动画的形式来展现,让候选人一目了然、怦然心动。

2.11 移动互联时代的招聘神器

移动互联网大潮的来袭,社交网络开始逐渐渗入我们的生活。社交网络的兴起,也在悄然改变着企业的招聘方式。时下,微博、微信、抖音等多种平台、不同形式招聘的火热,预示着企业招聘进入了一个新的时代:移动互联时代。

在人才市场举着简历的场景,仿佛发生在上世纪;在招聘网站狂砸简历,已然被当成 low 的行为;招聘模式被互联网技术的发展和人们的社交习惯推动着,改变着。

2.11.1 边玩边聊边招的社交模式:微博、微信、Boss 直聘等

Jobvite 全球数据显示,有 94% 的企业将社交网站列为招聘渠道之一,78% 的企业表示通过社交网站成功招到员工。通过社交媒介进行招聘,已成为一种新的企业招聘方式。国外有许多社交网站已进军招聘领域。有学者认为,社交媒体异军突起,成为人力资源管理的新议题,对人力资源实务产生了越来越重要的影响。在我国,很多社交媒介正在积极尝试涉足招聘,如上述的微博、微信等。尽管人们已意识到社交媒体会对招聘决策产生重要影响,但是如何有效利用社交媒体达到招聘的目的,仍让不少小 C 们感到迷茫。在以新媒体、大数据为先导的今天,如何利用新媒体、云技术来招募员工,是当下招聘小 C 面临的一个新课题。

社交招聘,顾名思义,就是在社交网络开展的具体招聘行为,即利用社交网络来开展招聘工作。与传统网络招聘不同,社交招聘可以让小 C 和候选人进行多角度的互动,从而更有利于双方的需求和要求达成一致。随着 SNS 平台的兴起,社交招聘也开始逐渐被企业所接受。

与传统招聘比较,社交招聘具有明显的如下优势。

(1)人才与岗位的匹配度较高。通常来讲,某个企业在社交网站上的粉丝,多是对这个企业或者行业较为感兴趣的人,对行业有一定了解,在社交网络上的招聘信息,更多的是在某个行业圈子内传播,因此对招聘的职位信息来讲,受众更加精准,更容易招到合适的人才。

社交招聘对于双方来说,都不仅仅是招聘信息和简历的关系。双方均可通过社交网络来观察,从而了解对方是否是适合自己的人才(或岗位)。国外的相关调查表明,45%的雇主和猎头会通过社交网站来观察求职者,社交平台透露的求职者信息会给雇主和猎头留下深刻印象,这些印象直接对求职结果产生影响。

(2)相对于传统的简历式招聘,社交招聘成功率更高,两者的比例在2∶8左右,甚至更高。近年,《世界工作报告》显示,85%的中国受访雇主相信未来职业社交网站将成为招揽人才的重要手段,尤其是在招聘会计师、IT等上网非常活跃的专业人士时将发挥巨大作用。

(3)社交招聘中,候选人与小C们既是信息的传播者,同时也是信息的创造者,是一个人与人之间的互动传统网络招聘系统。传统简历式招聘,通过招聘网站来记录雇主发布的招聘信息(职位描述)以及求职者的个人信息(简历),两个信息都是以数据的形式存储在招聘网络中。候选人与小C们通过搜索或者检索行为,才可以匹配到一起。

(4)社交招聘可以充分发挥社会化的有效、快速的传播与辐射特性,企业招聘可以全员参与,使企业凝聚力增强。对于一些创业公司和缺少名气的公司来说,在招人方面相比名企缺乏天然优势,而社交招聘可以带来更多机会。

(5)社交招聘定位更加精准,企业需要从多方面、多角度来介绍自己的公司以吸引求职者。

(6)可以了解候选人职业之外的信息。关注候选人在社交网站上发布的信息,可以帮助小C了解候选人对哪些方面的内容比较感兴趣,在哪些方面比较擅长,价值观是否符合企业文化等。通过朋友圈了解候选人的社交能力、圈子等,这些是有效提高招聘匹配性的关键。

社交招聘的注意事项如下:

(1)社交招聘并非万灵药,也并非每个岗位都适用。首先,社交招聘主要用于中高级管理人才,以及白领阶层的招聘。普通工人这类岗位,社交网站上的内容难以体现他们的工作技能。此外,这类岗位一般招聘数量较大,并不适合用社交网站来进行招聘。

(2)优化搜索引擎及关键词,提高职位信息的可见性,在企业网站和求职网站上建立链接,并在社交网站上添加公司页面。招聘小 C 要变得积极主动,尽早与潜在候选人展开对话,甚至为尚未存在的职位建立起人才库。

(3)社交招聘仍需改进。从发布招聘信息、搜索人才到审查人才背景,从形象营销到培养人才库,社交招聘已经渗透到整个招聘流程。但是,目前企业采用的社交招聘方式效果并不理想,所采用的招聘方式仍有很大的改进空间。

总体而言,招聘小 C 在招聘中借鉴传统招聘网站提供招聘信息的模式,致力于结合国内用户的网络使用习惯,注重用户体验的挖掘,尽量满足用户的需求,为候选人提供更为个性化的服务。

微博招聘

新浪微博自从推出微博招聘产品以来,借助大数据向企业和求职者双向推送,瞄准潜在求职者市场。上线仅三个月,微博招聘合作企业达 3 万家,生成简历超2 000 千万份,日访问量近百万。其中,1.438 亿月活跃用户,6 970 万日活跃用户,超过 70 万家企业入驻微博,平均每天在微博上发出的招聘内容高达 6 万多条。庞大的用户需求和大量数据沉淀,使新浪微博招聘具备了优越于传统招聘的先天优势。微博上"蓝 V"认证的企业可以直接在自己的微博页面上通过微招聘发布职位、管理简历等,用户可以直接在自己微博主页中通过微博招聘投递简历。

微博招聘是第一个真正意义上的社交招聘产品。

微博招聘依托微博,以大数据为支撑双向推送,瞄准潜在求职者市场,建立动态分析的大数据平台,为每个用户和每个岗位进行画像,通过标签化、背书等形式,分析用户的属性数据、行为数据、社交数据,建立关系网络和行为网络,为用户生成简历,为企业生成人才数据库,对人才与岗位进行双向推送匹配。一个在微博上经常关注、转发、评论程序员相关信息的用户,关注微博招聘后,当企业有招聘程序员需求时,系统会自动把企业招聘程序员岗位信息推送给这个微博用户,同时把该用户的简历推送给企业,双向推送来提高招聘的精准度。

微信招聘

随着微信时代的到来,越来越多的企业开始关注微信公众平台招聘。企业通过建立公众平台,设立企业微信招聘账号,与用户建立一对一的关系进行沟通,进而将职位通过微信平台推送,鼓励候选人通过微信投递简历。微信目前已成为中国社交媒体中的首选平台,作为抢占人才第一流量入口的新秀之星,微信掀起了一场招聘领域的变革。

从微博招聘转移到微信招聘,我们需要了解微信与微博的区别:微信最强的地方是强大的入口(内置浏览器功能,跳转到企业的招聘网站),和强悍的熟人关系链和互动功能(人才圈)。通过微信跳转过去可以展现更多的内容(基于手机端的页面）。

在第一批使用微信作为招聘工具的企业中,腾讯因为是自家产品,其中微信招聘和腾讯招聘两个微信账号有开通自定义菜单功能,方便互动。

微信招聘中 9 个注意事项如下所示。

(1)微信号的设定 + 账号名称设定,涉及粉丝们在搜索微信公众平台账号时用所心仪公司的关键词,在搜索结果列表中更容易被找到。

(2)账号内容的日常运营角度,包括内容推送的时间,及时有效的回复。

(3)利用关键词自动回复规则,来引导和输出粉丝想要的内容。

(4)在第一条即被关注回复的内容中就申明在线回复的时间等信息会更加友好。

(5)发送图片内容时可以提前提醒粉丝们注意 Wi-Fi 网络环境和流量问题。

(6)可以在推送的内容里设定用户点击应聘邮箱即启动新建邮件功能。

(7)URL 连接跳转到公司官网的做法比较多,如果上 PAD 的大屏设备浏览还算方便,建议有做微信招聘账号的 HR 要先确保 CareerSite 上浏览的友好性,甚至可以切换成 MOBILE 状态。

(8)粉丝数量上规模后再策划一些阶段性的活动,配合其他渠道可能会比较好。

(9)每个具体发布出去的页面,页脚可以做细心的内容,如期待粉丝们将本条信息分享到群聊、分享到朋友圈等。

微信的人才圈是如何建成的呢?

一个微信公众号加上多个微信个人号相互关联运营,把各种候选人名单导入手机通信录,用微信个人号的自动识别好友(和手机号或 QQ 好友双向关系的)功能,实现各个候选人之间的相互关联,这就形成了人才社区。此外,微信给招聘、人才社区、雇主品牌等话题很多拓展及想象空间。例如,把候选人的微信号,借助其微信个人号连接到雇主微信公众号,配以在线 HR 客服,就是实时的内部推荐了。据说目前腾讯已有成熟的方案提供,不需要个人号参与便可完成上述步骤。

微信上的招聘主要有以下三个功能。

(1)超级入口:企业招聘公众账号实现部分简单功能(自定义菜单),跳转到企业招聘的移动端页面上(需要企业自主开发),实现更丰富的功能(比如与 ATS 打通,让求职者可以查询面试进度等)。

(2)交流与互动:通过语义和语音识别,实现部分高级互动功能,比如查询职位、recruiter 和候选人通过微信直接交流,微信上直接分享投递简历等。

(3)信息推送:招聘职位(关键职位)的推荐,雇主品牌营销的推广。

候选人用微信上传简历,向招聘小 C 提交简历,让小 C 了解自己,这是企业了解人才的过程。小 C 通过微信与候选人沟通,从而识别选择人才。其实,微信的文字与语音功能对企业招聘人才进行面试,也是很便捷的方式之一。但微信也并不是最理想的社交招聘工具,也存在以下几个缺点。

一是由于微信偏重于文字与语音沟通,所以视频沟通的重要性就被忽略了。没有视频沟通,小 C 与候选人均无法掌握对方的气质仪表和情绪反应。

二是面试效果比现场招聘与视频招聘要差得多,不利于企业全方位了解候选人。

三是对候选人的面试工作,不能立即通过远程招募来确定候选人。

微信招聘中的注意事项如下:

(1)公司所属行业和公司需求的人才是否为微信活跃群体。

(2)打造 Talent Community 如果采用大群方式,这与建立公众号不同,要考虑到候选人互相是可以看到对方的,隐私如何处理,候选人是否愿意被圈进来。

(3)微信推送内容的质量和频率对于一个以交流为主的平台来说是非常重要的,要掌握好质量与火候。

微信其实相当于网络应用,比传统的应用更有效。中国银行几年前做了一个手机应用,负责储户的管理和服务,推广了两年只有 90 万用户,但是他们后来上了微信以后,几个月的时间就达到 1 000 万用户。

BOSS 直聘

"找工作,我要跟老板谈",这是 BOSS 直聘的宣传口号。

对于 BOSS 直聘,相信招聘小 C 一定非常熟悉。公开资料显示,BOSS 直聘于 2014 年 7 月份上线,是全球范围首创互联网"直聘"模式的在线招聘平台。BOSS 直聘主要利用"直聊"和精准匹配的特点,对互联网时代的招聘场景进行革新。能够让应聘者跳过各种不必要的、形式化的传统应聘环节,与用人方老板或 HR 直接沟通,使招聘过程更高效。这种基于大数据、人工智能的互联网招聘平台,深受年轻用户的青睐。

根据 BOSS 直聘公开的招股书显示,2020 年平台平均月活用户达到 1 980 万,实现73.2% 的同比增长。截至 2021 年 3 月底,BOSS 直聘拥有 8 580 万求职者,总共为 630 万家认证企业提供服务。

趣招聘

趣招聘以大流量和多维数据采集为前提,形成高质量的数据,并以 AI 技术盘活,驱动求职者和企业端迅速匹配。通过对求职者的简历做分析,并跟踪其查看和投递行为,为求职者打标签,并即时更新标签库。据了解,目前趣招聘的标签库已经覆盖数十种行业，千余种职位，并且随着数据的积累和挖掘，标签库还在不断丰富。

以销售职位为例，单一职位标签多达 50 多个，力求每一次精准推荐和触达合适的销售群体，提升简历投递率。而当企业发布了职位以后，利用推荐算法进行人岗精准匹配，企业可以和流动人才库中最匹配的人选进行微聊。

独有的经纪人体系也为企业和求职者添加了更多的可能性。经纪人作为求职者和企业高效沟通的桥梁，通过推荐结果，快速跟进，拿到反馈。构建"求职者＋经纪人＋企业"的高效服务综合体，为招聘效果提供更多保障

2.11.2　边演边播边招的短视频模式：抖音、快手、TikTok 等

随着抖音、快手的快速崛起，抖音、快手平台也兼具了招聘的功能，部分企业或用人单位通过其抖音、快手平台发布招聘需求，由于粉丝固有的黏性及信任度，一旦粉丝的工作经历、工作意愿与发布者的岗位匹配，二者就会通过抖音、快手平台建立互动，快速完成招聘，高效、快捷。

抖音

抖音是一款音乐创意短视频 App，是一个 15 秒音乐短视频。通过选择歌曲，拍摄 15 秒的音乐短视频，形成自己的作品。移动互联时代，招聘现场涌现出"招聘直播间"等新型元素。

"咦，抖音？！"

"怎么招聘还做直播啊？！"

"啧啧啧，是我 out 了吗？！"

"我在抖音里刷到过那个小姐姐！"

……

在招聘活动现场，这些声音时不时都能听到，大部分人对这种新型的招聘模式还是抱着好奇的心态。

招聘小 C 招聘之前要做两个画像分析，一是岗位画像分析，按照自己的岗位要求分析出求职对象，二是抖音、直播用户画像分析，两者画像的重叠部分才是 HR 重点对待对象，比如年纪轻、思维活跃、会玩、喜欢时尚，这是潮流平台用户的共性。

麦当劳招聘岗位对人员的年龄要求与抖音用户人群年龄十分匹配，两者需求相互碰撞，自然取得惊人的招聘效果。麦当劳在抖音上招聘效果显著。

目前在抖音进行招聘大致有两种。第一是通过官方投放广告，操作容易，企业直接投钱就行，优点是短期见效快，缺点则是成本大，对于大部分中小企业来说是

一个不小的负担。第二是经营公司自有的账号。让招聘小 C 或者专门的部门负责运营,拍摄各类公司视频,如办公室日常,宣传企业文化、企业品牌与形象,其优点是具有较大的自由度,接地气,能让候选人直观、真切地感受到企业的实景,一旦成功,效果惊人,而缺点则是需长期的投入,需要一定的时间积累,单独运营难度大,需要公司的配合。

快手

快手是北京快手科技有限公司旗下的产品。快手的前身,叫"GIF 快手",最初是一款用来制作、分享 GIF 图片的手机应用。后来,快手从纯粹的工具应用转型为短视频社区,用于用户记录和分享生产、生活的平台。随着智能手机、平板电脑的普及和移动流量成本的下降,快手在 2015 年以后迎来市场。在快手上,用户可以用照片和短视频记录自己的生活点滴,也可以通过直播与粉丝实时互动。快手的内容覆盖生活的方方面面,用户遍布全国各地。在这里,人们能找到自己喜欢的内容,找到自己感兴趣的人,看到更真实有趣的世界,也可以让世界发现真实有趣的自己。

作为一款短视频产品,快手上招聘与抖音类似,可以通过平台推广的模式发布企业的招聘需求,但在快手上,更多的招聘小 C 是利用其个人自媒体或企业平台做招聘推广。

TikTok

TikTok 是国际版的抖音。

当前,短视频的视觉冲击远远大于图文展现形式,不得不承认,短视频已经处于巅峰时期,为从国际市场找到企业所需人才,也有招聘小 C 把目光投向了 TikTok 这一新兴市场。其强社交属性、高传播和高质量展示的特点,成为招聘小 C 招聘国际人才的利器之一。

TikTok 全球业务北美人力资源主管 Kate Barney 说雇主们开始利用该平台招聘实习生或员工。HBO 公司去年使用#HBOMaxsummerintern 这一标签收到了 300 多份暑期实习申请,服装品牌 Hollister 与 TikTok 合作,制作了歌手 Montana Tucker 的宣传片,鼓励人们申请一个社交媒体职位。自由职业者的新工作平台 Contra 说,其 80% 至 90% 的 00 后是通过其 TikTok 或 Instagram Reels 账户到达的,这些账户发布的内容涉及基础职位广告、远程工作和实习机会。

人们转向 TikTok,不仅仅是为了娱乐,而是为了学习新的东西,掌握新的技能,得到启发,做一些他们从未做过的事情。这可能就是 TikTok 为什么要做招聘工具的原因吧!

2.11.3　远程和在线模式：圆领、飞书等

随着移动互联技术，尤其是5G等技术的发展，移动办公已成为一种常态，有的工作远程操作即可，无需到现场，无需坐班，通过线上就可以完成工作的这一部分人，他们被称为远程工作者。

圆领

远程工作者大部分为自由职业者。圆领是一个重点关注远程工作者的平台，平台所涉及的领域有研发、设计、营销和产品，每个领域各有丰富的优质远程工作者。该平台会根据求职者发布的岗位需求自动匹配推荐相关人才。如果觉得合适，可进行线上面试，面试通过后进行签约，可快速上岗。

飞书

经历了新冠疫情期间的在线模式，越来越多的企业开始主动尝试将招聘放在线上进行。由此，当在线招聘成为一种常态之后，市场也催生出了线上招聘的新赛道。2021年5月，飞书招聘正式对外发布，集咨询、简历投递、在线面试、offer发放为一体的全链路数字化体验，为应聘者和招聘方带来了更加科学、高效、便捷的工具与互动方式，让飞书招聘成为当下炙手可热的HR工具。

在线方式的视频面试让面试多方参与者都能显著提高效率。以往，面试者在公司实地面试，来回基本数小时起，而面试官也需要预约会议室、预约时间等。一旦在大公司，这样的流程需要重复多次，HR等招聘人员需要不断推动面试进入下一轮，无论是周期还是投入的人力物力都不是少数。线上方式兴起后，地点再也不是问题，候选人不用再考虑"这家公司离我多远"，面试率大幅提升，并且面试时间更为灵活，不再受限于上班时间。面试者的面试率和效率都明显提升。这是很多企业的直观感受。

飞书招聘致力实现的招聘流程一体化、在线化，都是服务于这一目标。随着技术和应用落地，视频面试与线下面试平分秋色，或许超越后者就在不久的未来。

2.11.4　线上线下相结合的O2O模式：赶集网、58同城等

小微企业招聘市场一直是一个巨大而令人垂涎的市场，据有关数据显示，中国90%以上的企业都属于小微企业。而在2014年，我国小微企业总数更是达到1 000多万家。无数个小微企业的招聘需求构成招聘的长尾，形成海量的招聘市场。如果将这些长尾加起来，小微企业招聘市场要几倍于大中型企业招聘市场。

例如，在传统的求职方式中，餐饮的求职者想找份工作，但是不知道附近哪里

招人,所以只能看到门上有贴条或是招聘启事的就进去,一家一家地问。经常是人已经招完了,条没撕下来。让求职者尴尬不已,很不方便,而且还经常遇到不客气的餐馆老板,这是目前大部分餐饮业求职者的一个主要现状。这些求职者多数仍依靠朋友介绍或沿街拜访的方式来找工作,小型餐饮企业大多仍采用门窗贴纸或朋友介绍等传统方式招聘,招聘及求职效率低。由于信息不对称,往往是找工作的不知道哪里有工作,招人的不知道哪里有人,这种状态在逐渐发生变化。

赶集网

近日,赶集网推出了专门面向餐饮行业小微企业招聘和劳动者求职的 O2O 招聘产品——易招聘,这个产品的核心就是以 LBS 地理位置技术为依托。在这个服务产品中,赶集网根据服务业劳动者找工作的习惯(喜欢沿街拜访),来解决餐饮界小微企业的招聘痛点,其盈利模式是通过为平台上的小微企业提供付费的服务产品方式来实现。

一直以来,工作地点远近距离因素是传统招聘网站所忽略的,而这恰恰却是候选人所非常看重的因素,重点是,看重工作地点的人往往却是那些难招的人,他们事业小有成就,要么有家有室,要么反正找工作容易,在工资待遇相差无几的情况下,候选人大都会选择离家近的工作而不愿意流动。赶集网的这种基于 LBS 地理位置技术的 O2O 招聘方式,在很大程度上即时地唤醒了人们的这种潜在需求。赶集网的这种人才招聘服务模式是一种创新的 O2O 招聘模式(on line to off line,线上到线下),这种创新的 O2O 模式将互联网招聘线上与线下拜访有机地结合起来,实现了优势的互补,如赶集网在移动互联网上提供餐饮商家和求职者互相收集信息,互相选择的平台,线下则根据 LBS 技术所带来的彼此位置信息的匹配,提供了求职者和商家之间更好的接洽机会。在这里,“附近”可以成为商家和求职者互相筛选的条件,然后就可以在这个大前提下对各种其他条件的筛选。这非常符合餐饮业求职者通常在家门口由近向远找工作的习惯,也让餐饮企业能够有效拦截到附近的求职者。这种基于地图的就近招人,其实就是将劳动者线下求职的场景搬到了线上,并辅助于互联网平台强大的信息匹配与互动能力。从而让商家和餐饮求职者的需求得到了精准的匹配。赶集网在提供这种 O2O 招聘服务中,通过服务产品化,也为自己开拓了一个充满想象力的市场。

58 同城

除了赶集网外,近几年来 58 同城等专注于蓝领招聘的网站平台也迅速崛起,随着移动互联应用的渗透大幅增强,中低端的蓝领求职者逐渐摆脱了对线下招聘会的依赖,以前要参加几次线下招聘会都不一定能搞定的工作问题,如今随便在一部入门级的智能手机上就能解决问题。随着基于移动互联网的 O2O 招聘模式的加入,它将会对招聘网站的运营模式产生重大影响,未来的招聘平台与 LBS 技术紧密结合,招聘市场格局的未来必将会被新的招聘模式所颠覆。

移动互联时代,一方面,候选人的简历可以随时进行碎片化更新,其关注的领域、发表的看法或视频,每一次变化都可以直接带来简历的更新,社交平台用户可以边娱乐边找工作;另一方面,开发社交平台上潜在的求职市场也是移动互联时代招聘的一大目标,但是由于移动互联时代招聘整体还不完善,能不能在给用户带来良好体验的同时,利用大数据进行有效、精准的职位匹配,是移动互联时代招聘面对的现实挑战。上述任何一种模式有利有弊,都无法解决企业招聘所面临的全部问题。作为招聘小 C,重要的是扬长避短、灵活运用,这样才能既圆满地完成招聘工作,又能为企业减少大量不必要的开支和资源,构建企业的成本竞争优势。

2.11.5　大数据让招聘插上翅膀

招聘行业早在 2014 年就被热钱包围了——垂直和移动招聘网站大幅吸金,招聘网站间再掀广告大战,形形色色的猎头软件接踵面世,推崇技术创新的招聘软件前仆后继,无不在向 HR 传递一个信息:大数据时代真的来了。

人岗匹配,说起来容易,真正实现起来可并非易事。招聘小 C 在实际招聘过程中掌握的岗位信息量太少,在初次筛选简历时也难做出判断,仅能凭一些关键字与词。这种粗线条的人才选拔方式,在管理高度数字化的今天,显得有些格格不入。在实际的招聘中,招聘是一个极其缺乏数据的领域,HR 们也从未像现在这样需要用数据来支持自己的功能和证明自己的价值。数据之于招聘具有两方面的价值:一是辅助招聘的决策支持。各个招聘渠道的效果、面试官的配合程度、校招学校站点的选择、小 C 及 HRD 的招聘能力,都可以通过数据分析来判断或决定;二是证明招聘团队的绩效表现。招聘领域大数据的应用主要集中在如下方面。

1. 实现人才精确匹配

大数据最典型的应用场景是智能推荐,建立推荐模型。传统的简历推荐通常让 HR 设定一些条件,如学历、工作年限、所属行业、期望薪酬等,系统根据这些条件的匹配度(其实是满足条件最多)把候选人排序,这种推荐的实质是搜索。而基于大数据的推荐算法是通过猜测小 C 筛选简历的原因来建立推荐模型,并且会随着小 C 不断进行筛选的动作来持续优化模型,然后从人才库中推荐满足条件的候选人出来。小 C 的操作行为越多,招聘系统的推荐模型就越准确,其智能程度就越高,通过人才挖掘来真正发挥人才库的价值,同时将大幅降低招聘成本并提升招聘效率。

2. 招聘效果分析与招聘预测

如前所述,小 C 们在完成一场招聘后往往按常规会撰写一份招聘的评估报告,如果采用传统的数据采集方式,类似的报告通常为本次招聘多少人、花费了多少费用、招聘比多少、招聘效度多少等。这些报告与数据是必要的,也是可信的,但问题的关键是类似的报告通常着眼于本次招聘的本身而没有放眼于整体的行业环境、候选人的行为习惯、招聘过程中的关联信息等。再比如,什么职位难招?中级职位要多久才能招到位?哪个渠道能提供更多的销售人才?这些基本的招聘问题,HR们、小 C 们大都心中会有大概的答案。但如借助大数据分析,则可以帮助 HR 与小 C 们更快地回答这些问题,并且把结论量化,从而快速支持决策。原因就在于,招聘中产生的数据能够被智能地记录下来并形成预测模型。举例来讲,当小 C 多次招聘 UI 设计师后,再次招聘同一职位时,大数据算法可以根据小 C 的能力、面试官的响应速度、投放的渠道、市场人才稀缺的程度等因素,预测招聘周期,于是不用再被用人部门"牵着鼻子走"了。类似的大数据应用还会出现在渠道有效性分析、猎头能力分析、雇主品牌竞争力中。更有价值的是,当数据在更开放的行业环境中被共享时,招聘效果的预测将会更加准确。同样地,如果上述数据最终被应用招聘结果的分析,也可以使其分析报告更加智能化、实用。

3. 发现招聘过程规律

不少招聘小 C 现今还在采用手工记账的方式记录招聘过程的信息,不及时、也难以保证数据准确。对此大数据也有相应的解决方案。例如,在每年一次的校园招聘中,有些企业会在每天接近午夜时分通过微信平台发布校招广告,问其原因,答曰分析显示毕业生在那个时段使用手机访问企业微信号的行为最集中。当然还有更复杂的信息,如学生填写哪些信息最困难,是否能找到关注的内容,面试到场率为什么较低,Offer 毁约率低的群体都存在什么特点,测评结果与面试评价之间的相关性有多大……当数据完整时,分析模型能够自动帮助小 C 发现规律,并寻找优化招聘过程的契机。

大数据时代,如果能保证招聘过程数据得到完整记录,同时启用有效的数据分析工具是招聘小 C 走向大数据时代的第一步。在招聘过程中应用好大数据,将成为小 C 们事半功倍的前提。

2.11.6 【新技能 get√】你现在的企业也许用不上移动互联,但未来的你一定用得上

受制于移动互联招聘的因素有很多,比如经费问题、老板观念问题、招聘人才的工作习惯问题、招聘人员本身的观念问题等。

但你要相信，没有人会在一个企业终身工作。

职业本身就是一场投资，一场对自己未来生活质量的投资。了解、使用基于移动互联的招聘，本身就是一门技术，掌握了这门技术，也就掌握了未来招聘的通关密码，关键时会用得上。至于什么时候是关键，什么时候可以用，这个我不会知道，你也可能不知道。但是，有一天你一定会用上，不会太久！

2.12 名企学道，招聘赋能

小 C 问道之招聘闻味道

主管：有位医学院的教授，上课的第一天对他的学生说，当医生，最重要的就是胆大心细！今天我们来进行一项测试。他说完，便将一只手指伸进桌子上一只盛满尿液的杯子里，接着把手指放进自己的嘴里。教授将那只杯子递给学生，让这些学生学着他的样子做。

小 C：学生事先知道杯子里是什么吗？

主管：不知道。

主管：看着每个学生都把手指探入杯中，然后再塞进嘴里，忍着呕吐的狼狈的样子，教授微微笑了笑说，只可惜，你们每个人光有胆大，却不够心细。

小 C：嗯，观察得不够仔细。

主管：教授接着说，只可惜你们看得不够心细，没有注意我探入尿杯的是食指，放进嘴里的却是中指。

小 C：经过这次测试，相信这些学生应该终生能够记住细心观察！

主管：细心不是重点，重点是为何他们放进嘴里之前不仔细地闻一下呢。

小 C：你是说先要闻闻杯子的味道吗？

主管：对呀，招聘也是如此，闻味识人。在你把人招进来之前，不妨也闻闻候选人的味道，看看他与公司的味道到底符不符合。

2.12.1 招聘的赋能之道

"赋能"应该是近年来出镜率最高的商业词汇之一。

京东到家发布了"零售赋能"新战略；联想集团 CEO 杨元庆表示：AI 驱动着第四次工业革命，联想要做推动者和赋能者！就连大火的《奇葩说》上，张泉灵也提到了赋能中心，这些大型企业与知名人士都在不厌其烦地强调着赋能的重要性。

什么是赋能？

赋能，简单地说，就是为某个主体赋予某种能力和能量；从更深层次的意义来看,赋能则是为实现组织目标所创造的充分必要条件。它最早是积极心理学中的一个名词,旨在通过言行、态度、环境的改变给予他人正能量。后来被广泛应用于商业和管理学,其理论内涵是企业由上而下地释放权力,尤其是员工们自主工作的权力,通过去中心化的方式驱动企业组织扁平化,最大限度发挥个人才智和潜能。

在人力资源管理中,组织内的自我赋能是人才个体的自我驱动、自我激励、自我升华;而赋能予他人就是组织通过去中心化驱动组织扁平化,组织自上而下赋予人才开放创新的思想,锐意进取的动能,自主决策的权力,主动工作的态度,勇敢积极的行动以及心情愉悦的氛围,以充分发挥人才的个人才智和潜能。

招聘 HR 负责公司的入口把关,不可谓不重要。把关不严,候选人的质量会最终影响到企业的人才质量;把关过严,轻易把决定公司未来与发展的潜力人才给漏掉了。过严与过松都会造成企业人力资源的损失。笔者经常和企业的老板们开玩笑说,招聘的把关万万不可忽略了,可要重兵把守,最好您亲自把守。

招聘的 HR 要自我赋能、自我学习与成长。企业要不断地给招聘的 HR 赋能。

招聘 HR 的自我赋能其中一种最为重要的形式便是自我的提升,这种提升可能是找到好的学习机构,或者是找到一个可以帮助自己强大的学习伙伴。招聘 HR 自我赋能有各种不同的方法,学习优秀企业、成功企业的最佳实践是其中最为有效的方法之一。

华为无疑是中国企业,尤其是自主创新型企业学习的标杆,是中国企业的骄傲,华为 HR 值得 HR 同行们学习的地方太多太多,其中华为招聘 HR 人人熟知的业务领先模型 BLM(Business Leadership Model),个人认为是赋能招聘 HR 最为有效的工具之一。招聘 HR 学习具体的工具,效果会更加快速、直接。

2.12.2　华为招聘人人知晓的 BLM[①]

一般而言,HR 不太参与企业的战略制定,就算参与了大多数情况下也只是匆匆而过。在未实施 BLM 之前,华为的 HR 角色亦是如此。

据华为人力资源委员会委员李山林介绍,以前各部门的业务战略规划讨论后,往往束之高阁了,怎么落实是缺失的,而且让人注意的是,以前制定战略的时候,人力资源是不被邀请,不参与的。唯一参与的是,有时候在业务战略里需要补充 1~2 页人力资源规划,也就是说,HR 来填个空就行了。实施 BLM 之后,这种情形有了根本的改变。

---

① 　BLM:Business Leadership Model,业务领导力模型。

如此神奇的 BLM 到底为何物？

在华为销服体系和 IBM 合作领导力项目的时候，IBM 给华为介绍过 BLM，如图 2-4 所示。

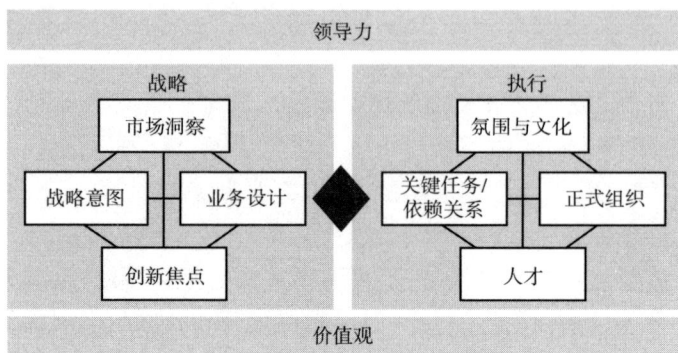

图 2-4　IBM 业务领先模型

它左半部分是我们都熟悉的 VDBD 模型（基于价值驱动的业务设计）；右半部分则是把战略制定和战略执行一起系统考虑的工具。这套方法论是 IBM 在 2003 年的时候，和美国某商学院一起研发的。后来，这个方法论成为 IBM 公司全球从公司层面到各个业务部门共同使用的统一的战略规划方法。

BLM 是一个完整的战略规划方法论，是中高层用于战略制定与执行连接的工具与框架。从市场洞察、战略意图、业务设计、创新焦点、关键任务/依赖关系、正式组织、人才、氛围与文化八个方面帮助管理层在企业战略制定与执行的过程中进行系统的思考、务实的分析、有效的资源调配及执行。

BLM 分为四部分，最上面是领导力，公司的转型和发展归根结底在内部是由企业的领导力来驱动。下面的两部分被称为战略和执行，一个好的战略设计自然会包含两部分，要有好的战略设计，同时要有非常强的执行，没有好的执行，再好的战略也会落空，但执行不是空谈，执行需要具体内容支撑。最后一部分是价值观。价值观是基础，是公司决策与行动的基本准则。

BLM 中，HR 的作用不言而喻，模型中把人才作为八个重点之一，放在一个重要的、不可或缺的位置。

华为是一家倡导以客户为中心、以业务优先的高成长性企业，全司上下贯穿 BLM。在人力资源领域 BLM 被广为人知，尤其是管理十八级以上者。

1. 业务领先模型第一部分——战略

战略包括了市场洞察、战略意图、创新焦点、业务设计四个维度。

（1）市场洞察。

从宏观分析、竞争动向、客户分析三个方面来了解客户需求、竞争者的动向、技术的发展和市场经济状况以找到机遇和风险市场洞察的目标是解释市场上正在发生什么以及这些改变对公司来说意味着什么。市场洞察力的缺失会对业务设计产生负面影响，因为我们所采用的支撑信息和假设可能是有瑕疵的或错误的。

（2）战略意图。

由愿景、战略目标、近期目标三个部分构成，其目标是让组织机构的方向和最终目标与公司的战略重点相一致，体现企业的竞争优势。

- 愿景：可持续的、占优势的业务领先地位，展示了长期的、可持续的获利能力。
- 战略目标：有效的、合理的、灵活的运营模式赢得现有市场的增长机会，但同时保持快速适应市场变化的能力。
- 近期目标：业绩可衡量的指标。

（3）创新焦点。

从未来业务组合、创新模式、资源利用等三个方面，进行与市场同步的探索与试验，从广泛的资源中过滤想法，通过试点和深入市场的实验探索新想法，谨慎地进行投资和处理资源，以应对行业的变化。

战略制定的落脚点是业务设计。

（4）业务设计。

由客户选择、价值主张、价值获得、活动范围、持续价值、风险管理六个维度构成。其目的是以对外部的深入理解为基础，着眼于更好地利用内部能力和持续改进与变革，探索可替代的业务设计。

- 客户选择：选择客户的标准，如何确定优先级：谁是你的客户，谁不是？在该细分市场下，客户有哪些特定的需求？如何快速增长市场等。
- 价值主张主要包括如下方面。

  客户需求：我们提供的产品和服务是否以客户的最终需求为导向。

  独特性：客户是否真正认可我们的产品和服务。

  有影响力：能否帮助客户实现增值和收益。
- 价值获得指如何赚钱？我们依靠什么吸引客户并获取利润？还有其他的盈利模式吗？
- 活动范围指经营活动中的角色和范围；决定哪些外包、外购；如何与合作伙伴协作等。
- 价值持续增值指客户需求的转移趋势；价值链中的地位；如何保护利润（快

速响应,有效控制成本,专利等)。

- 业务风险管理指业务的不确定性;潜在风险,市场,对手,技术;内外的全面视角。

2. IBM 业务领先模型第二部分——执行

执行由关键任务/依赖关系、正式组织、人才、氛围与文化四部分组成。

一是,关键任务/依赖关系。

满足业务设计和它的价值主张的要求所必需的行动。哪些任务是由我们来完成的,哪些任务可以由价值网中我们的合作伙伴完成的? 组织间的相互依赖关系是有效的业务设计的基础 。

二是,正式组织。

为确保关键任务和流程能有效地执行,需建立相应的组织结构、管理和考核标准,包括人员单位的大小和角色、管理与考评、奖励与激励系统、职业规划、人员和活动的物理位置,以便于经理指导、控制和激励个人和集体去完成团队的重要任务。

三是,人才。

人力资源的特点、能力以及竞争力。要使战略能够被有效执行,员工必须有能力、动力和行动来实施关键任务。

四是,氛围与文化。

创造好的工作环境以激励员工完成关键任务,积极的氛围能激发人们创造出色的成绩,使得他们更加努力,并在危急时刻鼓舞他们。

(1)执行——关键任务。

①支持业务设计,尤其是价值主张的实现。

②主要是指持续性的战略举措(ongoing activity),包括业务增长举措和能力建设举措。

③可以从以下几个方面思考:客户管理;产品营销;产品开发;交付;平台;服务;风险管理和能力建设并将重要运营流程的设计与落实包括在内。

④是执行的其他部分的基础。

⑤年度性的、可按季度跟踪衡量并识别出这些关键任务之间的相互依赖关系,譬如资源、设施等。

(2)执行——正式组织。

支持关键业务的执行,包括如下方面。

①组织架构,管理体系和流程。

②资源和权力如何在组织中分配与授权,行权与问责,决策流程,协作机制,信

息和知识管理。

③关键岗位的设置和能力要求。

④管理和考核标准,包括如下方面。

- 管理幅度和管理跨度。
- 管理与考评。
- 奖励与激励系统。
- 职业规划。
- 人员和活动的物理位置。

(3)执行——人才。

人才包括人才的思想、能力、人才的业绩承诺。

①关键岗位和人才布局有什么要求——人才需求详细定义。

②人才和能力的差距及挑战——欠缺哪些能力。

③获得——内部获取,及时培养,外部获取。

④激励与保留。

(4)执行——文化与组织氛围。

包括了企业与员工的价值与信念;态度与行为;个人与团队;成功与失败等。

文化指管制约束系统,要求规范、有序。组织氛围则是员工对工作环境的感知。

企业只有根据业务设计的要求重新全面思考调整影响执行的各个要素,才能使战略不是纸上谈兵,而是切实保证组织的长短期收益与持续稳定的发展。业务设计的要求,新的业务设计将要求对组织现有能力和价值网络中合作伙伴的依赖程度重新进行评估。评估的主要因素有以下方面。

①从客户角度看,增加价值所需的具体任务是哪些?

②与价值网络中合作伙伴的相互依赖关系怎样?

③风险是否已被恰当地评估和管理?

④业务行为标准、非正式的沟通网络和权力分配方式能为关键任务的完成赋予活力吗?现有文化中是否有阻碍任务完成的因素呢?

⑤当被赋予重要任务时,人们有完成任务所需的技能和动力吗?

⑥当有了执行业务设计所需的重要任务时,现有的结构和正式的考核系统是否支持这些任务的完成以及所要求的综合性?

利用 BLM 作为思维框架,通过行动学习的方式来挑战传统思维,逐步提升业务领导在各方面的战略思维能力。

2.12.3　阿里巴巴招聘的闻味道

阿里巴巴的 HR，在招聘过程中，通常会询问候选人三个问题。

你这辈子吃过最大的苦是什么？

你这辈子吃过最大的亏是什么？

你这辈子受到最大的压力是什么？

这三个在招聘过程中被反复提及的问题，候选人不同的回复与反馈，以及候选人的不同态度也反映了候选人对于阿里文化的态度，这也是阿里 HR 所熟知的招聘闻味道实现的重要手段。

"闻味道"这词外人听起来挺抽象的，但在阿里巴巴内部，却是一个极为重要的人才选拔准则。所谓闻味道，就是要求招聘的 HR 能去辨别候选人，确认跟公司已有的团队是不是同一类人。候选人属于哪一类人，其本身没有高低贵贱之分。在招聘过程中，HR 闻味道的目的就是要把不同类别的人归为一类，让同一类人一起工作，让和公司同一类的人进入。

阿里巴巴的成功，离不开"十八罗汉"的共同努力，正因为有"十八罗汉"的鼎力相助，才有了今天的阿里巴巴。"十八罗汉"中，彭蕾被誉为马云背后最有权势的女人。2016 年《财富》全球 50 大最具影响力女性中排第 16 名。她掌管阿里巴巴人力资源部十余年之久，人称支付宝女王。彭蕾现任蚂蚁金服董事长，她和雅虎的梅耶尔并称为世界互联网公司最重要的女高管。

彭蕾是阿里"鼻子"最灵的人，她清晰地知道，阿里需要什么味道的人。在她搭建的阿里人士招聘环节当中，就要求面试的时候专门安排一个阿里五年司龄以上的老员工担任闻味官，在面试当中安排坐在中间的位置，他们能从应聘者的几句闲谈当中了解到对方的价值观，知道应聘者或者候选人是否可以和大家一起工作，是不是一路人。

为什么要闻味道？

闻味道是修行，考验的是管理者的心力，任何一个团队的氛围，其实就是管理者自我味道的一种体现与放大，一个管理者的味道，就是一个团队的空气，无形无影但无时无刻不在影响每个人思考和做事的方式，尤其影响团队内部的协作以及跨团队之间的协作。作为管理者，与员工彼此孕育，彼此支持，彼此培养。

阿里巴巴一直以来都坚持，不一定选择最好的人才，只选择最适合的员工。

在阿里巴巴，只有五年以上司龄的老阿里人才有资格担任闻味官。闻味官不需要考察候选人的知识和技能。闻味官在面试过程中的主要工作是和候选人聊天，具体聊什么内容不关键，一般是关于工作和家庭的话题。通过这种聊天，"闻味官"就能感觉到候选人究竟适不适合加入阿里。

那么什么样的味道最对阿里的胃口呢?据阿里人力资源部的总监郭襄说是梦想的味道,是喜欢做的事情,热爱一件事情能到什么样的程度。比如,哪怕只是喜欢十字绣,你能说上一个小时也行。

2.12.4 【新技能 get√】后疫情时代的招聘应对

2019 年末 2020 年初,突如其来的新冠病毒疫情,不可避免地对经济社会造成了巨大的冲击,但从根本上看,疫情对我国经济实力、发展动力和调节能力影响有限,但疫情对于各行各业的影响是客观的、现实的。仅就招聘而言,受疫情影响,2020 年节后各企业纷纷开启了远程办公模式。人社部近日发出通知,要求各地区事业单位公开招聘在疫情防控期间均改为网上组织或延期举行,暂停组织线下现场报名、笔试、面试活动,以减少人员聚集交叉感染风险。即使疫情之后,随着人们办公方式、工作习惯等的改变,企业的招聘策略也需要相应的调整与适应。疫情之后的招聘管理,可能需要关注以下的 10 个方面。

(1)线上招聘比重加大,"无接触招聘"亦是一种趋势。

为了疫情防控的需要,人社部要求取消现场招聘会,鼓励企业采用线上招聘,一部分大企业,比如腾讯、浪潮等多将原本的线下招聘计划挪到了线上,而一些急等用人的企业也通过微信、钉钉、QQ、ZOOM 等一切可用的技术手段来尽快安排对候选人进行面试,以便早日有合适的人才加入。线上面试已成为不少企业特殊时期招聘的新选择。

"无接触招聘"势必成为一种新的招聘方式,最大程度保障企业招聘人员与候选人的健康。无接触面试成为最受关注环节。在整个的招聘流程中,原本需要线下进行的面试环节,因为疫情的影响无法推进。当下,线上的面试流程管理、无接触面试成为最受关注的环节。但招聘流程的自动化应用、各招聘渠道的统一管理等问题仍是 HR 心里放不下的石头,HR 意识到,越是在企业困难的时候,越是要"降本增效",通过数字化管理工具提高工作效率,控制招聘成本。

布局全线上的招聘渠道、招聘流程,应对当下现状。利用招聘管理系统,将招聘流程全部转移到线上,解放人力,提高招聘效率,降低招聘成本。

(2)招聘的工作量加大与工作难度加剧。

疫情过后,企业的经营状态无疑会直接影响到员工非正常流动,员工流动率的增长必然会带来招聘工作量的增加。无论是出于企业扩产扩能的需要,还是出于补充员工缺岗的需要,招聘 HR 的工作量都不可小觑。

(3)要求企业的招聘反馈与招聘决策更快。

经历疫情之后,有的会更加焦虑,有的人会缺少职业的长远打算,安全感降低,对于职场的要求便会更加直接,更加简单;有的求职者因为生活或者其他压力而急于寻求一份工作。

上述情形就更加要求招聘 HR 加强内部协作,缩短招聘流程,保障 HR 与面试官、猎头等能够在线同步招聘进展与候选人情况,各相关人可清楚了解招聘流程,并及时跟进反馈,不用远程反复沟通,缩短招聘流程,降低风险。通过全面数据分析,及时了解内部招聘状态,调整招聘策略。关注渠道分析数据、候选人分析数据、企业内部招聘各环节数据与离职数据,及时应对变化,调整策略。

无接触招聘本身就会让招聘的效率极速提高,招聘的响应速度在未来将是影响招聘成功率的重要参数!

(4)重点盯紧关键岗位人才。

关键岗位人才历来是各猎头公司、招聘 HR 紧盯的重点,企业的经营压力加大,会让企业对于关键岗位人才更加依赖。对于关键岗位人才,作为招聘 HR 要紧绷一根弦,标记关键岗位候选人,通过邮件、微信、电话等方式定期给予企业关怀,同步企业相关政策与应对措施,减少候选人担忧。还可安排线上入职流程、提前进行线上的入职培训,降低候选人入职风险,快速进入工作状态。

(5)提前布局校园招聘。

调研显示,近一半的企业虽然没有取消原定的校园招聘计划,但其中大部分企业将考虑筹备线上宣讲,通过线上的方式进行全流程的校园招聘;仍有约一半的企业未做决定,随着各学校线上课程的开展,线上的校园招聘可能也将陆续推进。

校园是人群集聚地,疫情后对于大型的活动要求会更加严格,类似活动会明显减少,校园招聘线上比例会明显加大。

相对于线下的校园招聘而言,一些知名度高,有社会影响力的企业,自带流量且更具有线上招聘的天然优势,对于那些一般性的企业而言,就更需要提前布局,提前规划以占先机。

(6)扩大招聘渠道,做好人才储备。

扩大招聘渠道,做好人才储备在任何时候都是重要的,只不过疫情之后其重要性突显,招聘本来就难,疫情之后只会更难。

全面启动招聘网站、内部推荐、猎头、企业内部人才库激活、内部选拔等内外渠道,多管齐下,提前储备人才资源,为及时补充做准备。

(7)对外,做好雇主品牌宣传,吸引人才。

好的雇主品牌自然对优秀的候选人更具吸引力,通过企业招聘官网、企业公众号、外部新闻媒体发声,传播企业正能量,展示企业实力,吸引高端人才。

通过视频、直播平台吸引候选人,在 B 站、抖音等视频与直播平台与年轻候选人沟通快捷、高效、直观。

重视流量入口,重视雇主品牌建设,重视企业外在形象,通过吸引来吸收人才。

(8)严把人才入口关,做好面试官培训。

面试官不培训不上岗。面试官是求职者了解企业的窗口,是企业的形象代言人,如果没有经过培训,就会增加复式的流失率。

招聘 HR 不断精进,提升自我,自我赋能,以更加专业、更加高效的状态面对招聘。

因为招聘 HR 的不专业让企业蒙受损失的企业不在少数。疫情之后,企业对于人才依赖性增强,自身的抗风险能力弱。通过招聘入口的把关,尽可能地降低企业的录用风险,减少用工争议与招聘成本。

(9)适应移动互联时代的招聘特点,有流量,更便捷。

招聘 HR 最好自带流量,有粉丝,有关注度。

正如上文所提及,招聘 HR 需要混圈子,能自带能量场,能吸引人才的主动关注。移动互联时代,易用便捷的沟通工具与渠道会令候选人产生好感,快速融入。

(10)招聘 HR 要时进更新招聘装备,应用新的技术与手段,比如充分利用 AI 智能技术,在简历导入、简历筛选、简历存档、远程沟通等环节充分应用现代智能技术,提高工作效率。

2.13　招聘效果评估

招聘活动结束后,招聘小 C 应对整个招聘活动,尤其是投入较高的招聘如一些专场招聘或小型的招聘会、校园招聘的结果进行评估,以总结经验并寻找改进措施与方法。

一、招聘活动概述

对招聘活动的整体概貌简要说明。例如,××××年×月×日起人力资源部开展了一系列招聘活动,现就此期招聘活动做汇总分析。此次招聘活动计划招聘×岗×人(生产部工人由原来的计划招聘×人改为×人),主要招聘对象为技术、管理人员及操作线工人。人力资源分别在前程无忧、智联招聘、中国人才热线等网站进行为期一周的页面推广,湖南人才市场、公司网站进行三次招聘活动,总计应聘人数约为×人,其中通过网络应聘人员×人,通过人才市场及公司公示板提交简历人员×余人。

二、数据统计

(1)总费用(直接费用)×元人民币,总录用人员×人。

(2)录用人员平均费用×元。录用人员平均费用=总费用/实际录用人员数。

(3)招聘完成率:百分比。招聘完成比率=录用人数/计划招聘人数×100%。

(4)员工录用率:百分比。员工录用率=录用人数/应聘人数×100%。该指标越小,说明录用者要求可能越高,适合人数可能越少。

(5)应聘比:百分比。应聘比=应聘人数/计划招聘人数×100%,该指标反映招聘信息的发布效果,越大表示效果越好。

三、数据分析

(1)成本分析:此次招聘活动共花费人民币×元,实录用人员×人,平均每人花费×元人民币。

(2)录用人员分析。对录用结果进行分析,重点在是否满足岗位需求,录用结果对于招聘活动的影响与价值等。例如,通过以上录用人员评估中的三组数据我们可以分析出如下三点。

①此期招聘活动基本满足各部门的人员需求。各部门急需人员基本到岗,部分非紧急岗位尚未甄选到合适人选,在以后的招聘活动中将根据这些岗位的轻重缓急程度陆续招聘到岗。

②此期招聘活动公司筛选余地较大。此期招聘工作中共计×人应聘,为各部门的筛选工作提供了很大的空间,从而保证了此批录用人员的质量。

③此期招聘活动信息发布面较广。通过应聘者比率除了可以看出此次员工招聘的挑选余地很大外,还可以看出此期招聘信息发布渠道很广、很有效,应聘者数量较多。

四、招聘媒介和招聘方式的有效性评估

(1)招聘媒介有效性分析。

分别计算不同招聘信息发布渠道的招聘结果和招聘成本来进行比较分析,从而得出不同招聘渠道的招聘效果。

例如,通过某公司对操作工的招聘媒介进行分析发现,通过网络招聘很难招到合适的电工、木工等蓝领工人,而通过当地报纸和户外媒体则效果较好。

(2)招聘方式有效性分析。计算不同招聘方式下招聘结果和招聘成本,从而考察不同招聘方式的招聘效果。

例如,某一房地产公司因项目发展迅速,长期招聘项目负责人,它们发现,猎头和熟人推荐方式较为满意,而网络招聘则存在较多的信息不对称现象。

五、招聘方法评估

（1）可靠性评估：对某项测试所得结果的稳定性和一致性进行评估。通过对同一应聘者进行两次内容相当的测试，比较测试结果，若相关程度越高，说明该方法稳定性和一致性越高。

（2）有效性评估：通过比较被录用后的绩效考核分数与录用前的选拔得分，如果两者相关性越大，说明所选的测评体系越有效。

六、招聘建议

（1）招聘策略的优化。

（2）招聘流程的建议。

（3）招聘的组织与管理建议。

（4）面试官及面试活动的建议。例如，小到一个面试指引牌的摆放或设计。都有可能对候选人造成不便，或者达不到预期指引疏导效果。

七、候选人反馈

这一部分很重要，却往往被许多小 C 们忽略。招聘的整体过程，不仅仅只是企业的内部参与，还融入了候选人。他们的表现，尤其是作为对于一些有经验的候选人，由于他们之前的工作经历，使得他们来到企业面试时，对于企业、面试官、整体面试的组织与安排的意见与建议，显得尤为重要。一方面是他们有对比、有经验、有更为直观的想法；另一方面，候选人也想积极表现，表达自己在管理方面的观点。总之，候选人是愿意表达的，而且这种表达对于企业的招聘管理改进是有益的。

八、总结、改进意见

活动的总结，重点描述活动中表现好的方面及存在的问题。

例如，此期招聘活动自×月×日始至×月×日终，届时×天，进行了三次大型面试活动，通过现场招聘会应聘人数与每天通过网络应聘人员数量比较可以看出，本季度参加现场招聘会的应聘人员与三月相比急剧下降，三月招聘活动中每次现场招聘会均能收到约×份应聘简历，而本期现场招聘会中仅收到约×余份简历，并且人员质量较三月应聘人员相比有较大下降。

也可以针对存在问题的改进办法与建议。例如，本期招聘活动也存在不足之处，现提出以下几点改进意见。

（1）加强各部门拟聘岗位紧急程度的核查工作。

各部门所提交的招聘计划未能按月度、季度提出，导致招聘岗位过多，且应聘人员在面试结束后，由于本岗位不是很急需，而迟迟得不到录用通知，从而大大降低了公司的信誉度。也给公司招聘公司带来很大的不便，故人力资源自 6 月起要求各部门按月提交计划，并核对各部门所提交岗位需求紧急程度后开展招聘工作。

（2）加快招聘—面试—录用工作进度。

此次招聘活动中个别部门面试与录用通知之间的时间间隔过久，导致人员的流失。在今后的招聘活动中人力资源部将加大此方面的监督工作。

（3）加强招聘工作的规范化。

（4）加宽招聘渠道、做好长期招聘的工作准备。

对招聘效果及时进行评估、总结分析，会有利于进一步提升我们的招聘质量和效率。

2.14 招聘的原则、理念与策略

以下的招聘原则为大多数企业所采用，也称为通用原则。招聘小 C 在其报告中也会经常引用。

2.14.1 了解自己企业的招聘原则

1. 公开原则

将招聘的职位、数量、资格、条件、甄选的方法和时间等信息公开发布出去，给予内外部人才以公平竞聘的机会，达到广招人才的目的。

2. 竞争原则

竞争原则是指通过激烈而公平的竞争，甄选确定符合公司发展需求的优秀人才。

3. 德才兼备原则

注重应聘人员的素质、潜能、品格、学历和经验，德才兼备、唯才是用。

4. 全面原则

全面原则是指对应聘人员从知识、技能、心理承受能力、从业工作的经验等进行全面考核。

5. 择优原则

择优是招聘的根本目的和要求，合适的人员从事合适的岗位。

小 C 宜在工作实践中，结合自己的企业文化，与部门主管甚至与公司高层、老板沟通后拟定或完善自己企业的招聘原则。小 C 不可小觑招聘原则，尤其是对于一些重要岗位，在你花了大量时间之后如果因为与企业的招聘原则不符，最后的结果便会造成不但候选人流失,而且还易被认定为你犯了企业原则性错误。

2.14.2 各具特色的招聘理念

招聘理念是指导整个招聘过程和活动的思想、智慧,从企业的全局及未来发展的角度来看待招聘,招聘理念同时在很大程度上也反映了企业的用人理念。正如招聘原则一样,不同的企业其招聘理论也不尽相同。名企之所以为名企,在招聘理念上也似乎颇有个性。

(1)微软的招聘理念是崇尚天才。微软是一家追随人才的公司。微软要求人才是天才与工作狂的化身,需要的是工作勤奋、能够用 30 种方法完成工作的聪明人或天才。他们对于招聘极其重视,并且坚持高标准选拔,从候选人到正式录用的比例仅为不到 3%,微软公司要求公司的高层和员工均要积极参与招聘工作。其面试的方式也被业内称为推销式面试,无论是在校招过程中的广告宣传,还是在专场招聘中的广告造势均不亚于一次广告发布会,隆重、声势浩大。

(2)华为公司的招聘理念是候选人要具备踌躇满志、艰苦奋斗的特征。华为在选才过程中,以校园招聘为主,华为能给应聘者提供多岗位选择和多地点选择,增加了吸引力;招聘对象应该具有"踌躇满志、艰苦奋斗"的特征;华为宣称,为核心员工提供在海外工作的同等待遇,吸引不少海内外顶尖技术骨干。

(3)GE(通用电器)的招聘理念是考验候选人是否正直、智慧、成熟。采用 4E + 1P 的标准。4E 即 Energy(积极向上的活力)、Energize(激励别人)、Edge(决断力)、Execute(执行力),1P 即 Passion(热情)。对于高层还要求真诚、市场敏锐度、爱才、坚韧的弹性。

小 C 在招聘工作之余应当了解自己企业的招聘理念,通过一段时期的探索与改进,逐渐地形成自己企业的招聘特色。

2.14.3 制定自己的招聘策略

招聘策略(Recruitment Strategy)是招聘计划的具体体现,是为实现招聘计划而采取的具体策略。它包括招聘数量、对人员的要求、吸引人才的手段、招聘渠道、甄选模式和招聘时间等。一个成功的招聘策略将帮助企业快速找到适合的人才,推动企业持续发展。

聪明的小 C 会提前拟定自己的招聘策略。

招聘策略主要包括招聘计划与策略、招聘人员策略、招聘时间策略及招聘地点策略四个方面的内容。

(1)招聘计划与策略。指定招聘计划是人力资源部门在招聘中的一项核心任务,通过制订计划来分析公司所需人才的数量和质量,以避免工作的盲目性。招聘策略是招聘计划的具体体现,是为实现招聘计划而采取的具体策略。在招聘中,必须结合组织的实际情况和招聘对象的特点,给招聘计划注入有活力的因素,这就是招聘策略。

（2）招聘人员策略。招聘人员作为组织机构的代表,其素质的高低关系到组织能否吸引优秀人才。因此,招聘人员的选择也是相应的技巧。

（3）招聘时间策略。遵循劳动力市场上的人才规律,计划好招聘事件;在人才供应高峰期到劳动力市场上招聘,可节约成本,提高招聘效率。

（4）招聘地点策略。选择招聘范围,就近选择以节省成本,选择地点有所固定。

企业不同阶段的招聘策略不同,没有最好的策略,只有最合适的。小 C 在实际招聘中应根据企业所处的阶段因时、因地制宜。良好的招聘策略一方面可以极大提升招聘的效率,另一方面也保证了招聘的有效性,尤其是在针对中高端人才的招聘与选拔时,定制有针对性的招聘策略是保证此类招聘的法宝。

第3章

面　　试

人才市场上,求职的人很多,但企业要找到合适的人才还真不容易,有时一个岗位面试 5~6 名候选人,要么是应聘者对企业不满意,要么就是企业对应聘者不满意。

好不容易筛选了大量简历找出来的候选人,因为面试时间拖得较长,或者面试过程设计不合理等,让优秀的候选人认为公司的管理不规范,而丧失对公司的信心。

那么如何设计好面试流程,提高面试的专业性和有效性,需要人力资源工作者不断钻研、调整与提升。

结合笔者 13 年的人力资源管理经验,谈谈自己的看法与建议。各人力资源从业者可根据实际情况进行调整与改进。

3.1 面试流程:提高面试效率

小 C 问道之面试流程

一天,小 C 急匆匆走到主管办公室,告诉主管说:"坏了,新招的王先生,李总说要辞退?!"

主管说:"不会吧,不是通过部门面试了,而且能力还很不错的呀!"

于是小 C 一五一十地将情况告诉主管,根据公司要求需要招聘一名网络信息管理员,主要负责公司计算机、网络的维护与管理,经过部门经理与主管面试,一致认为王先生比较适合公司要求,所以通知其上班了。但总经理李总说他有一位朋友推荐了一名网络信息管理员,而且李总已经答应了朋友。

主管反问道:"小 C,王先生的录用审批应该是经李总签字的呀?!"

小 C 支支吾吾地说:"是,本应该给李总签字的,但是网络信息管理员空缺一个月了,部门老是在催,要求快点上岗,而李总正好又在外出差未回,所以没有签字。"

主管拉长了脸,气愤地说道:"小 C,面试流程是企业分权授权的体现,是工作正常运转的保障,不能随意更改。以后不能违反面试录用流程! 否则扣发绩效工资。我再跟李总商量,看能否让两人都试用,试用评估哪个能力强,录用哪个。"

【全真案例】某民营上市企业面试流程

一、公司概况

D 公司是一家民营高科技农业上市企业,致力于以科技创新推动我国现代农业发展。

经过 20 多年的发展,拥有七大产业,20 000 多名员工,100 多家生产基地和近

200 家分子公司,是农业产业化国家重点龙头企业、国家高新技术企业和国家认定的企业技术中心。

二、面试流程

行　为	标　准	配套表单	主控部门	协助部门
面试通知	提前一天以上发出面试通知并在当天提前再用电话或者短信提醒面试的时间及地址		人力资源部	
前台接待	前台接待面试候选人至面试室并通知人力资源部		行政部	
资料准备	应聘者填写应聘人员登记表、复印身份证、学历证、学位证、技术等级证等证书,特殊岗位工种,如驾驶员、锅炉工、电工等一定要求持证上岗并查验真伪,资料验证不合格不进入下一程序	应聘人员登记表	人力资源部	
测试、笔试	对应聘者进行情商、性格等测试及完成笔试题答题并评价	性格测试、笔试题	人力资源部	
初试	初试,主要对应聘者工作经历、主要工作业绩、沟通组织、离职原因等求职动机、个人性格及品德等方面进行考察,考察合格后推荐至用人部门复试	面试评价及录用审批表	人力资源部	
复试	对候选人专业技能面试,若专业技术能力达不到招聘岗位要求时给予淘汰	面试评价及录用审批表	用人部门	人力资源部
复试	根据分权授权体系,若需高管面试的或者董事会面试的,需进行第二轮复试	面试评价及录用审批表	分管领导或总经理	人力资源部
背景调查	对应聘者原工作经验、基本信息、工作能力等方面进行背景调查	背景调查表	人力资源部或专业机构	
入职审批	讨论候选人的工作胜任情况、工资及试用期等情况,并报领导审批	面试评价及录用审批表	人力资源部	用人部门
Offer发放	领导审批后,由人力资源部通知候选人面试结果,并发放 Offer,确定上班时间	Offer	人力资源部	

分析:

这是 D 公司针对经理级及以下员工而设计的一个面试流程。

对于中高层管理人员和核心骨干员工的面试流程,会与上述流程有所区别。同时,在制造行业,基层的生产普工流程设计会更加简单。将在 3.1.3 节中详细说明。

这样的面试流程设计,既考查了候选人的知识能力(笔试题),又对候选人的心理与性格有所掌握,更佳的是有人力资源部与用人部门一起参与了整个面试过程,分别从不同角度对候选人进行专业考察,能够提高面试效率,降低主观因素而导致用人偏差。同时,人力资源部与用人部门做到有效沟通,让候选人快速融入企业,快速成长。

现实生活中,人力资源部决定是否录用或者人力资源部不参与,用人部门决定用人权,以上这两种情况都是不科学的。容易产生用人偏差。只有人力资源部与用人部门相互配合,多沟通,各自发挥所长,才能提高面试准确度。

有些大型公司,初试、复试,甚至有三面,整个面试流程较长,耗时一周以上,比较专业化。

中小企业,最好是缩短面试时间,初试和复试尽量在一天以内完成,可以选择人力资源部与用人部门一起复试,候选人多时可以采取多人同时面试。

不论录用与否,笔者建议对每位候选人的面试结果告之,特别是公司认为候选人表现好的,能否胜任的原因等,这也是对候选人的尊重和帮助。

3.1.1　面试流程设计的原则

【全真案例】某企业的面试流程

一家企业经过 10 多年的发展,已经成为当地知名的龙头企业,拥有 6 家分子公司,1 000 多名员工。近几年公司快速发展,因公司发展需要准备招聘一名人力资源总监。

一天,人力资源部小向在招聘网上看到一名在上市企业从事过人力资源总监 Y 先生简历,经总经理看过后,打电话给 Y 先生通知其面试。Y 先生准时来到公司人力资源部,小向安排 Y 先生在人力资源部一个空位上坐下,并让 Y 先生填写应聘人员登记表和性格测试题。做完后,小向告诉 Y 先生因总经理有事,今天的面试到此结束。

过了几天,小向上午给正在开长途车的 Y 先生打电话,说是否有时间接受电话面试,公司合作的咨询顾问公司的一位老师需要与您沟通。Y 先生回复最好是下午 2 点左右。结果不到 10 分钟咨询顾问公司的老师打电话过来,在 Y 先生开车的情况下,电话面试了近 1 小时。

又过了几天,小向通知 Y 先生到公司与总经理面试。总经理与咨询公司两位老师经过 1 小时面试,比较满意。

又过了几天,公司总经理又约 Y 先生在一家茶馆谈了 2 个小时,想再了解 Y 先生外围的一些情况,聊完后告诉 Y 先生 20 天后公司会给出录用结果。

分析:

(1)整个人力资源总监面试前后经历了一个多月,一方面反映了企业用人谨慎,另一方面也反映了企业面试不专业、不精准,怕用错人,这样的面试流程设计,会让人才擦肩而过。

(2)一位人力资源主管对人力资源总监进行第一面,在面试流程设计中很忌讳,也反映了企业对人才的重视度不够。

那么,面试流程设计应该掌握哪些原则呢?

1. 专业科学

不论是从面试环节的设计、面试提问的设计,还是面试场地与时间的安排等,都需要做到专业化,向应聘者展现高素质的人力资源团队和专业化水平,更利于人才的吸引。同时要科学地设计面试流程与面试题目,要防止"一言堂"的出现,人力资源部与用人部门要各自发挥专业所长,要做到有效沟通,防止选错人或任人唯亲现象的出现。不同的岗位,考察的重点不一样,需要进行不同的测试项目与甄选方法。

2. 精简高效

面试流程设计一定要精简高效,每个环节设置要紧凑且每个环节精准高效,在工作中确实见到不少人力资源部的招聘主管,因与用人部门面试官临时有事,让应聘者在接待室内等待半小时以上,这样对企业品牌有不好的印象,且使应聘者来公司的愿望降低。倘若真出现紧急情况需要应聘者等待,招聘主管可以调整流程,临时安排给应聘者发放一些企业宣传资料或观看宣传片等。每个流程要力求高效,比如案例中的总经理单独见面很容易让应聘者认为是多余的。有些企业在面试人才时准备工作做得不充足,到应聘者走的时候才想起来,有个问题没问,又去打电话问应聘者,这样做有损企业形象。

3. 对等

面试一定要遵循"上级面试下级"的原则。如果一个人去一家公司面试,遇到一个将来的下级面试他,他会觉得很不舒服,甚至有一点不受重视的感觉。还可能存在着所谓的下级为了"巩固"自己的地位,可能会给与一些主观的评判。比如公司的技术经理来面试一位即将来公司工作的技术总监是非常不妥的,作为人力资源部的员工,最好是人力资源部经理来接待,并做一些相关的招聘前期服务工作和基本情况的了解。

4. 因人而异

面试流程的设计还要因不同人而设计不同的流程,这需要根据公司规模大小和公司分权授权体系而定。招聘中高层管理员工或核心技术岗位员工,可以采取多对一的集体面试,也可用评价中心技术,而节省一次、二次、三次的面试。中层管理干部以下的人员可以采用前面所说的面试流程。招聘生产普工类岗位,面试流程可以做到简单优化,甚至可以试岗的形式以了解普工的技能水平,不过在实际的操作过程中,试岗有一定的用工风险,比如工伤,人力资源部应和用人部门一起注意防范这种风险的发生。

5. 服务周到

应聘者来公司面试,无论职位的高低,公司的服务水平能体现出一家公司对人才的重视,能体现公司的品牌形象,要力求做到服务精细化,暖到应聘者心里去。例如,为面试人员安排好车辆接送、住宿和就餐,应聘者到公司后基本的接待礼仪要到位,要加强对接待人员的培训与演练,提高公司的服务水平。

3.1.2 因人而异的流程设计

前面谈到不同的人设计不同的面试流程,在企业内根据招聘岗位级别不同,最后录用批准的人员有所不同,见表3-1。

表3-1 某民营上市企业不同面试环节及录用核准

招聘岗位级别	素质面试	专业面试	综合面试	录用批准	备 注
总经理、董事会秘书				董事会	
常务副总经理、副总经理、财务总监	总经理		董事长	董事会	
助理总经理	职能高管（HR）		总经理	董事长	
审计主任	职能高管（HR）	总经理	董事长	董事会	
证券事务代表	职能高管（HR）、分管高管	总经理	董事长	董事会	
总部部门总经理、总监级	职能高管（HR）	分管高管		总经理	报备董事长

续表

招聘岗位级别	素质面试	专业面试	综合面试	录用批准	备 注
分子公司总经理级岗位(含二级单位的总经理级)	人力资源总监	分管高管	职能高管（HR）	总经理	报备董事长
分子公司(含二级单位)经理级员工(或特定岗位)	人力资源总监	用人部门第一负责人	分管高管；职能高管（HR）	总经理	报备董事长
总部经理级员工	人力资源总监	用人部门第一负责人	分管高管；职能高管（HR）	总经理	
总部经理级以下的员工及总部垂直管理的其他员工	人力资源部	用人部门第一负责人	单位分管高管	人力资源职能分管高管	主任级员工须报备总经理
除经理级和总部垂直管理岗位以外的分公司其他员工	分公司行政人事部(综合部)	部门负责人	分公司经理室	分公司第一负责人	主任级须报备单位分管高管,备案总部人力资源部
经理级及以上的直系、旁系亲属录用在同一单位的	人力资源部（分公司人事）	部门负责人/总部人力资源部/单位分管高管	人力资源职能分管高管		
非员工性质的劳务外包					

说明：

（1）该民营上市企业岗位职级包括总经理级、副总经理级、总监级、经理级、主管主任级、专员级、其他人员。

（2）分管高管是指具体分管某块业务的高级管理者,如财务中心的分管高管是财务总监、生产运营中心的分管高管指分管生产的副总经理。

笔者将在平时工作中常遇到的不同类型的面试流程与大家分享。

1. 公司总经理及董事会秘书的面试流程

由董事长向董事会推荐候选人选,经董事会同意后,候选人在董事会上做竞职报告,经董事会成员表决同意后方可聘用并对外发布任命公告。

2. 公司常务副总经理、副总经理、财务总监等高管面试流程

行　　为	标　　准	配套表单	主控部门/人	协助部门
总经理面试	总经理从工作经历、能力等方面进行面试，或者人力资源部配合，专业机构一起实行评价技术中心考核，面试合格后背景调查	应聘人员简历		人力资源部
背景调查	委托专业机构对应聘者进行背景调查，合格后推荐给董事长复试	背景调查报告	专业机构	人力资源部
董事长复试	董事长对应聘者进行复试，重点考核应聘者的职业道德、综合能力、专业程度等，面试合格后提请董事会评审		董事长	董事会秘书
董事会评审	应聘者在董事会上做述职报告，董事会评审通过后，形成董事会决议		董事会	董事会秘书
对外公布	对外发布任命通告		证券部	

3. 总经理助理人员面试流程

行　　为	标　　准	配套表单	主控部门/人	协助部门
常务副总经理初试	由分管人力资源的高管常务副总经理对其进行素质面试，面试合格后提请总经理面试	应聘人员简历		人力资源部
总经理复试	由总经理对其进行综合面试，考察其职业道德、管理能力、专业等，合格后请董事长面试		总经理	人力资源部
董事长终试	董事长对应聘者进行复试，董事长决定是否最终录用		董事长	董事会秘书
背景调查	委托专业机构或者由常务副总经理做背景调查，形成调查报告上报	背景调查报告	人力资源部/常务副总	
任命通知	对外发布任命通告		人力资源部	

4. 审计主任面试流程

上市公司审计主任是需要对外公布的。所以审计主任需经过常务副总经理、总经理、董事长面试完后经董事会同意后,方可聘用及对外公布。

首先,由分管人力资源的职能高管常务副总经理对审计主任进行素质面试,然后由总经理进行专业面试,董事长进行综合面试同意后,提请董事会讨论。董事会表决决定是否录用。决定录用后在巨潮网上发布公告。

5. 集团部门总经理(总监)级面试流程

```
常务副总经理初试 → 分管高管 → 总经理 → 报备董事长
```

由分管人力资源的职能高管常务副总经理对部门总经理(总监)进行素质面试,分管高管进行专业面试,总经理面试同意后,报备董事长后方可发布任命文件。

为了节约时间,简化流程,在实际运用过程中,一般采用由人力资源总监组织,由常务副总经理、分管高管、总经理等组成的面试小组,采取多对一的集体面试,经讨论后总经理决定是否录用。人力资源总监主要职责是组织招聘会,列席参加可提出建议,但没有表决权。

另外,最好在总经理面试通过后,由专业机构做背景调查,并形成调查报告。

6. 分子公司总经理面试流程

```
人力资源总监 → 分管高管 → 常务副总经理 → 总经理 → 报备董事长
```

由人力资源总监进行素质面试,分管高管进行专业面试,人力资源的职能高管常务副总经理进行综合面试,总经理面试同意后,由专业机构或公司进行背景调查,经合格后,报备董事长后方可发布任命文件。

为了节约时间,简化流程,在实际运用过程中,一般采用由人力资源总监组织,由人力资源总监、分管高管、常务副总经理、总经理等组成的面试小组,采取多对一的集体面试,经讨论后总经理决定是否录用。人力资源总监有表决权。

7. 总部经理级面试流程

```
人力资源总监 → 部门总监 → 分管高管、常务副总经理 → 总经理
```

8. 核心技术人员面试流程

核心技术人员是指总部高级研发人员或技术专家,通常由人力资源总监、技术总监、技术副总、分管人力资源的常务副总经理、总经理组成面试小组集体面试,也可逐级面试。

9. 普工面试流程

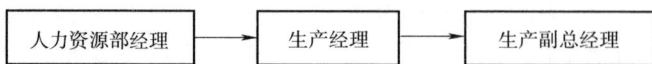

```
人力资源部经理 ──▶ 生产经理 ──▶ 生产副总经理
```

由人力资源部经理进行素质面试,生产经理进行专业技能面试,生产副总经理进行综合面试同意后方可录用。

10. 其他经理级以下员工面试流程

```
人力资源部经理 ──▶ 部门经理 ──▶ 总经理
```

由人力资源部经理进行素质面试,部门经理进行专业面试,总经理进行综合面试同意后方可录用。若公司设置了副总经理,那么分管副总需要对其进行面试同意后方可报总经理进行录用批准。

11. 校企合作班学员招聘面试流程

```
报名 ──▶ 笔试 ──▶ 复试 ──▶ 公布结果
```

由学校院学工组老师发动办班宣传,收集报名名单并且填写企业班学员信息登记表,上午组织候选人笔试和人才测评,经审查合格后宣布复试名单。然后由业务部门总经理、人力资源总监、招聘主管组织学员集体复试。首先是学员上台做自我介绍,然后面试官提问。根据面试情况,讨论录用结果并公布。

小知识

报备是指下级将申请、报告、单据、函件和其他文件向上一级汇报备案,上级对批准事项不做详细了解,但对该事项的原则性进行把握,对呈报的文件内容有知晓权及否决权,报备流程必须在拥有批准权的人在正式批准前,书面获得需报备对象(一般为上级)的签字认可后,方可确认为完成。

所有审核批准权限表中涉及"报备"流程的审批表中,各部门、分(子)公司必须按要求填写以下表格内容(在确认处打"√")并作为原审批件的附件存档。

该文件:	□需报备	□不需报备	
报备对象:	□董事长 □总经理	□职能分管高管	□分管高管
报备对象确认:	□已报备	□否决	
报备事项描述或附件:			
签名:		日期:	

注:所有需报备的事项应得到报备对象的确认,如报备对象因特殊情况(包括出差、休假、来不及授权等情况)暂不能当面确认时,可由批准人以电话沟通形式征求报备对象的确认,并事后补签字。未补签字的视同批准人未获得报备同意,批准人承担相应责任。

【实用文档】面试评价及录用审批表

姓　　名		应聘职位	
评分项目	评分(极佳5、佳4、一般3、略差2、极差1)		
	考官1	考官2	考官3
仪容礼貌精神态度整洁衣着			
专业知识与技能			
语言表达与沟通能力			
对工作各方面及有关事项的了解			
所具经历与本公司的配合程度			
前来本公司服务的意愿			
其他相关技能			
面试考官签名			

注:考官需按实际情况作出真实评价,多次相差太大者,取消面试资格;为储备人才,无论面试是否通过,此资料须交由人资部存档。

初试意见	复试意见	审　核	审　批
签名: 日期:	签名: 日期:	签名: 日期:	签名: 日期:

注:请人力资源相关负责人或者人力资源分管高管填写定薪建议和劳动合同签订时间建议。

3.2　面试官管理

小 C 问道之面试官管理

春节刚过,主管见招聘小 C 愁眉苦脸,关心地问道:"小 C,怎么啦? 春节没有抢到微信红包,不高兴?"

小 C 笑着说:"微信红包倒抢了不少! 我是为工作而愁。"

主管说:"哦,遇到什么困难了,说来听听!"

小 C 说:"最近是招聘旺季,一些前来应聘的人说我们技术经理面试没水平,老是问一些无关紧要的事情,甚至问些隐私问题。技术经理水平太差了,面试时总是在闲聊,浪费时间,而且盯着美女看,搞得人家很不舒服……"

主管反问道:"你认为应该怎么解决?"

小 C 说："最好跟总经理说，不要让技术经理面试了，让技术副总直接面试算了！"

主管说："这怎么行呢，你这是逃避问题，看来我们要重视面试官的培训与培养了！"

3.2.1 面试官的重要性

【全真案例】一次糟糕的面试经历

王先生曾到一家公司去应聘，有位赵女士的面试，让王先生觉得非常糟糕，心里很不痛快。以下是他所回忆的整个面试过程。

首先，赵女士问了王先生一些关于以前测试过的产品问题。因为是 6 年前的事，王先生不太记得具体情况了，只好硬着头皮回忆。可是说着说着，赵女士就在那里窃笑！

然后赵女士又问了一些近期的工作情况，王先生说做发票和税控的软件测试。当说××地方是王先生做的项目时，她表示怀疑，并肯定说不是！实际上王先生做这个项目多年了。她还在那里笑！

接着讨论开发模式，她就一个专业问题，否定王先生，还嘲笑王先生！

当时王先生十分生气，跟她表示："如果我错了，你可以提出来，不要老是笑，让人觉得不舒服！"

她却回答说："笑很正常呀！"

接下来的面试，王先生基本上是应付式的回答，只想早点结束这场面试。

分析：

(1)面试官的仪表、形态、神情要控制得当，案例中的赵女士就是因为笑得不得体，让王先生觉得是嘲笑和讽刺，有种不尊重的感觉。

(2)对于面试过程中，有意见分歧的地方，面试官与应聘者是一种探讨的方式，而不应该是否定应聘者。

面试官是指具备一定识人能力，能够根据公司战略、产品特性、业务发展及人才市场供给状况有效地甄选适合公司要求人才的专业人员。面试官分为专业面试官和业务型面试官。选人重于培训，作为人力资源管理的选、用、育、留的第一关，公司应该非常重视招聘与选拔工作，尤其是面试官素质与能力的提升，体现了公司的专业、形象。

选拔面试是最常用的甄选工具之一，并行之有效。是否能发挥优势，关键在于面试官本身的素质和能力。

一些年龄较小的招聘负责人，面试经验少，往往只能通过候选人以往的经验来判断这个人适不适合岗位要求。特别是许多年轻的 HR,他们最头痛的一件事就是面试管理层的人,面试到最后反被对方控制住了,也就没办法客观准确地鉴别对方。

另外,许多直线部门的经理或负责人,面试时仅仅从岗位工作的经验或技能角度去面试员工,而忽略了人才选拔的其他各个维度;或者是不知道自己该挖掘哪些信息,该怎样挖掘想要的信息,该如何判定所获得信息的真伪等。最终,他们招来的员工会让公司浪费大量的培训时间和工资开支。"只能尽量弥补在面试过程中所犯的错误。公司要么直接把那个人解雇,要么把他调任到其他岗位,总之一切都得重新开始。"

若人力资源部不注重对面试官的培训,不但会影响企业品牌形象,而且也会难以为企业找到合适的人才,最终会因选不到合适的人,让直线部门经理或负责人、人力资源部负责人头痛不已。

因此,面试不能仅凭感觉,面试是一门专业性很强的技能。人力资源部需组织面试官参加一些必要的面试技能培训,比如,什么是行为面试法,什么是结构化面试等。公司可以制定相关的制度,公司的面试官只有经过了面试官培训,掌握了相关的知识与技能后,才能成为面试官。

3.2.2　哪些人可以作为面试官

在企业中,因为对面试官没有任何标准,也不做培训,当总监出差了,经理来作为面试官,当经理不在公司时,让部门主管来作为面试官。而人力资源部似乎个个都是面试官,每一个人都可以来面试,最后导致应聘者提出的问题很多无法回答,影响面试的效果。

【全真案例】新来的面试官

某企业人力资源部门人员缺乏,刚招了一名人力资源专业毕业的本科生小王。张经理见小王重点本科院校毕业,形象气质好,做事积极认真,善于学习,人见人爱。于是入职还未进行岗前培训,就带上小王到人才市场招聘。

其间,张经理有个紧急电话接听,离开了展位。这时,一位从事电工 10 多年的技工老彭看到公司在招聘电工,于是投了一份简历给小王。小王看了一会儿简历后,发现经验挺丰富的,于是面试起老彭来。

首先小王要老彭做了一下自我介绍,然后问了老彭从事电工多少年了,为什么离开上家公司,希望找一家什么样的公司等问题后,老彭问了小王几个问题:

公司的电工上班时间是怎样的?

小王回答说:标准 8 小时(实际上是跟着生产走,生产有时加班,电工也需要加班,但至少会保证每周休息一天,一周工作时间不超过40小时)。

请问你们公司的电工工资是多少?

小王说每个月4 000元,你看招聘广告上写得很清楚(实际上是每月保底工资2 800元,然后根据产量给予一定的产量奖金,加班发放加班费,每个月总收入不低于4 000元,最高达到7 000元,平均5 500元)。

老彭一听月工资才4 000元,上一家单位月平均工资都在5 000元以上,于是就这样离开了公司展位。

分析:

(1)像小王这样,才加入公司,对公司的文化、基本情况、组织体系、岗位要求、薪酬政策都不熟悉的情况下,是不能直接担任面试官的。

(2)正是因为小王对电工岗位的薪酬政策不了解,才导致一个潜在的人才老彭流失了。

(3)同时,给潜在人才老彭留下一个公司薪酬福利水平不好的印象,可能会给周围熟悉的人与朋友传播,影响企业的品牌形象。

面试官拿来即用,不经过培训与考核,霸王硬上弓的状况,可能给公司造成直接或间接的影响。也就是说面试官的管理要加强。

在企业中,一般而言,面试官包括公司高管、部门负责人、人力资源部经理和招聘主管,也包括一些公司核心骨干。

但这些面试官必须具备以下条件,否则不能成为合格的面试官。

1. 高度认同公司文化、价值观念

面试官需高度认同公司,对公司目前的发展、管理充满信心,能客观地对待公司目前存在的问题,传播正能量。那些经常抱怨公司不公,表现出对公司极不满意的人不适宜担任面试官,会损害公司的形象,影响面试效果。

面试官需高度认同公司文化和价值观念,要深刻认识到公司存在的价值、责任和使命,要有一种强烈的责任感、自豪感和使命感,这样才能感召更多优秀的人才。

2. 熟悉公司基本情况

面试官需要经过系统的岗前培训,最好是加入公司三个月以上的员工,了解公司所在行业的发展形势,公司的发展历史、发展愿景、中长期规划、年度经营目标、公司的主营业务、主营产品及核心竞争优势、重点经营管理策略、公司的基本规章制度等公司基本情况。只有了解这些,才能够向应聘者传播公司,才能更加吸引人才加入。其实作为招聘,就好像是一场营销,而公司就是我们的产品,我们的主要目的是营销公司,让应聘者认同、认可公司。

3. 了解并理解公司招聘岗位的相关业务知识和人力资源政策

面试官需要了解并理解公司招聘岗位的岗位职责、基本工作流程、任职要求、工作时间、薪酬福利待遇等,这正是许多公司总经理或者人力资源总监一定要求人力资源部的人下基层了解情况,至少 1/3 的时间在现场,通过现场了解有哪些岗位、岗位的主要职责是什么、岗位的人需要什么样的胜任模型、主要的工作流程是什么、岗位的工资水平与计算方式及现有岗位的人的能力匹配情况、态度等,只有了解了这些岗位的基本情况及对人的要求,才能在从事人力资源服务,成为HRBP,作为面试官才能够很好地提问,才能更好地与应聘者沟通等。作为业务部门的面试官,一定要非常清楚该业务部门所需要的基本知识与技能,以及与之相关部门的要求,这样才能更好地考核应聘者的专业能力。

4. 沟通能力强

作为一名合格的面试官,需要有较强的沟通能力,不仅需要懂得提问,例如开放式还是封闭式,还需要懂得怎么去听,听应聘者真实的表达意图,才能够让面试官精准理解应聘者,才能更精准地让应聘者更好地理解面试官。如果面试官老是不断自我表现,不断地说,或者不会引导和控制,而应聘者又没有按面试官的要求说得天花乱坠,这些都会使面试的效果打折扣,所以作为面试官,需要有一定沟通能力的基础。

5. 洞察能力和人际理解力强

面试官需要有很强的洞察力。所谓的洞察力,通俗地讲就是透过现象看本质,也就是需要面试者能做到察言观色,需要面试官有一定的分析、判断能力。能够通过应聘者的面容、衣着、行为、语速等的观察,分析出应聘者的真实意图,然后通过一些有效的提问,去验证你的分析和判断。但是,并不等于说面试官无端的猜疑,可能会导致误读应聘者的意图,就不能准确有效地找到合适的人才。

人际理解力即理解他人的思想、感情与行为的能力。作为一名面试官,需要去理解应聘者的愿望,能够体会应聘者的感受,通过应聘者的语言、语态、动作等理解,并分享应聘者的观点,抓住应聘者未表达的疑惑与情感,把握应聘者的需求,并采取恰如其分的语言帮助应聘者表达情感。

6. 有主动营销的意识

面试官要想招到合适的人才,在当前这种人才市场现状,就需要面试官有慧眼识才的能力,然后主动上前营销,能够较好地传播公司品牌,传播公司的文化,更好地吸引人才。下面来说说我亲身经历的一次招聘经历。

【全真案例】"拉"进来的人力资源专员

笔者在一家人才市场招聘时,当时人才市场比较冷清,公司需要招聘一名好的人力资源专员,招了一段时间都没有招到合适的。看到展位上来应聘的人不多,于是笔者就穿梭在人才市场中,去搜寻合适的人才。

在招聘会快结束的时候,笔者看到有一位形象气质佳,从衣着等方面判断应该是人力资源行政方面的求职者,坐在椅子上休息,于是就上前与其攀谈起来。"你好!你要找什么工作呀?"

这位女士站了起来,后退了一点,然后说:"没有,来看看。"

笔者接着说道:"我是×××上市公司的人力资源负责人,我们正在找一名合适的人力资源专员。"

这位女士看了笔者一眼,轻轻地问了一句:"上班的地点在哪里?"

笔者回答道:"光明新区!"

这位女士回答道:"对不起,我不考虑光明新区。"

笔者接着回答道:"你不考虑没关系,我认为是一种缘分,你可以了解一下我们公司的基本情况,说不定你会动心的。"于是,笔者就做出邀请到展位的姿势。

她出于盛情难却,勉强地来到公司展位前。她详细地了解公司的基本情况后,感觉公司的规模、平台、薪酬水平都不错,最后选择了我们公司。现在在公司做得很优秀,得到了同事的一致好评。

分析:

(1)作为人力资源工作者或者面试官,要能在茫茫人海中一眼辨出你的目标客户。

(2)要主动出击,向你的目标客户营销自己的企业与品牌。

(3)要了解目标客户每一个举动,每一句话的动机、心理。然后有针对性地采取对策,才能够精准地与客户沟通。

主动营销能力,找到目标客户,主动营销自己的公司与品牌,能够增加招聘的成功率。有些面试官看到人才的时候,会眼睛放光,想尽一切办法将这个人吸引到公司来,一旦成功了会有强烈的成就感,不会将招聘当作一个任务去完成。

人才是宝贵的,为了得到他们,我们会尽力。很多时候,可能暂时没有合适的岗位,但是也许日后会有。我们希望先把这些人抓到自己的手里,和他们随时保持一个很好的沟通,像交朋友一样。

7. 有丰富的人生阅历

面试官需要有一定的人生阅历,会识人、会分析与把握人的心理,才能够使引进的人才更精准、更合适。只有通过不断的积累,随着阅人数量的增多,可以在短时间内判断一个人的基本特点。而这种感觉虽然不同于直觉,但有些东西是靠加速积累无法完成的,见的人多了,才会积累质感。质感不是所谓的直觉,直觉相对感性,是对人的第一印象。而质感和时间与见人的数量相关,通过见人,会形成一种自己的感觉,可以在短时间内判断一个人的基本特点。这种积累很可能是见过上千人,候选人体现出来的某种行为会让你联想到以前你所面试的人,而过往的人现在的表现你也是了解的,这样就可以在一定程度上推断眼前候选人日后的业绩表现等。

实际上,面试的过程只有短短的半小时或者一个小时,在这样有限的时间内判断一个人较为困难,有 50% 的概率已经很不错了。所以对于一些相对高端的职位,我们希望有多次、多地点的沟通。有时我们在公司会面,有时会去咖啡厅,或者通电话了解对方,这样可以在不同的角度了解对方。

8. 能够把握好客观尺度

面试官在应聘过程中,要防止个人偏好、情绪的影响。要不断总结经验,丰富人生的阅历。要学会良好的面试技巧,防止首因效应的出现。

3.2.3　如何管理面试官

面试官管理包括面试官招募、面试官培训、面试官资格认证、面试官激励措施四个方面。

要管理好面试官,首先要建立面试官管理制度,明确面试官资格认证的条件、考核要求及激励办法。

要根据企业的实际情况,明确面试官申请的基本条件。建议从心态、工作技能、面试经验等方面明确。

明确了面试官的基本条件外,规定所有中高层管理者都需参与面试官资格培训并通过资格认证考试,同时,吸纳一些加入公司 1 年以上的核心骨干,愿意加入面试官队伍参与面试官资格认证。

然后人力资源部根据公司面试官所具备的基本知识、技能,组织对所有申请面试官资格认证的人进行必要的面试知识等培训、演练。

公司资格管理委员会组织考试、考评,颁发面试官资格证书。

公司定期对面试官进行考核,每年统一评审一次,对于不合格的面试官予以取消资格。

为了调动面试官参与的积极性,制定相应的激励机制。

【实用文档】面试官管理细则

1. 主题内容与适应范围

1.1　本细则规定了××有限公司(以下简称:公司)招聘面试官任职资格、培训、考核等内容。

1.2　本细则适用于××有限公司招聘面试官的任职资格管理。

2. 制定目的

2.1 面试官是企业招聘过程中选拔应聘者最直接和最重要的企业人员，直接判定被录用人员是否胜任工作，适合企业文化等。

2.2 面试官是企业雇主品牌形象的直接展示，代表企业形象，是××人职业精神风貌和素质的重要体现。

2.3 为了规范公司员工录用面试工作，加强面试官资格管理，提高面试水平，制定本细则。

2.4 面试官是对应聘人员进行面试测评的实施者；面试考官应当由通过本细则规定的程序获得面试官资格的人员担任。

3. 职责分工

3.1 人力资源部负责对各部门专业面试官任职资格认证、评定和培训。

3.2 人力资源部定期（每年9～10月）组织对面试官的资格认证、培训、考核，提高面试官面试、甄选能力，建立一支充盈的面试官队伍。

3.3 人力资源部负责面试官档案建设。

3.4 人力资源部获取甄选、面试等先进方法的引进，在企业进行试运行，如果效果良好，对其进行引进，聘请专人对面试官进行面试知识与技能的培训。

3.5 人力资源经理和招聘主管，需要及时对相应的面试官进行面试技能的培训。

4. 面试官分类

4.1 根据专业分工不同，分为专业面试官（业务部门）和综合面试官（一般为综合管理招聘主管、行使综合面试的高管）。

4.2 根据任职情况，分为现任面试官和继任面试官。现任面试官已是部门经理或更高的负责人；继任面试官主要指现在还不是部门或项目负责人，但可以承担一般人员面试的面试官。

5. 面试官必须具备的条件

5.1 热爱公司，认同公司企业文化。

5.2 遵纪守法，严守工作秘密。

5.3 具有良好的个人修养，公道正派，心理健康。

5.4 具有大专以上文化程度。

5.5 一般应从事人事管理、相关业务管理或人才测评等工作3年以上。

5.6 了解公司招聘管理制度和相关政策。

5.7 具有较强的分析概括能力、判断能力与言语表达能力。

5.8 具有一定的面试工作经验，参加过系统的面试培训并考试合格，具备相关学科的专业知识与技能；具有较强的组织协调能力，能组织开展面试工作；掌握面试技法，对应考人员评价准确；能对改进面试工作提出有益的建议。

6. 获得面试官资格的人员必须履行下列义务：

6.1 按照面试的有关规定,认真及时地开展面试工作。

6.2 接受面试培训与工作考核。

6.3 自觉遵守面试工作纪律,严格执行招聘管理制度有关规定。

7. 获得面试考官资格的人员享有下列权利：

7.1 接受公司的聘请,根据有关规定和面试实施方案,行使面试官的各项职权。

7.2 非经公司批准,不被免除面试考官资格。

7.3 参加面试官培训和工作研讨。

7.4 对面试工作提出批评与建议。

7.5 按照公司规定获取一定的报酬和奖励。

8. 公司组建面试官资格管理委员会,由公司高管、人力资源经理和有关专家组成。负责公司面试官资格的评审与授予。

9. 凡符合本细则第 5 条规定的人员,可申请面试官资格。获得面试官资格的程序如下：

9.1 本人提出取得面试官资格的书面申请,或由各部门推荐,填报面试官资格评审表,由所在部门审核。

9.2 接受人力资源部组织的面试官培训并取得合格证书。

9.3 面试官资格管理委员会对提交的资格评审材料及申请人的面试工作业绩情况进行审议,认定面试官资格。

9.4 经审批合格者,公司颁发《××公司录用面试官资格证书》。

10. 面试考官拒绝或无法履行其义务,或在面试工作绩效考核中不合格者,由所在单位提出,经面试官资格管理委员会审核批准,取消其面试官资格。

11. 人力资源部定期组织面试官资格培训。培训的主要内容包括：

11.1 公司招聘管理及录用制度。

11.2 面试的内容、方法、功能及测评方案设计。

11.3 常用的面试技法及评价要领。

11.4 面试的组织与实施。

11.5 人才测评的基本理论知识和技术。

11.6 其他相关知识与技能。

12. 面试官资格认证

12.1 面试官的资格认证,由人力资源部每年定期组织公司面试官资格管理委员会进行。认证的方法包括:考试、答辩和现场模拟等多种方式相结合。

12.2　面试官资格认证,主要从面试官需要掌握的面试知识;对现任面试官如果没有通过认证,在两个月之内进行补充认证,若再不通过,可参加第 2 年的资格认证。

13. 对面试官的考核

13.1　面试官在面试过程中代表企业形象,需要严格遵守企业的规章制度及相应职业操守。

13.2　面试官严格按照标准的面试流程与面试方法进行,切实考察应聘者的知识、技能、态度、素质等。

13.3　应聘进入公司的人员,面试官进行详尽的记录,新员工入职后的表现情况,与面试官的评定确定相关联系。

13.4　人力资源部应建立面试官工作业绩档案,将面试官在每次面试中所承担的工作、面试的人数以及面试的绩效等记录在案,并在每年年终进行一次面试工作年度考核,填写面试官业绩考核表。对业绩考核合格者,给予奖励 100 元/人,优秀者给予奖励 2 000 元。考核结果作为面试考官资格审核的重要依据。

14. 面试官管理

14.1　在各种形式的招聘中,若应聘者的配偶已在集团工作,不能录用到同一部门工作。

14.2　公司经营层干部及中层干部的亲属不得在本公司工作。

14.3　如应聘者与面试官有亲属关系,招聘人员应自觉回避,由其他工作人员处理。

14.4　在各种形式的招聘中,招聘工作人员应自觉维护公司形象。严格遵守招聘流程与制度,认真负责地接待应聘者,并避免与应聘者产生非工作性接触,避免产生收取应聘者赠送礼品、接受应聘者各种形式宴请等各种违纪行为。违者取消面试官资格。

15. 附件

3.3　如何提高电话面试的效果

3.3.1　面试爽约率为何如此高

【全真案例】约不来的行政经理

某民营上市企业在深圳关外,要招聘一名行政经理。有一天晚上 8 点左右,招聘主管许先生约了 10 多名行政经理前来面试,他第二天高兴地告诉人力资源部经理李女士有 10 多名行政经理来面试,可是就来了 1 名行政经理面试。人力资源部经理李女士面试了不到半小时就让应聘者回家了,原因是这名行政经理虽然在一家企业做过 2 年的行政经理,但是企业小,没办法胜任。

接下来的几次行政经理面试,也往往是通知的人多,来的人少。李经理和许主管非常纳闷,是什么原因让面试爽约率如此高呢?

于是,李经理和许主管坐在一起,来查找原因。

首先,李经理仔细看了一下电话通知面试的人员简历,有近 30% 的简历初筛把关不严,不符合行政经理的岗位胜任要求。

其次,李经理抽样调查了 10 份未来应聘者,应聘者有 50% 以上嫌地方偏僻不予考虑;其他大部分因为对公司不了解,或者不喜欢行业而没来;有少部分是因为通知的时间是上班时间,不好请假而没来。

通知查找原因,李经理与许主管进行了一次深入的沟通,对行政经理招聘做了如下调整:

(1)结合岗位说明书,李经理对许主管进行了培训,讲述了行政经理的胜任素质要求。行政经理的主要职责包括:管理食堂、门卫、宿舍;负责分子公司及政府人员的接待;负责公司各类项目的申报;负责春晚等各类活动的组织;负责行政采购的管理等。行政经理的胜任要求为:大专以上学历,在中型制造企业从事行政经理职务 3 年以上,最好是女性,有良好的沟通能力、组织能力和一定的写作能力,服务意识强。

(2)重点强调了企业招聘行政经理的优势。①上市公司,有良好的企业形象,平台好,易吸引人;②个人发展空间好;③薪酬待遇具备一定的竞争力;④企业运作规范;⑤培训机会多,能学到许多知识,提升能力。

(3)仔细沟通了电话面试的相关技巧。①电话通知的时间最好是上午 10:00～11:00 或者下午 3:00～4:00;②电话面试不是简单地通知对方上班,而是推荐企业品牌与形象,需要专业的术语,需要挖掘对方的痛处并放大;③与对方确认是否前来公司面试。最后,形成了一套完整的电话面试沟通脚本。

通过调整,面试的行政经理逐渐多了起来,不到一个月行政经理招聘到位。

分析:

(1)电话面试实质上是一次电话营销,旨在推荐公司品牌形象,宣传企业自己的优势,用文化吸引更多优秀人才。

(2)电话面试要善于捕捉面试候选人的需求,并且通过企业的平台与资源,为面试候选人提供成长的机会与平台,获得成就感,才能吸引更多的优秀人才。

(3)电话面试是一项具有技巧性和专业性的工作,让面试候选人觉得专业,才能获得尊重与选择。

现实生活中,像这样的案例挺多的,甚至有一些招聘难度不高的职位也出现爽约率高的现象。那么,为什么爽约率如此高,结合笔者的工作经验,认为主要有以下几种原因导致。

(1)招聘信息不足以吸引面试候选人。①公司规模小或优势不明显,导致面试候选人看不上;②招聘的岗位名称,本来是招聘培训主管的,但发布的招聘岗位是培训专员,或者培训专员做培训主管的事情;③招聘的薪酬与工作内容不匹配或者薪酬水平低于市场水平,不具竞争力。比如,笔者在招聘一名招聘主管时,公司给出的薪酬为 4 000 ~ 5 000 元,比市场水平"8 000 元以上"的差距较大;④公司厂址偏僻,面试候选人交通不便。

(2)企业没有提炼出企业自身的优势吸引人才,人力资源工作者也未推荐好公司的优势。有一家上市公司的企业文化中关于人才管理提道:文化凝聚人、事业感召人、工作培养人、培训提升人、机制激励人、制度规范人、绩效考核人。每一家公司都会有自身的优势,有自身独特的人才管理模式。要善于总结与提炼自身优势,并且加大宣传推荐力度。所以每位招聘主管是一个电话行销的行家。小企业可以用好的前景、好的平台、好的薪酬或激励方式等吸引人。大企业可以用完善的管理、好的学习机会、优秀的文化等吸引人。

(3)人力资源工作者本身的素养或能力不够。①人力资源工作者对企业和相关岗位职责、技能要求或薪酬等人力资源政策不熟悉;②人力资源工作者本身的沟通能力有限,不能有效发现面试候选人需求;③电话面试的时间不合适;④初筛简历不合格。

(4)电话面试沟通脚本不够专业。

(5)面试候选人本身的原因:①本身的求职取向、价值观念、职业规划与公司不吻合;②面试候选人临时有急事,不能按时面试;③面试候选人对公司不满意等。

3.3.2　如何提高电话面试的效果

电话面试是一次电话营销,邀请潜在客户(面试候选人)来公司面试,那么如何提高电话面试的效果呢?笔者认为应把握以下要点。

一、电话面试的特点

(1)声音传递信息:电话面试人员只能靠"听觉"去"看到"面试候选人的所有反映并判断面试通知方向是否正确。同样,面试候选人无法看到电话面试人员的肢体语言、面部表情,面试候选人只能凭借他所听到的声音及其传递的信息来判断自己是否喜欢这个面试通知人员,是否喜欢这家公司。

(2)极短的时间内引起兴趣。在电话面试的过程中如果没有办法在 30 秒内激发面试候选人的兴趣,就可能因为电话面试人员的不专业而不去公司面试。

（3）双向沟通的过程。最好的电话面试过程,不仅要告知前来面试人员基本的情况、信息外,还要倾听前来应聘者需要了解的信息。

（4）感性的销售:时刻记得"人是感性的动物",电话面试要以感性的层面邀请应聘者前来面试。

二、电话面试目标

一位专业的电话面试人员在打电话给应聘者之前,一定要明确此次通知的目标是什么。如果没有事先定目标,将会使电话面试人员很容易偏离主题,完全失去方向,不但浪费了时间,同时难以达到理想的效果。电话面试目标可分成主要目标及次要目标:主要目标通常是你最希望在这通电话达成的事情;而次要目标是如果当你没有办法在这通电话达成主要目标时,你最希望达成的事情。

1. 主要目标

（1）确定是否来公司面试。

（2）判断面试候选人是否胜任应聘岗位。

2. 次要目标

（1）确认简历的相关信息。

（2）引起应聘者的兴趣。

（3）让应聘者同意接受你所介绍的公司或岗位。

（4）收集信息,判断公司提供的招聘岗位信息是否具有吸引力。

列出每次通话的主要目标和次要目标可以使电话面试更有效率。电话面试实质上能协助电话面试人员更了解应聘者的需求及相关资料,而更有助于未来主要目标的达成。

三、电话面试作用

电话面试是面试流程中比较关键的一步,主体是人力资源部与应聘者。要求电话面试通知人员尽量在 3 分钟左右,尽可能地确认应聘者的基本住处,了解应聘者的需求,并争取与应聘者面谈的机会。另外,准确地回答应聘者的询问:公司、岗位、薪酬等方面的问题。在整个过程中要随时提醒自己需要注意的事项。

（1）你是公司的形象代言人,良好的电话沟通可以提升公司的正面形象。

（2）让每位应聘者感到特殊的礼遇,因为所有的应聘者都可能成为同事。

（3）给每位与你通话的人留下深刻的印象,达到了解应聘者的需求并获得面谈机会的目的。

四、电话面试流程

1. 通话前的准备

事前做好完整的规划,可以避免事半功倍,以下是开始通话之前必须做好的重要准备工作。

（1）了解公司及岗位信息。

充分了解公司的基本情况、人才竞争优势、企业文化，了解岗位主要职责、胜任要求、薪酬福利等。

（2）研究应聘者简历。

在给应聘者打电话之前，要研究应聘者的简历，尤其是从事经历、主要职责、所取得的主要成就、擅长部分，判断与公司岗位的匹配度。

（3）了解应聘者的应聘动机。

每一位应聘者的应聘动机可能都不一样，但通常最终动机可以归纳为：①缺失一个好的发展平台与机会，现有的工作与环境，可能让应聘者职业遇到瓶颈；②现有的薪酬待遇与所付出的，以及与其他同事相比，感到不满意；③其他等因素。

（4）提纲。

电话面试的主要提纲，以及可能需要提及的问题。

（5）准备物品。

岗位说明书、招聘信息、应聘者简历、提纲、笔、纸、开水等。

（6）合适的环境。

要选择在一个无人打扰，相对安静的环境与人电话沟通。

2. 通话内容

（1）开场白：面试电话通知的开场白就像一本书的书名，或报纸的大标题一样，如果使用得当的话，可以立刻使应聘者产生好奇心并想认真听下去。开场白的内容包括问候、自我介绍、说明通话意图三个部分。

（2）有效询问：确认应聘者相关信息，从而判断需求。

（3）介绍公司及岗位：要根据应聘者的需求寻找兴趣点，投其所好地介绍功能及利益。

（4）反对问题处理：首先要了解应聘者反对问题产生的原因并因地制宜。

（5）有效结束电话：当通话进入最后阶段，只会产生两种结果。一种结果是被拒绝，另一种结果是被接受。如果遭到拒绝，也一定要使用正面的结束语来结束电话，因为这次应聘者虽然没有来面试，但当他有需求时，如果你给他留下良好印象，仍然有机会。那么，当应聘者同意来公司面试时，一定要使用有效的结束语和应聘者通话。例如表示感谢，并告知公司地址和乘车路线。

（6）后续追踪：电话通知面试成功后，一定要用短信提醒和确认面试时间、地点、乘车路线及联系电话。面试当天最后电话提醒与确认。

五、电话通知面试技巧

1. 提问

在电话通知面试过程中的提问能力与你的能力成正比。电话面试也是销售，作为一名电话面试人员,一定要尽力地提高自己在电话中向面试提出关键问题的能力。很多电话面试人员在电话中没有意识去提问题,原因是没有帮助应聘者解决问题的意识。他们满脑子想的只是告知应聘者来公司面试就可以了。作为一名优秀的电话面试人员,应该以帮助应聘者解决问题为导向,关注应聘者目前面临的问题,从专业的角度给应聘者提出合理化建议,有成效地帮助应聘者解决这些问题。

(1)提问的方式。

①开放式的问题。

开放式的问题就是为引导对方能自由启口而选定的话题。如果你想了解一些面试者的需求,就要多提一些开放式的问题。能体现开放式的问题疑问词有:"什么""哪里""怎样""为什么""谈谈"等。

②封闭式的问题。

封闭式的问题是指为引导谈话的主题,选好特定的话题来希望对方的回答在限定的范围。封闭式的问题经常体现在"能不能""对吗""是不是""会不会""多久"等疑问词之间。如果你想获得一些更加具体的资料和信息时,就需要对应聘者提出封闭式的问题,这样才能让应聘者确认你是否理解了他的意思。

但是在电话面试中,如果你问了很多封闭式的问题,会给应聘者造成一种压力,同时也不利于自己对信息的收集。在电话面试中,应多问一些开放式的问题,以便让应聘者能够自由、毫无拘束地说,这样才更有可能使你从中获得有用的信息。

(2)提问的目的。

在与应聘者交流时,需要问应聘者一些问题,而这些问题都具有很明确的目的性。

①判断应聘者的胜任度:根据自己的面试目标,向面试者提出一些特定的问题,通过对方的回答来确定他是否符合岗位胜任要求。

②把握应聘者的需求:根据应聘者表现的需求意向,用封闭式的提问方式来进一步明确应聘者的需求,并尽可能地获得其他所需的信息。提问的问题可以是:家庭、事业和收入,哪一点对您来讲最重要呢?为什么?

③验证应聘者的实力:通过对应聘者以前工作经历的描述,通过主要职责、所获得成绩的描述,判断应聘者的实力。

④面试的时间:通过沟通,确定应聘者什么时候面试最方便。

⑤传递有利的信息:用恰当的方式把公司的优势,以目前具有吸引力的人力资源政策信息传递给应聘者。

(3)提问的技巧。

①提问要在一种安静、宽松的环境中展开,利于应聘者能够真实地表现自己的

能力、水平。

②提问应由易到难。提问前最好有破冰环节，以消除应聘者的紧张感。

③宜多采用开放式的问题，尽量让应聘者多讲，通过应聘者回答的问题，根据岗位需要，有针对性地提取一些关键信息进行追问。

④遇到有重大疑问，或者能体现应聘者业绩的事件，要有打破砂锅问到底的做法，直至找到问题的本源。

⑤遇到应聘者敏感的，或者激起情绪的问题，若与岗位胜任要求相关，则需要调整问话方向与技巧。若与岗位胜任要求无关，则需马上终止。

⑥提问的时间应控制在1小时内，提问可以用STAR。

3.3.3 【实操解析】电话面试示例

在招聘活动中，利用网络招聘，往往要通过打电话邀约，才能让应聘者知道公司情况，并前来面试，根据实际工作经验，大致列出如下几种电话邀约。

(1)针对主管级以下的人员。

"×××先生或女士(如果是教育行业可以直接称为老师)"你好，我们是×××公司人力资源部的，在×××人才网上收到你投递的简历，我们招聘的岗位是×××，看到你的简历认为你可以胜任这个岗位，想约你×××时间到我们公司面试，你方便记录我们公司的地址吗？我们公司的详细地址是：×××(如果对方不方便记录，你可以说"×××先生或女士，过一会儿，我把我们公司的地址发到你的手机上，请你查收，谢谢")。

(2)主管级以上职位。

"×××经理或×××总(如果是教育行业可以直接称为老师)"，你好，我们是×××公司人力资源部的，方便听电话吗？

如果是自动投递简历的，可以说：在×××人才网上收到你投递的简历，我们招聘的岗位是×××，方便和你聊聊吗？得到对方的认可后，就可以和对方聊些本岗位的情况(电话面试)。

(3)如果是下载的简历，可以说，您好，是××先生(女士)吗？我们是×××公司人力资源部的，方便听电话吗？得到对方的认可后，就可以和对方聊些本岗位的情况(电话面试)；

如果聊的还可以的话，就说：想约你×××时间到我们公司再详细交流，这个时间方便吗？如果对方说不方便，就改个时间，如果对方说方便，那么，你方便记录我们公司的地址吗？我们公司的详细地址是：×××(如果对方不方便记录，你可说"×××先生或女士，过一会，我把我们公司的地址发到你的手机上，请你查收，谢谢"，您有不明白的地方，可以直接给我打电话，我的手机号码随后发到你的手机上）。

（4）如果搜索到的简历是在职的，你可以把她的简历打印出来，把她的工作经历大致说出来，然后再和她聊；很高兴能和你商讨有关什么的话题，如果对方有不耐烦的意思，你可以说，不好意思打扰你了，但我从你的简历中感觉你的能力确实很不错，我们聊聊，可以吗？

①你好？是×××女士/先生吗？

我公司在人才网上收到您的简历，想约你明天××时间来公司面试，看您方便吗（不方便再另外约时间）？

我公司名称是×××，您应聘的职位是×××，请带好相关简历于×××时间准时来本公司面试。

本公司地址是×××××××附近公交站有××站，如果有任何不明白的请拨打本公司电话×××××。

那明天准时见，再见！

②您好，请问您是××吗？

这里是××公司人力资源部，在人才网上看到您的个人求职简历（或其他得到简历的方式）？

请问您现在找到合适的工作了吗（如果别人已经找到了就说"不好意思打扰您了，再见"）？

我们邀请您参加面试，××月××日上午××点你方便来公司吗？

我们的地点是××，您可以乘坐××到××站，下车后找到××，我们公司就在旁边。

面试时请您准备好××证、××证……

如果您临时有特殊情况无法准时到达公司，请尽量提前联系我们。

我叫××，到时您也可以联系××女士；公司电话号码是×××××；祝您愉快，再见。

注意事项：

（1）你要先表明自己的身份，以及从何处知道别人的信息。询问对方是否方便接电话。如果否定答案则换另外的时间，但是间隔不要太长。

（2）如果方便说话，请告知别人这是怎么样的一个职位，简短的几句话概括一下职位的要求与工作性质。

如果候选人有意向的话应该会耐心听你说完，而且还应该会告诉你答案。

（3）如果有兴趣谈，一般先给一个时间段让对方去选择。告知对方面试的时间、地点、乘车线路、停车位置等。

（4）打电话中应注意以下几点：

- 和对方说话时千万要保持一种平和的态度,以说清公司的要求和目的,与对方达成协议为宗旨(不在违背公司和个人原则)。
- 达成协议后再说明具体面试的时间、地点、如何达到本公司等相关细节问题。
- 面试后要在最短的时间内通知面试结果。
- 通知面试时首先要正式介绍自己,告知对方简历来源及他申请的何种岗位,再问其目前是否在职(以清楚对方目前是否仍在求职中),然后是面试时间,给予对方公司具体地址及常规的交通线路。最后是自己的联系方式。
- 如有必要,将面试地点、时间、公司名称、电话联系人以短信的方式发送给对方,以免应聘者在公车上或嘈杂之处没有记清楚。
- 在通知面试时间上,如果所招职位人数不多,已经有意面试的人数不多,尽量和对方达成一致,不要卡死。因为人家也不会只投你一家公司,也许你给的面试时间正与另一家有冲突,这样虽然求职者答应了,但在当日两家公司权衡之下,只能去一家了。

(5)选择合适的时间打电话,一般选在10:00~11:00,14:30~16:00打电话,可以避开在路上、吃饭的时间。遇到开会的时候,可再约时间,详情可看后面。

(6)电话接通,礼貌问候

HR:您好,请问是×××吗?

得到确认后,HR:请问现在通话方便吗?

如果方便可继续接下来的通话,如果不方便,可再约时间。

(7)自报家门,确认求职意向。为避免求职者海投,误投,这是很关键的一步

HR:您好,我这边是×××公司,是在×××时候收到了您从×××招聘网站给我们投递的简历,请问您现在是在寻求某某方面的工作吗?

求职者如回答否,那么礼貌道别。如回答是,可继续。

HR:请问您是处于在职状态还是离职状态?不知道您还记得我们的办公地点和具体的工作内容吗?我们单位是在×××地点,不知道离您家的距离有多远?我留意到您住在×××地,离我们这里要一个小时的车程。(在上海、北京、深圳等大城市,上班路途往往会成为很多人求职的重要考虑因素)如在一开始说明上班地点,有些求职者会先放弃,往往会排除掉一部分人,这比电话通知面试未说明情况应聘者查过路线后不来赴约好。

(8)如果应聘者对路程无异议,时间方便的话可简单沟通公司情况和工作内容

HR:您好,现在天气比较热,过来一趟又比较远,我想事先与您沟通我们公司的情况和工作内容,需要三分钟的时间,您看可以吗?

如果应聘者说可以,可沟通公司的主营业务、人员情况、工作内容,让应聘者对公司及工作有个大概了解,如果应聘者感兴趣的话,接下来就可以邀约面试了。

HR:不知道最近这两天是否有时间可以来公司面试,您看是上午方便还是下午?我们面试的流程是……大概需要 2 个小时,您看约在这个时间好吗?

如果是公司急需的人员,又处于在职状态的话,一般这么沟通:

HR:您在职的话不知道工作日是否好安排时间?

如果候选人可以在工作日,那么就在工作日约好时间;如果不能呢,那么就再找一个合适的时间。

HR:您工作日不方便的话,您看晚上或者周末哪个时间方便呢?

有些合适的人员因为不便于请假但又对公司很感兴趣,这个时候,只能安排在晚上或周末的时间,(这个可能是属于个人情况,但效果还不错,但是会占用 HR 个人的情况,不建议广泛使用)。

(9)约定面试时间后,发邮件通知,并且发送短信。

邮件中一般会说明地址、路线,如果有些候选人住的地方面试人员比较熟悉,会特别标明个性化的路线或者在电话中强调。现在天气热,邮件中会温馨提示,天气炎热,注意防暑。

发送短信的好处是对于不熟悉路线的候选人拿出手机就可以随时看到路线,不用再拿笔记,如有突发情况(如找不到路,有事来不了)也可以联系到 HR。这样很大程度上方便了应聘者,也会提高我们的邀约成功率。

3.4　好题库是面试的保障

3.4.1　面试试题的设计

面试试题的设计与企业的文化、战略、经营目标相对接。好的面试试题能有效地体现公司用人原则,能准确测试应聘者是否符合公司的要求。首先,来看看 500 强的面试题,看看题目的背后隐藏着什么玄机。

【全真案例】500 强面试题

一、为什么离开原公司?

在沃尔玛要有稳定的员工,所以认为你在沃尔玛只是来学东西,不是很稳定。那么有一天你也会认为沃尔玛不新鲜。

二、某顾客购买肉松饼,食用后发现其中有部分已发霉,顾客感到非常气愤,要求赔偿你如何处理?

以同情的态度聆听他的经过与要求,并自责工作中的失误,综合他的要求合理地赔偿。

这让我想起了一件类似的事情,顾客是位老婆婆,买了有点发霉的袋装鱼干气得不得了,当班经理过来就问:身体有没有不舒服啊?来,我们这药品柜有位不错的医师,让她帮你看看,身体要紧……一去就用药柜的测压器来了个检查,然后不谈鱼干就开始问老太太身体情况拉家常……后来,鱼干退了,送了点小赠品,还买了些保健药,一时成为店内的佳话。

三、如你在夜班理货部工作得非常好,可是前台收银人手不够,常务副总要调你去,你是否同意?

要提出你的想法,管理层会考虑你的意见。沃尔玛会把每个人放在最适合他的位置,沃尔玛的人力资源政策"尊重个人"。

四、你的部门主管对你的工作不是很满意,可你认为你工作很努力了,同时你又和你的主管在工作中发生了不愉快。你认为你的主管在其他工作中打击报复你,你是否要与更上一层的管理层提出对你主管的意见?

沃尔玛要有这样的主管,你要到上层领导去提出你对他的意见。上层领导会根据这件事的大小,处理或解聘他。如果上层领导认为主管没有过错,可与你和你的主管进行当面沟通,如果你不满意,可按你的要求调到其他部门。沃尔玛不会让这种主管继续管理下去而来影响员工所带来的负面影响。一定要把你对他的意见提出来,可以直接到总经理、总部、总裁那里去提。你不会受到打击报复,如果有,公司会马上解聘任何有关人员。

五、现在我们要问一个问题,看看你的创造性思维能力。不要想得太多,运用日常生活中的常识,描述一下你的想法。这个问题是,下水道的井盖为什么是圆的?

主要考察你是否按正确的思维方式来思考问题。

六、你的缺点是什么?

这是一个非常常见的问题。如果你说自己没有缺点,那会显得骄傲自大。如果你用幽默的方式回答这个问题,会显得太轻浮。这是一个不好回答的问题,面试官想看你如何处理这样的问题。谈一个从其他角度来看是长处的缺点。千万不要落入面试官的圈套,把对方视为母亲、父亲或是听忏悔的神父,说一些关系到能否得到这个工作的重要内容。一种好的回答方式是:"我很难和不尽职尽责的人一起工作。"

分析:

(1)考题设计的目的是找到价值观念、处事风格、道德品质相符的人。

(2)每个考题的设计都会因企业不同、岗位要求不同而期望得到不同的答案。比如前面列举的沃尔玛考题,非常重视客户服务,重视员工的稳定性。笔者曾经担任农业银行面试大堂经理时提过一个问题:假如现在发生地震,你将如何处理?一是关键词为现在,二是银行经常会出现紧急情况,我希望看到应聘者的应变能力、服务意识、处理问题的思维方式。

决定面试效果的一个重要因素是面试试题的质量,面试试题的设计是面试准备工作中的重要环节。遵循有效的设计原则、选择有效的试题类型会对试题的质量产生直接的影响。

一、面试试题设计的原则

1. 目标性

围绕每家企业、每个岗位胜任力要求来设计面试题。企业不一样,设计的重点与答案有所区别,比如,有的企业更希望员工忠诚稳定,有的企业更希望员工勇于担当责任。岗位胜任力要求有多个,一个题目的设计直接围绕着一个或多个胜任能力来出题。总之,面试题的设计目的是考查应聘者是否具备企业与岗位所具备的知识、能力、意识等。

2. 正确性

每个试题应该是正确的、科学的,作为一家企业应该树立自己良好的品牌形象,所出的试题应该是体现正面的、积极的,同时也应该注意企业自身实用、有效。

3. 精练有效

除了笔试题外,面试试题应该尽量精练,在保证不缺核心要素的情况下,用概况性语言表达出准确的意思即可。同时,要讲究容易理解,防止歧义。这样能让应聘者轻松听懂题目。

4. 创新性

可以结合一些当下的热点问题,根据企业和岗位的需要出一些试题。试题应该注意材料新、视角新、观念新等,避免企业试题多年不变,同时可以提高试题的有效度,有效评价应聘者某些素质的真实水平。同时,还有注重启发性、创新性,促使应聘者通过联想,挖掘其能力和潜在素质。

5. 多样性

一家企业的试题库,既会有共性问题,比如说员工的动机、职业规划、性格等,多为共性问题;也会有个性问题,包括每个岗位因对专业的要求不同,那么岗位的知识与技能不同,题目也会多样。所以,一家企业的试题库,既有像心理测试等共性的题库,也有像会计、人力资源管理等个性的每个岗位的专业题库。

6. 联系实际

企业的文化不一样,人才观不一样,对员工的要求也不一样,试题就应该有重心。比如,一家企业有严格的等级观念和汇报制度,那么试题就不能偏移。还有,同样是面试分(子)公司总经理,不同的分(子)公司所产生的问题不一样,管理的重心也不一样,有些分(子)公司应收款比较严重,有些分(子)公司销售额太少,市场占有率低,有些分(子)公司团队管理差等,那么针对不同分(子)公司的特点,所出试题的角度与重点不一样。另外,试题最好联系工作、生活实际,通过一些实际问题的案例,让应聘者提出解决办法,也是很好考验应聘者分析解决问题的能力。

二、面试试题的类型

面试试题通常有以下几种。

1. 开放性问题

例如:请你评价一下你上一家单位的领导?

这类问题很难用"是"或"否"来回答,需要应聘者在回答中能提供较多信息,很难有标准答案,主要通过面试官通过应聘者的表述来判断应聘者是否为公司需要的人才。这类题目的优点:鼓励发言;信息充足;缓解压力;综合判断。但耗时且容易跑题。

2. 封闭性问题

例如:你喜欢你的领导吗?

这类问题要求应聘者非常简短的回答,甚至有些可以直接用"是"或"否"来回答,这类问题虽然得不到更多信息,但应聘者为了验证某类信息,得到有效的信息是必不可少的。

3. 论证性问题

例如:你如何看待"反腐"问题?

这类问题主要考查应聘者的综合分析能力、逻辑思维能力、言语表达能力。通过一些值得思考或争论的问题,来关注应聘者是否能够抓住问题的症结,能否有强有力的论据、合理的分析和清晰的逻辑来阐述观点,说服他人。

4. 情景性问题

例如:某顾客购买肉松饼,食用后发现其中有部分已发霉,顾客感到非常气愤,要求赔偿你如何处理?

这类问题描述一个针对相关能力的、与工作相关的假定情景,要求应聘者在这个给定的情景中他们会怎么做。这类问题可以测试应聘者的各种领导能力,如组织协调、决策、计划能力。

5. 行为性问题

例如:请问您在过去的工作中犯过的一次最大错误或失误是什么?

追问的问题:

(1)请谈谈当时具体的情况?

（2）当时你的具体任务是什么？

（3）当时你是怎样做的？

（4）最终结果如何？

（5）现在你如何看待此事？

这类问题是通过让应聘者确认在某种情境、任务或背景中他们实际做了什么，从而取得应聘者在过去行为中一种或数种能力要素相关的信息。目的是通过关注应聘者过去的行为，而预测应聘者的未来表现。

6. 意愿性问题

例如：您愿意外派回湖南公司工作吗？为什么？

这类问题主要考查应聘者的价值取向、求职动机、与职位要求的匹配性以及生活态度等个性倾向性。

三、面试试题设计的几大误区

1. 无效问题

例如：你能胜任这个岗位吗？

无效信息无法有效提供真实信息和区分应聘者的能力。

2. 歧视问题

例如：你们××人是不是都很狡猾啊？

经典型存在歧视倾向。

3. 暗示问题

例如：你是一个细心的人还是一个粗心的人。

假如是对一位应聘会计岗位的提问，这个提问有明显暗示作用。

4. 重复问题

有些问题表面看上去与提问的问题不同，实际上所需采集的内容是一致的，这样是在浪费时间。

3.4.2　如何建立面试题库

有些企业会建立自己的面试题库并且不断更新，使招聘录用工作更规范，那么为何要建立面试题库呢？如何建立企业的面试题库？

一、建立面试题库的目的

1. 目的性

面试题库的建立，利于面试官更好地把握面试要点，更好地挖掘应聘者所应具备的岗位胜任能力，防止跑题、偏题，明确面试的目的和目标性。

2. 规范性

面试题库的建立,有利于规范人力资源管理工作,使每位应聘者都按照面试题的要求回答,能够有效地提高面试效率和效果。

3. 便利性

面试题库的建立,能够为各位面试官提供便利,减少时间和精力的浪费,降低用人成本。

4. 准确性

面试题库的建立,利于准确有效挖掘企业所需要的人的潜力,确保面试的准确性。

二、如何建立面试题库

（1）启动建立面试题库编制计划。首先制订建立面试题库的编制计划,明确面试题库建立的意义、目的、编制领导机构和编制小组、行动计划表、职责分工、题库质量等要求。

（2）培训编制小组成员。对编制小组进行培训,宣导题库编制的作用与意义,以及专业的面试测试知识、面试题设计、分工等方面培训,使编制小组充分认识到编制题库的重要性和意义,传授专业的试题设计方法,提高编制小组的技能水平。

（3）分工编制试题。各编制小组根据试题编制计划、要求及时间安排,编制试题。对于比较规范的面试,要编制面试题卡。面试题卡一般包括下列几项内容：①试题。包括"给定条件"和"作答要求"两部分。有时,当"给定条件"不言而喻或应聘者能想出时,也可省略；②用途。即该试题的测评意图、可测评的项目或预期效果等；③答案；④标准。即如何评分的方式；⑤使用方法。

（4）审议试题。收集各编制小组编制的试题,由外部专家组与公司试题审议小组一起审议每个岗位的试题,并且提出改进计划。

（5）修改试题。各编制小组根据审议结果,修改试题。

（6）终审试题。外部专家组与公司试题审议小组对修改的试题进行终审,并修改试题。形成试题组合。

（7）归档。人力资源部归档建立面试题库。

（8）试行试题库。人力资源部通过试运行试题库,收集试题库意见,若存在问题及时记录。

（9）更新试题库。试题库运行一段时间后,人力资源部会同外部专家、公司专家及试题编制小组,对试运行存在的问题予以反馈,同时作出调整。

三、常见的面试试题示例

考查指标	面试试题	评价要点	适合对象
求职动机	为什么希望来我们公司	过去和现在工作的态度、工作期望、个人的发展要求和对求职职位的了解等	所有对象
	你最希望从事的工作是什么		所有对象
	工作中你最不能容忍的事情是什么		所有对象
语言表达能力	不单独设置问题,综合面试过程判断	语言是否流畅、准确、有感染力,语意、语调、节奏是否合适	所有对象
人际沟通能力	请介绍一下你最困难的一次销售经历,你是如何与客户沟通的	是否乐于、善于与人交往,能否有效协调人际关系,能否有效说服他人、解决人际冲突	销售人员
	当你提出一个新的方案,并确定是正确的,但遭到别人反对时,你会怎样做		技术人员、管理人员
	请举例说明如何成功处理一位大客户的投诉		客户服务人员
计划组织能力	如果你成功获得应聘的管理职位,你将如何开展工作	做事是否有准备、有条理,能否有效进行时间管理,是否有组织活动的能力	管理人员
	举例说明你最为成功的一个项目是如何实现的		管理人员
	你在完成领导交给的任务时,时间上是如何安排的		所有人员
综合分析能力	你认为高校的教育体系和企业的应用体系之间的差异如何解决	对问题能否抓住本质和要点,分析问题是否有条理、有逻辑	所有人员
	你认为一个人成功的关键因素是什么		所有人员
决策能力	你是如何看待决向方案中的"最优"和"更优"关系的	决策是否果断、依据是否合理、是否能有效比较不同方案	管理人员
	举例说明你在做重要决策时考虑哪些因素		管理人员
应变能力	在实际工作中如果你的观点同事很赞同但领导不满意,你会怎么办	头脑的机敏程度,对问题的理解是否准确迅速、回答是否迅速恰当	所有人员
	你做出的重要决定,但结果却事与愿违,你该如何处理		所有人员
情绪控制能力	当你向客户推销产品时,遭到多次拒绝,你会怎样调整心态	能否正确评估自己,在遇到挫折时能否控制自己的消极情绪和冲动,能否采取宽容、忍让的态度,理智对待他人与工作	销售人员
	如果你的一些技术方案被其他同事剽窃,并获得领导嘉奖,你会如何处理		技术人员
	如果你的一位年龄比你大的下属不服从你的工作派遣,你会如何处理		管理人员

续表

考查指标	面试试题	评价要点	适合对象
专业知识与技能	学校教育所学的专业是什么,有些什么样的核心课程	专业知识的深度和广度,专业与能力是否符合岗位要求,相关经历是否有助于高绩效的实现	所有人员
	参加过一些什么样的专业训练,有什么收获,如何有效运用		所有人员
	学校或单位中的人士如何评价你的专长或能力		所有人员

3.4.3　面试题库管理心得

笔者从事人力资源管理 10 多年,一直以来十分重视面试题库的建设与管理。现将多年来的面试题库管理心得分享如下。

1. 面试题库建立非常重要

在实际工作中,有不少部门经理在面试应聘者时,不太注重重点的把握,特别是当忙碌程度不一样或者心情不一样时,对面试的重视也不一样,导致面试的随意性很大,有时甚至出现了人已经招聘录用了,但突然发现招的人专业能力水平太差。这样类似的案例值得我们深思,作为人力资源部门,我们是人才选聘的主控部门,应该不断提高我们识人的水平,这就需要做标准化工作,通过一些常态化的工具与方法,尽量使识人更加准确,而面试题库的建立正能起到这个作用。有了面试题库就算考官能力水平差一点,但人才测评技术与专业笔试题能够基本准确判断应聘者现有的状况。因此,每到一家公司笔者都会非常重视面试题库的建立。

2. 面试题库建设程度不一

有些企业有较完善的各岗位测试题,有些企业则没有面试题。这与企业对人力资源的重视程度,企业现有人力资源从业者的专业水平有关。不管怎样,作为人力资源管理者,其实最重要的是首先自己要更专业、更强大,只有这样才能成为HRBP,才能得到领导更大的支持,你的工作也越好开展。作为人力资源工作者,尤其是人力资源的负责人,首先自己要重视面试题库的建设工作,一点一滴逐步完善面试题库,逐步通过自己的专业程序影响更多的非人力资源的管理者,逐步使自己的工作专业化、标准化。

3. 面试题库的建立要依靠他人

如果领导支持建立面试题库,那么就可以成立面试题库编制小组,确定分工,分步推进。可往往在实际过程中,难以"兴师动众",那就只能依靠他人的力量,逐步建立面试题库。首先,要做到人才测评、人力资源部门的所有岗位建立面试题。我们要加强学习,去学习优秀的人才测评技术,如霍兰德的兴趣测试、性格测试、情商测试等,不仅会得出答案,更重要的是知道怎么测评、怎样运用测评结果。同时人力资源部的所有岗位面试题可以参照国家人力资源师考试题去建立。其次,每招聘一人,最好是请部门负责人出一张专业笔试题,同时与部门负责人商量结构化面试提纲,甚至还可以在部门负责人面试时,记录问的所有问题。不断完善与积累、提升面试题库。若有条件,可以借助朋友或外部专家的力量来完善。

4. 面试题库的建立很难一步到位

面试题库的建立不求一步到位,很难做到十全十美。前期建设可以不要那么精细,岗位可以不要那么全面。之后再逐步完善,逐步丰富。通过不断的验证,不断总结,不断反思,不断地修正面试题库,不断丰富题库。

5. 面试题库的建立一定要符合公司的需要

目前网络发达,网上信息十分丰富,各种各样的面试题都有,作为人力资源部不可完全照搬全抄,要吸取其精华,要注重分析公司特有的文化和用人要求,比如有些企业重视企业人才的创新能力,有些企业重视人才的担当,有些企业重视人才的勤奋。根据公司的特点加强企业需要的考核试题和要求。

3.5　面试准备:有备无患

小 C 问道之不知问什么

招聘主管小 C 最近很苦恼,面试时老是不知道问些什么内容,往往面试了10 分钟就没什么话说,出现了"冷场"的状况,于是敲开人力资源部经理 Y 先生的办公室门,虚心求教。

小 C:"主管,为什么你面试应聘者时,能够面试得很长时间,而且能够看得很准,而我老是觉得没话说。"

主管就反问道:"你在面试前做了哪些准备呀?"

小 C:"我每天都很忙,不停地接电话,不停地面试,没做什么准备呀,一般是拿着简历就开始面试。"

主管反问说:"你有没有想过你面试的岗位胜任要求,需要考察哪些方面的能力,需要用什么问题和测评工具来考察这些能力,应聘者的基本情况是什么,他的经历和经验可能具备哪些能力,还有哪些能力需要提升,你需要重点关注他具备哪些能力与岗位胜任要求匹配,还有你的结构化面试提纲提前准备了没有?"

小 C:"啊,还要准备那么多的东西呀!是哦,应该要有充分的面试准备,不是有句话叫有备无患嘛。我知道了,谢谢主管。"

从此以后,小 C 就按照主管所说的,重视面试准备了,问的问题越来越精准,交谈的时间也能把握在小 C 手中,面试效率也越来越高了,小 C 也没有那么忙了。

3.5.1　面试需要准备的事项

【全真案例】匆匆忙忙的一场面试

　　某企业需要招聘销售主管，助理拿了 6 份初筛简历给人力资源部 T 经理，T 经理审核后确定 5 位候选人进入面试环节，并且把时间定在了第二天上午 9 点。

　　第二天，T 经理一上班就接到了办公室文员的电话，提醒他 9 点要在公司会议室召开总经理办公例会。T 经理这才想起总经理办公例会的一些材料没有准备，于是一上班就把自己关在办公室里准备材料。会议开到了上午 10:30。而 5 位应聘者有的是 8:45 到的，有的是 9:00 准时到的，还有的是 9:10 到的。助手只好安排应聘者在接待室等候，给应聘者发放一些公司的基本介绍与产品知识。到了 10:00 还没见 T 经理散会，助手只好在接待室和候选人聊起天来。

　　好不容易散会了，T 经理看时间不够，只好把原来一对一的初试，改成了一对五来面试，他面试完后再由销售部面试。助手把 5 位候选人召集到一起，T 经理就连忙抱歉，然后要 5 位候选人依次自我介绍。

　　可自我介绍还没到第 3 人时，T 经理电话响起，T 经理一看是总经理，只好打断正在进行的面试，总经理要他马上到办公室去一趟。T 经理说他正在面试。总经理回复说事情很急，时间不长。T 经理只好急忙跑到总经理办公室，让候选人等了半个小时，T 经理才回到了面试室。

　　于是，继续开始面试。等 5 位候选人自我介绍完后，已经是 11:20 了。T 经理边面试边开始想面试问题，由于时间关系随便问了几个问题就收场了。

　　面试完后告诉应聘者下午由销售部对他们进行面试。

　　分析：

　　(1)此次面试给候选人留下了不好的印象，觉得本公司不重视应聘者。同时，此次面试因仓促的应对，面试的效果不佳。

　　(2)T 经理面试安排的时间欠妥。原本安排了例行的总经理办公会，就不应该再安排面试。

　　(3)T 经理事先并未做好面试准备工作，导致面试问题是临时想，随便问，影响 T 经理挖掘出应聘者是否具备岗位所需的人才。

　　(4)T 经理因为会议冲突，导致面试时间拖到了下午，也给应聘者带来一些不舒服感和不便。

　　仓促无准备的面试会降低面试效率，影响公司形象，那么面试到底需要做哪些准备工作呢？

　　1. 思想准备

　　不管是面试官、整家公司，还是人力资源部，首先在面试前一定要树立起尊重人才,重视人才的思想,一定要视应聘者为客户,除非公司出现了紧急的、特大的事件影响公司正常的经营秩序,同时也是面试官非解决不可的问题,否则,面试官一定要以应聘者为中心,把其他事情都放到一旁,营造一种良好的氛围以保证面试有序进行。其次,作为每位来到公司的应聘者,都是带着一份信任和期盼来到公司。那么,作为人力资源部与面试官一定要做好充分的面试准备,来确保面试时能够专业的考察每位候选人。最后,面试是一场展示公司的面试,应聘者会对企业的运营管理、专业能力做出心理评价,如果面试没做好会影响企业的品牌形象,影响应聘者对企业用人观念的认可,也会影响应聘者的选择。

所以,公司、人力资源部与面试官首先要从思想上做好准备,树立起尊重人才,重视人才,求贤若渴,一切以应聘者为中心的人才理念。

2. 明确面试的目的

通常而言,一场面试的目的有:①选择人才;②吸引人才;③求职者能做什么;④求职者愿意做什么;⑤提供与求职者相关的企业信息;⑥求职者与企业岗位的匹配度。

只有明确了这些目的,应聘者才能有针对性地进行面试准备,才能对应聘者提出针对性的问题,而不是漫无目的的随意提问,才能提高面试效率。

3. 明确对空缺岗位的绩效预期

公司对每个空缺岗位都有其绩效预期。企业为什么招这个人,这个人招进来后能解决企业目前存在的哪些问题,企业希望这个人能做到什么,这个人招进来后可能遇到哪些障碍和挑战,这个人克服这些障碍需要具备怎样的能力等一系列的问题,我们会对招聘这个空缺岗位了解得更深刻,也能更加深入地了解应聘者,更好地提出面试问题,更加精准、高效地开展面试工作。

一般来说,影响一个空缺岗位的绩效预期,有三个方面:①工作目标;②工作障碍;③用人标准。

工作目标要符合 SMART 原则,即具体、可衡量、可达成、结果导向、有时间限制。在现实生活中,往往因为工作目标不明确,导致无法招到合适的人,即使招到了也无法留存下来。

在招聘空缺岗位时,对空缺岗位的工作目标,或者说对空缺岗位的定位不清晰,不清楚需要这人帮公司实现什么目标,解决什么问题,最后在面试过程中往往会反反复复,不是这不满意,就是那不满意。这是影响招聘效率最关键的因素之一。

空缺岗位的工作目标的确定,应该认真分析岗位说明书。认真分析岗位的工作职责和任职要求。通过对岗位说明书的充分了解后,设定岗位的业绩标准,重点把握关键业绩指标,并且做出明确的业绩描述,从而确定空缺岗位的工作目标。

作为人力资源工作者，除了对岗位说明书进行分析外，一定要加强与相关用人部门的沟通，清楚用人部门真正的招聘目的，否则很容易造成"我没什么特别的要求，但最后是最难满足要求的。"工作目标的制定一定要切合当前企业的发展阶段，满足和符合企业的现状，如果工作目标的制定过高，与企业现有发展不匹配，可能会导致招进来的人能力得不到充分的发挥，也留不下来。如果工作目标的制定过低，可能会导致公司的工作目标无法实现，影响企业发展。对于工作目标不明确的，或者不符合 SMART 原则的，作为人力资源部门一定要充分与用人部门沟通，影响用人部门用人的意识。

比如，目前品质部的质量检测做得较好，希望一个懂质量管理的人才来公司以加强质量管理体系的建设，做到全面的质量管理，如何从源头抓好品质管理。那么招聘和面试的重心是原来有过质量管理体系建设的人。还有公司是一家制造企业，公司成本管理停留在成本核算阶段，成本居高不下，公司希望招聘一名非常熟悉行业成本的主要构成及控制方法的成本会计，以达到成本降低10%的目标。

在确定工作目标之后，人力资源部要通过对现有职位的工作表现。分析那些能达到工作目标的与不能达到工作目标的员工，寻找其与工作表现相关的，导致未能达到工作目标的主要因素，即可分析出此岗位的工作障碍。若现有的职位无员工，那就分析在此岗位工作过，离职的员工未能达到工作目标的主要因素。若是新建的空缺岗位，那么就通过分析岗位说明书，用人部门的负责人来明确其工作障碍。

在找到工作障碍后，要确定空缺岗位的用人标准，用人标准包括知识、经验、能力与职业素养。而能力的确定，是在克服每一个工作障碍中，都应该有一套采取的行动或行为，这些就是描述你希望如何达到绩效的能力要求。在编写能力要求时，应注意以下问题：①尽量使用动词，如提出、解决、创造等；②可以询问处理每一个工作障碍需要什么样的行为；③避免使用模糊不清或者主观性强的动词。

另外，空缺岗位的绩效预期要与薪酬水平相配套。什么样的绩效预期，决定了相应的薪酬水平。如果空缺岗位薪酬定得太低，难以招到合适的人才；若空缺岗位薪酬定得太高，虽然更容易吸引人才，但提高了公司的人力成本。

【全真案例】到底要招什么样的秘书

某企业需要招聘一名总经理秘书。人力资源部与总经理沟通秘书的绩效预期。

总经理回复说，我对秘书的要求很简单，能帮我处理一些日常事务，做一些文件的上传下达，没有过多的要求。

人力资源部经理一听，没有很高的要求。于是给总经理推荐了一名刚从学校毕业不久的中文专业的女大学生。可总经理一面试,发现这个大学生社会经验太少,连一些基本的行政管理都不清楚,不予录用。

人力资源部经理知道了,总经理是希望招一个有一定行政管理经验的人。于是给总经理推荐了一名工作了三年,从事过行政管理工作的。总经理一面试,认为她原来的工作主要是负责食堂、车辆、安全等方面的管理,没有从事过助理的工作,对基本的公文写作不熟悉,也不予录用。

过了几天,人力资源部经理又给总经理推荐了一名从事过总经理秘书,工作了五年的人。总经理一面试,觉得各方面都不错,非常满意。最后谈到工资时,应聘者要求 8 000 元/月。而目前公司部门经理的工资在 6 000 元/月左右,最后因工资问题而未能录用。

最后,人力资源部经理非常困惑,到底总经理需要什么样的秘书,能力差的总经理看不上,能力好的工资出不起。

分析:

(1)明确对空缺岗位的绩效预期,才能有针对性地招聘与选拔人才,提高招聘效率。

(2)明确空缺岗位的绩效预期就应该明确岗位的工作目标、关键业绩指标、任职要求、薪酬等内容。

4. 提前阅读简历

有不少面试官习惯于在面试前几分钟才阅读简历,这样获取的信息量有限,对应聘者的背景资料了解不够深入,可能会导致面试提问针对性不强,难免会影响对应聘者评估的有效性与公正性。

作为面试官,最好提前一天阅读应聘者的简历,认真分析,对一些重点或者需要更进一步了解的地方标记出来。阅读简历包括:①求职者的基本情况,包括学历、专业等基本信息;②求职者以往的工作经历及业绩表现;③求职者以前接受过的一些培训;④求职者的职业兴趣;⑤求职者的求职意图;⑥求职者的特别要求等,如工作地点、休息休假等。

面试官在阅读应聘者简历时,需要对简历上存在的一些疑点进行标识,以便在面试中更进一步的了解。主要包括如下方面。

(1)求职者出现职业空档。

对于求职者在两份工作之间出现的职业空档期进行标识,尤其是出现三个月以上的空档期。需要在面试中询问求职者出现空档的原因,是因为求职者本身的能力导致迟迟没有找到合适的工作,还是因为其他的因素影响了求职者的就业。

(2)频繁转换工作。

一般面试官不太喜欢跳槽很频繁的求职者,甚至有些面试官对于两年内换三个以上岗位的求职者直接在简历初筛期间就加以淘汰。所以面试官特别要留意频繁跳槽的求职者,要在面试时给予提问,判断频繁跳槽的真正意图。是因为适应能力太差,不能适应工作;还是因为职业目标不明确,心还没定下来导致的;还是因为近几年的生活影响了求职者的求职。通过对频繁转换工作的意图了解后,评估是否能在公司稳定工作。

(3)上一家企业的工作职责与业绩表现。

上一家企业工作的组织架构、团队情况、工作职责,能够了解应聘者在上一家企业真正所处的地位与职责。通过这些的了解,可以初步判断与公司是否匹配。另外对上一家企业的业绩表现,可以了解求职者的工作能力。应聘者在上一家企业的工作业绩如何,当时的条件怎样?遇到的主要工作障碍是什么,调用了哪些资源,采取了哪些措施,措施取得的效果如何,还有哪些可以提升的地方……通过对这些问题的追问,可以评估应聘者分析和解决问题的能力。

(4)上一家企业离职的原因。

求职者离职的原因,反映了离职者的职业规划、价值观念、求职动机等信息。应聘者为什么会离开上一家公司,是什么关键因素导致了应聘者的离职,这些因素是否在公司也同样存在。对应聘者离职原因深层次的了解,才能较好地判断应聘者能否真心实意地前来公司,判断应聘者的稳定性。

(5)最近的培训进修情况。

面试官可以通过了解应聘者最近的培训记录,了解应聘者最近参加的一些培训情况,从而可以判断应聘者是否积极好学,是否具备应聘公司岗位所需要的基本知识,以及应聘者真正感兴趣的领域。有些应聘者在面试人力资源管理,却在积极备考会计证;或者应聘者工作好几年了,却没参加过任何的培训。对于这些情况,面试官都需要特别留意,而且在面试中探究其背后的原因。

(6)简历中不合常理的地方。

面试官阅读简历时,需要留意一些不太合常理、不符合逻辑、前后不一致的地方,比如,工作半年就当上了管理者,或者说本科只读了三年等,在面试中深入了解其原因。

5. 确定面试方法

面试官们在面试前,一定要首先确定好面试的方法是什么?采取什么样的形式来进行面试?面试评价的标准是什么?如果事先不明确面试的方法、形式和标准,就会造成方法和形式不统一,评价标准主观性。

面试方法一般有笔试(上机测试)、测评(职业兴趣、能力性格、心理健康等)、评价中心技术(人格测试、文件筐作业、无领导小组讨论、角色扮演、演讲、案例分析、管理游戏等)。

面试形式可采用单独面试(一对一,初复试面试人员不同);综合面试(HR 与用人部门同时);合议制面试(初复试同时,面试人员:HR 部门、用人部门及专业人员、公司决策人员)。

面谈的方法还包括:非结构化面试、结构化面试、情景面试、行为描述面试及小组面试。各种方法不同,优劣势不一样,目的也不一样。

6. 面试问题设计

好的面试问题是面试成功的关键。好问题的标准是:在设计问题时,应考虑到如下两点:①应聘者不知道问题的正确答案是什么;②提问题之前,你很清楚要从问题的回答中得到什么。面试问题可分为两大类型:①行为型问题;②测试型问题。提问的方式有很多,如直接式问题、开放式问题、澄清式问题、自我评价式问题等。

最好列出面试提纲,在列写面试提纲时,面试官应考虑以下方面。

(1)面试提问的问题宜由浅入深。

(2)面试提问的问题宜覆盖到本岗位的核心胜任力。

(3)设计面试提问的问题应符合 STAR 原则,即 S:Situation 当时的环境;T:Task 任务;A:Action 行动;R:Result 最终的结果。

7. 面试场地与时间的准备

面试方法确定后,人力资源部要根据面试方法的要求,做好场地布置。场地布置设计的原则是:①便于面试的开展;②面试场地不受外界干扰。

面试时间的准备,面试前一定要与面试官确认是否有时间冲突。

3.5.2 【实操解析】面试准备清单

序号	事 项	责 任 人	完成时间	备 注
1	打印应聘者简历	人力资源部	面试前一天	
2	确定面试时间	人力资源部	面试前一天	与面试官确定
3	简历递交给面试官	人力资源部	面试前一天	
4	确定绩效预期	面试官	面试前一天	
5	阅读简历	面试官	面试前一天	
6	面试提纲	面试官	面试前一天	
7	确定面试方法提出场地要求	面试官	面试前一天	
8	准备面试场地	人力资源部	面试前一天	
9	打印笔试试题	人力资源部	面试前一天	

3.6　面试成功关键：匹配

小 C 问道之独具魅力的主管

有天，招聘主管小 C 与主管进行校园招聘后，在一家优雅的中西餐厅吃饭。突然，小 C 来了一句："主管，我发现一个问题。"

主管疑惑地问："什么问题？"

小 C 说："你很有魅力！"

主管："真的吗，哪里有魅力了？"

小 C 解释道："你的面试成功率很高，而且许多十分优秀的学生都被你吸引过来了。"

主管说："哦，你是说这个啊，我以为你说我长得帅，很讨女孩子喜欢呢！其实这是有秘诀的。"

小 C 急切地说道："什么秘诀？师傅，快教弟子一点武林真经吧，让我打遍天下无敌手！"

主管哈哈大笑，说道："你呀！我来告诉你吧。其实招聘就像一场营销，首先你要了解客户的需求，找到客户的痛点，并且扩大化，然后对照他的需求，来说明公司具备哪些优势条件与资源来满足他的需求。同时，他的价值观念，他的能力等也需要满足公司的需求。最终达到一个匹配的过程。这是工资不能达到的功能，这是一种深层次的满足，人的自我实现，马斯洛的最高需求，也是面试成功的核心所在！"

3.6.1　读懂应聘者的"心"

面试的目的是通过科学的人才甄选到志同道合的人加入公司，共同创造事业。所谓志同道合，是指人与人之间彼此志向、志趣相同，理想、信念契合。招聘一位人才，真正具有杀伤力的不是能力，而是找到共同的理想、共同的价值观念。

现在的人才市场，优秀的人才难招，更难留。那么，怎样才能更好地吸引到人才呢？其实工资不是吸引人才最强有力的武器，而是找到共同的理想，共同的愿景。许多创业家创业之初，往往他的工资、平台、硬件等各方面都不足以吸引优秀的人才，但为何他却能够吸引许多更优秀的人才。究其原因是他的理念，他的思想改变了优秀人才的想法。

笔者曾工作过的 D 集团，领导经常和我们说，20 世纪 90 年代之初，他是国有企业的一名副厂长，大家都很羡慕他，他的生活也过得很舒坦。那个时候公司的董事长还是一位博士毕业的年轻人，就是这位年轻人改变了他的一生，改变了他的思想,让他一起用 2 万元,从北方一个没有暖气,破旧的小房子里开始了艰难的创业之路。而如今,D 公司已经成为全国非常知名的上市企业,改变了整个行业,为社会、客户、员工做出了巨大贡献。

以上事例说明,一个厉害的面试官,他一定要有长远的眼光,善于看到应聘者目前的处境,要能读懂应聘者的"心",能知道应聘者的需求与痛处,并告诉应聘者,公司有哪些优势和资源能够帮助他解决痛处,满足需求,最终实现自我。那么,如何读懂应聘者的"心"呢? 笔者认为把握如下要点。

首先,判断一位应聘者是不是企业所需要的人才,最重要的一点是应聘者的价值观念是不是公司需要的。如果应聘者与企业的价值观念不相符合,这位应聘者不是公司最好的合作伙伴,当应聘者短期的需求满足后,便会远走高飞。其实,企业有自己的人才"生态系统",每位人才能否在企业这块土壤上生根发芽,取决于这块土壤的土质、成分。同样是土壤,为什么会有"橘生淮南则为橘,橘生淮北则为枳",就是这个道理。所以,作为一位面试官,他要很清楚地知道公司文化是怎样的,需要什么样价值取向的人。有些企业主张创新,有些企业看重担当,有些企业看重的却是执行,更重要的是公司的使命,公司未来发展的愿景。而这一些,决定了企业用人的价值取向。

笔者工作 10 多年,对自己影响最大的,也深深根植在心中的 D 公司文化,D 公司唤起了笔者心中作为一个农村孩子对农业的感情,对农业的使命,所以笔者在 D 公司工作了六年,到现在也非常关注 D 公司的成长与发展。这才是文化的力量,这才是企业吸引人才的核心与关键所在。

所以,作为一位面试官只有非常认同公司的企业文化,深刻领悟企业文化,才能真正知道公司未来的发展方向,知道企业需要怎样价值取向的人。然后才能找到与公司志同道合的人才。在引进中高层人才的时候,尤其对于那些虽然能力高强,但是与公司价值取向相违背的人才要慎用,要防止可能出现"水土不服"的现象,要防止可能造成不长久的合作关系,更要防止可能给公司带来的风险与损失。

其次,面试官要读懂应聘者的需求。作为一个应聘者离职会产生许多不稳定因素,会带来一定的风险,一般而言,面试官对于换工作比较谨慎,没有足够大的动力一般会追求一种相对安全、相对稳定的环境。所以面试官需要有很强的洞察力,需要有很强的分析能力,通过了解应聘者目前的工作现状,了解应聘者想换工作的真实意图,才能够了解应聘者真正内心的需要是什么,真正了解到应聘者目前的痛处是什么,面试官应根据应聘者的需求,告诉应聘者公司具备哪些平台、资源,能够满足他的需求,这样才叫"对症下药"。

【全真案例】Z 突然跳槽了

Z 是笔者一位非常好的朋友,也是笔者的同学。前不久,Z 突然离职了,让笔者觉得很震惊,很突然。

一年前笔者的一位朋友托人去挖过 Z。朋友和 Z 谈了很多次,给他很好的平台和待遇,都没有打动他的心。原因是 Z 在这公司待了 6 年了,从一个业务员成长为营销总监,销售额也增长了 2 亿多元,对公司有了感情,收入和平台都还不错。

但 2012 年因为销售提成未及时兑现和产品的质量问题,让 Z 心中有些不开心。于是他的一位朋友介绍给了同行的一位老板 W,Z 到公司看了一下,因厂址距家较远等因素,见了一下后 Z 就不打算跳槽,再加上 Z 还是舍不得跳槽的。

但 W 看上了 Z,然后为了 Z 他提出和 Z 参股共同建立一家销售公司,地点在离他家不远且市场容量较大的地方。就因为这个 Z 毅然离职了。

分析:

(1)近 40 岁的人了,为别人打工,创造了很好的业绩,但是一个销售提成都未及时兑现,让他意识到打工都是帮别人在做事,看别人的心情和脸色做事。

(2)W 能答应与 Z 一起合建一家销售公司,让 Z 有了自己的公司,有了自己的事业。Z 非常敬重 W 的胸怀,也希望能真正为自己做事。

(3)能够拥有一份自己的事业,这是许多优秀的中年人所期盼的,同时也是他们的痛处。

3.6.2 面试实施技巧

具体面试技巧主要从以下几个方面着手。

1. 提问技巧

主要提问技巧一般有以下几种形式。

(1)提问应该是有组织、有计划的。面试官在面试考场上,要充分考虑好提问的整体结构,做到既全面又重点深入,既灵活多样又有条不紊。做到这些,一方面需要事先设计和协商分工,另一方面需要考官之间在现场互相"关照""意会"。

(2)提问应遵循由易到难的原则。面试官提问要循循善诱、由浅入深、由表及里、由简到繁、逐步深入,使面谈在融洽的气氛中进行,以避免应聘者因紧张而不能展开全面素质。

(3)话题数量要适度。在短短的几十分钟内,必须提问的话题本身就很多,有深有浅、有宽有窄,所以要控制话题数量,保证最重要的话题的回答时间,话题与话题之间要相互联系、层层递进。

(4)注意关联提问。面试官要多问"为什么""究竟怎么样",特别要抓住应聘者回答含糊、有意回避的地方,深究穷追,当然,也应注意不在枝节问题上过多纠缠,该止则止,更不要故意刁难应聘者。

(5)牢牢记住提问意图。每提一个问题,都要有针对性,有明确的测评意图。

（6）提问时要诚恳、友善，不卖弄，不欺侮人，切忌提侵犯应聘者隐私的问题。

2. 倾听技巧

为了做到积极有效的倾听，必须注意以下几点。

（1）积极的倾听。

面试官在面试过程中所犯的一个最大错误就是讲得太多。事实上，在面试中，面试官讲话的时间应该不超过30%。倾听时要仔细、认真，表情自然，不能不自然地俯视、斜视，或者盯着对方不动；以免给应聘者造成过大的心理压力，使其不能正常发挥。慎用一些带有倾向性的形体语言，如点头或者摇头，以免给应聘者造成误导。

（2）客观的倾听。

避免夸大、低估、添加、省略、抢先、滞后、分析和机械重复错误倾向等。作为一名面试官，最忌讳的就是在面试的时候带有个人偏见，例如，不喜欢应聘者的发型，或者觉得应聘者的观点和自己的理解不同等。这些个人偏见都会影响所有的信息，因此要抱着友善和体谅人的心情进行倾听，体现出对应聘者的关怀和启迪。

（3）反馈式倾听。

如果面试官一时没有听懂对方的话或有疑问，不妨提出一些富有启发性或针对性的问题，这样不但使考官的思路更明确，对问题了解更全面，而且还会让应聘者在心理上觉得面试官听得很专心，对他的话很重视。

（4）思考着倾听。

在应聘者讲话的时候，面试官有足够的时间进行思考。比如，可以将应聘者现在所说的话和前面所说的话相互联系起来，等等。此外，注意从应聘者的语调、音高、言辞等方面区分应聘者内在的素质水平，如讲话常用"嗯""啊"等间歇语的人往往自我感觉良好，要求他人对其地位的重视。

（5）归纳性倾听。

具备足够的敏感性，善于从应聘者的话语中挖掘出没有直接表达的意思，善于听出与工作相关的信息。特别是有的应聘者语言表达能力不是很强，回答问题总是不能切中要害，这就更需要从其回答中提取出与问题有关的内容。

（6）总结性倾听。

由于应聘者常常不能一次性提供一个问题的全部答案，或者经常从一个问题跳到另一个问题，因此面试官要想得到一个问题的完整信息，就必须善于对应聘者的回答进行总结和确认。通常，考官可以用重复或总结的方式对应聘者的回答进行确认。例如，"刚才你讲到你的主要工作职责有三项：一是对公司的一些上传下达文件进行管理；二是帮助总经理撰写一些文件，那么还有一项是什么？"

3. 观察技巧

应聘者观察的目的是在语言信息的基础上，结合对非语言信息的采集，来挖掘应聘者的内在反应，是语言信息的重要补充。在面对面的沟通中，约有65%的信息都是靠非语言信息来传达的。面试过程中需要面试官在很短的时间内迅速地、尽可能多地从应聘者身上获得所需的信息，并进行判断。因而具有一般性观察的特点外，还有其特殊性。

（1）较强的目的性。

观察是为了更多地了解应聘者，进而为做出是否合格、能否任用的判断提供依据。

（2）可采用现代化的记录手段。

比如录像、录音等手段，可以大大地帮助面试官在面试过程中全面准确地观察应聘者，并为以后分析工作提供有利的条件。

（3）尽量有系统性。

非语言信息主要是指面部表情、身体动作和手势及说话中的停顿、语速、声调、声高和清晰程度等。从双方接触起，所有这些因素都会一同向面试官发布信息。面试官需要重视的不是手势、姿态本身有多么重大的意义，而是需要结合到具体环境中，这些手段和姿态表达了什么意义。非语言交际研究专家保罗·艾克曼曾经在他的面语情感计分方法（FAST）中提出，可观察到六种用以评估面部非语言表达的不变模式：厌恶主要表现在鼻子、脸颊和嘴上；恐惧主要显示在眼里；悲伤主要表现在眉上、嘴上和眼里；气愤主要表现在额上、眉上；惊讶表现在脸部的任何区域。在面试的时候，面试官不能单纯根据非语言信息的变化得出结论，但是应聘者在面试过程中一些突然的非语言信息变化将会提供值得思考的信息。如应聘者在面试的前20分钟内都是非常放松的，后背靠着椅子坐着，但当面试官问到为什么要离开现在的工作岗位时，他的背忽然离开了椅背，身体挺直，移坐在椅子的前部。尽管他所讲的离职原因听起来是可以接受的，而且他在讲的时候也没有任何迟疑，但是他身体语言的变化不得不让我们感到其中一定有什么问题。因此，对于他所讲的话的真实性就会打折扣，在评价中就不能作为有效信息直接采信，而需要其他信息的印证。常见的非语言信息所表达的意义见表3-2。

表3-2　常见的非语言信息所表达的意义

非语言信息	典型含义
目光接触	友好、真诚、自信、果断
不做目光接触	冷淡、紧张、害怕、说谎、缺乏安全感
摇头	不赞同、不相信、震惊

续表

非语言信息	典型含义
打哈欠	厌倦
搔头	迷惑不解、不相信
微笑	满意、理解、鼓励
咬嘴唇	紧张、害怕、焦虑
跺脚	紧张、不耐烦、自负
双臂交叉在胸前	生气、不同意、防止、进攻
抬一下眉毛	怀疑、吃惊
眯眼睛	不同意、反感、生气
鼻孔扩大	生气、受挫
手抖	紧张、焦虑、恐惧
身体前倾	感兴趣、注意
懒散地坐在椅子上	厌倦、放松
坐在椅子边缘上	焦虑、紧张、有理解力
摇椅子	厌倦、自以为是、紧张
驼背坐着	缺乏安全感、消极
坐得笔直	自信、果断

4. 引导技巧

面试中引导的目的是为有效采集不同类型应聘者的信息,而提供的一些针对性的方法。大多数应聘者都会努力在面试官面前留下良好的印象,他们会尽量清晰而完整地回答面试官提出的所有问题,彬彬有礼、举止大方,向面试官提出的问题也比较适宜。但并非所有的应聘者都表现得那么理想。在面试中,需要对不同类型的应聘者进行引导,以使其在面试中能充分地展示自己,从而获取有效的应聘者信息。

(1)过分羞涩或紧张的应聘者。

面试官可以采用:一是注意提问的方式。可首先问一些比较简单的问题,或是一些封闭性的问题;二是善于使用重复、总结等方式加强与应聘者的沟通;三是使用带鼓励性的语言和轻柔的声音。也可以使用一些带有鼓励性的身体语言,包括点头、微笑、直接的目光接触、身体前倾等。

(2)过分健谈的应聘者。

一是直接打断他们的话,将谈话引导到面试官所关心的问题上来;二是在提问的时候要求他们做出简短的回答,以暗示他们不要讲得太多;三是当他们讲得偏离主题时,面试官可以表现出没有兴趣听的表情或动作。

（3）生气或失望的应聘者。

面试官对能够解释清楚的原因进行解释,并对应聘者的意见表示感谢,表示会通知有关人员解决。最重要的是,应该告诉应聘者,既然已经来面试了,就说明对企业提供的职位感兴趣,那么就开始讨论一下这方面的问题。接下去可以聊一些有利于缓和气氛的话题,然后就可以进入正常的面试。

（4）支配性过强的应聘者。

这些应聘者或者是过于自负,对工作比较挑剔,因此总是试图了解更多的企业情况,以便判断这份工作能否满足自己的意愿;或者由于想要掩饰自己某些方面的能力不足,顾左右而言他。面试官应尽快扭转这种局面,一般来说可以比较有礼貌而坚决地告诉应聘者:"对不起,你想了解的这些问题我们在后面有机会讨论,现在我所关心的是……"

（5）情绪化或非常敏感的应聘者。

有些应聘者当被问到某些问题或者讲到某些话的时候,情绪会突然激动起来,例如哭泣。遇到这种情况的时候,面试官应表示理解和关心,给应聘者倒杯水,递张纸巾,尽量使其平静下来。必要的时候,也可以让其单独待一会儿,等其情绪恢复了再继续进行面试。往往这种情况下,应聘者会与面试官分享内心真正的感受。但值得注意的是,如果一个岗位需要的是有稳定的情绪和良好自控能力的人,那么这样的应聘者要慎重考虑。

5. 记录技巧

面试记录是为了有效记忆应聘者的表现,并为之后的评价提供直接的依据,也是进行比较应聘者之间的信息基础。面试官可以在面试期间先记下关键词和想法,随后马上扩展笔记,能确保记住那些重要的信息。记录应遵循以下原则。

（1）避免主观性语言。

避免使用主观性哪怕是赞赏性的语言是获得有效面试后文献的重要前提。换句话说,面试官记下的所有评论都应当是客观的。例如,某位应聘者有魅力就是一种主观的描述。

（2）避免记录无事实根据的意见。

面试官需注意不要记录没有充分与工作相关事实依据的意见。没有具体根据的意见意味着面试官虽然得出了某种结论,却没有找出支持这些结论的依据。

（3）做具体描述。

在面试量很大的情况下可以采用此项技巧。见了那么多应聘者之后,面试官很难重新审阅每个人的申请表或简历,并将他们彼此区分开。要解决这一问题,可考虑偶尔使用一下描述性语言,帮助面试官回忆起那场具体的面试。

（4）为面试录音录像。

要注意面试官与应聘者之间不要靠得太近，以免记录时会使双方感到不便，防止应聘者看到或影响应聘者的注意力，可以考虑将记录纸前端稍微立起与桌面成一定角度。

6. 评分技巧

（1）不要过快做出判断。

有时面试官会根据简历的材料对应聘者进行初步判断，并通过面试进一步了解应聘者，为了节约评分时间，有时甚至会在面试过程中就对应聘者完成评分。这样的操作过程由于信息采集不完整，会影响评分的有效性。

（2）不要受面试次序的干扰。

接见应聘者的次序，也会影响面试官的评定结果，要注意避免。

（3）不要被应聘者的表情所迷惑。

（4）评价标准把握要宽严适当。

为了得出较为准确的评定结论，面试官要注意以下各原则和方法。

①严格遵循"面试评分表"的要求。

②认真分析应聘者提供的信息。

③依据要充分。

④独立自主评定。

⑤比较综合。

3.6.3　行为面试法解析

行为面试法的理论基础很简单，一句话就可以概括：一个人过去的行为可以预测这个人将来的行为。行为面试法的目的也很直接，就是要对应聘者过去的行为进行全方位的了解，从而预测应聘者是否适合新的岗位。统计表明，行为面试法比传统的面试方法，如结构化面试法（Structural Interview）在衡量应聘者的经验和能力方面更准确。基于行为面试法做出的招人决定准确率高达 80%，远远高出传统的面试方法。这也就是为什么现在大多数公司在招聘时或多或少采取行为面试法。

让我们先来看看几个典型的行为面试法吧，为了保持"原汁原味"，以下问题用英语给出。

问题 1. What are your strengths and weaknesses?

问题 2. Describe one of the most challenging projects you have participated in the past years?

问题 3. Tell me about a situation that irritated you.

问题 4. Tell me about something you failed to accomplish in your last position.

问题 5. Who is the toughest person you found it difficult to work with? And how did you handle this situation?

问题 6. What are the major personality differences between you and your last boss?

看到第一个问题,简单吧? 读者朋友会不会嗤之以鼻? 且慢,我敢说,没有多少朋友能给出满意答案的。对强项(strengths)的回答,很多同胞都会说自己是 Fast learner,hard worker 等。仅仅这样列出几个强项是远远不够的,必须用至少一个真实的故事对每一个强项进行佐证。比如,自己是 Fast learner,就必须举例说在哪一年哪一个项目中要采用什么最新的技术,自己怎样在很短的时间内掌握了这项技术,并及时完成了项目。同样,对弱项(weaknesses),也不能仅仅说自己哪项不行,大多数应聘者都会回答自己英语口语不好,但最好要接着说,自己一直在努力提高,如坚持参加一些听力课程,改正自己的发音等。这样的回答,用事实,也就是应聘者自己过去的行为对答案进行了论证,从而使面试者(Interviewer)心服口服,并预测到应聘者将来被聘用后也会坚持自己的优点和改正自己的缺点。

对行为面试法的回答,要极力做到"STAR"。S(Situation that existed),T(Task or problem to be undertaken),A(Action taken by yourself)和 R(Result what happened);也就是对每一个问题,要讲一个小故事,当然是自己经历的真实故事,包括:①发生的时间、地点、项目和涉及的人员;②要完成的任务或遇到的问题;③自己采取了哪些步骤或行动;④得出了什么样的结果,取得了什么成就。这四大方面内容缺一不可,必须完整。

为什么说"STAR"是应对行为面试法的利器呢? 第一个原因是行为面试法中所有的问题都是针对"STAR"来设计的;第二个原因是面试者在面试时着重记录的也是这四个方面;在决定应聘者是否录用的最终报告中重点讨论的还是这四个方面。

一般来说,行为面试法所问的问题大概有以下三大类:一是关于应聘者自身素质的,如上问题 1;二是关于应聘者所经历过的,成功的(自豪的)或失败的项目或任务,如上问题 2、问题 3 和问题 4;三是关于应聘者和同事、领导之间关系的,如上问题 5 和问题 6。

1. 行为面试法的应用

他(她)的能力与其面试表现是一致吗? 他(她)能胜任这项工作吗? 他(她)适合这项工作吗? 面对众多的应征者而丧失判断力,常常是许多企业招聘面试中的困惑,并且随着应征者素质的不断提升,企业与应征者在招聘面试中的博弈程度也越来越深,从而这种困惑也表现得更加明显。如何使相关工作人员具备过硬的面试技术,并提升人才选拔水平,从而摆脱这种困惑,无疑是企业需要关注的问题。

目前,基于行为访谈法的人才选拔与技术已逐渐得到企业的认可和应用。

行为事件访谈法(Behavioral Event Interview,BEI),是一种开放式的行为回顾式探索技术。这是一种结合 Flanagan 关键事例法(Critical Incident Technique,CIT)与主题统觉测验(Thematic Apperception Test,TAT)的访谈方式,主要的过程是请受访者回忆过去半年(或一年)他在工作上感到最具有成就感(或挫折感)的关键事例,其中包括:①情境的描述;②有哪些人参与;③实际采取了哪些行为;④个人有何感觉,以及⑤结果如何,即受试者必须回忆并陈述一个完整的故事。

在具体访谈过程中,需要被访谈者列出他们在管理工作中遇到的关键情境,包括正面结果和负面结果各 3 项。访谈约需 3 个小时,需收集 3 ~ 6 个行为事件的完整、详细的信息。因此,访谈者必须经过严格的培训,一般不少于 10 个工作日。行为事件面试法中也需要使用技巧,具体来讲,有以下几个方面。

(1)从好的事件开始询问:让应聘者先简单地描述关键事件的概要,在应聘人员详细讲完一个工作事件之前,不要让其注意力转移到别的事件上。

(2)引导应聘者按事件发生的时间顺序来报告:一旦发现应聘者的报告中有跳跃,就提出问题请其提供详细的资料。

(3)让应聘人员讲述过去发生的事件,而非假定的事情或抽象的思想观点。如果应聘人员讲的是抽象的观点,立即让其举例予以说明,从而达到探求细节的目的。

(4)尽量使用简单的问话引导应聘人员讲出事件的细节,而且要让应聘人员讲过去而非现在的看法或行为。

(5)如果应聘人员在面谈中变得很情绪化,就要暂时停止发问直到其平静下来为止。这样的例子在实际面试中是会碰见的。笔者曾经在面试时问了一个有关坚韧性方面的问题,结果这位应聘人员在描述其过去的行为时,不知不觉眼泪就流了出来,并对面试工作产生了影响。

(6)如果面试人员不能想到任何具体事件,你可以通过自己的经历举例,向其描述一个完整的事件,或让其思考和回忆以前的经历。

(7)不要过多地重复应聘人员的话,一来得不到新的信息,二来很可能被应聘人员理解为一种引导性的问题。

(8)不要给应聘人员过多地限定报告的范围,不要给应聘人员提供过多的建议。如果应聘人员向你咨询意见,可顺势将问题返还。

(9)通过关键工作事件了解应聘人员的素质:事件包括背景、个人的行动以及后果;了解应聘人员在特定工作情境中的思想、感受和愿望,尤其是其在当时情景中究竟是如何做的;尽可能让应聘人员详细而具体地描述自己的行为和想法,而不要依赖他们自己的总结。

2. 行为面试的有效提问举例

假如我们要招聘的职位是企业的高层管理人员,就可以询问以下这些问题,请注意比较其提问的方式与传统的面试问题有什么不同,见表3-3。

表3-3　行为面试的有效提问举例

行为描述题目	传统面试题目
你能否举例说明你作为管理班子的一员很好地履行了自己的职责	你的主要职责是什么
你能否举例说明你的管理班子曾经合作不够密切、运行不够顺利? 当时的情况如何? 你的职责是什么	你所在的管理班子大家是怎么合作的
作为管理班子的一员,你的弱点是什么? 这些弱点怎样影响整个班子的运作	请讲述你的最重要的缺点
能否告诉我在哪段时间你碰到了需要管理班子的通力合作才能解决的经营危机? 当时的情况如何	请讲述你曾经遇到过的困难

正如你所看到的,行为面试问题通常是让应聘者来描述一些已经确实发生的情况,而不是问他们觉得应该怎么做或者是一些没有可比性的单一答案的问题。对这些问题的回答可以揭示有关行为方面的信息,这些信息可被用来评估应聘者的管理能力、沟通能力、合作能力等。这些问题使面试不再流于表面化。它们为你打开了一扇窗户,透过这些窗户,你可以看到一个真实的应聘者,知道如果他为你工作的话他会表现如何。

3. 行为面试中考官如何发问

行为性问题一般由一个描述情节的问题及一些追踪性问题构成。目的是了解一个过去的完整的事件。当询问行为性问题时,要涉及的是完整事件,真实行为及其效果,请应聘者描述一个过去发生的,与要评定能力相关的具体情境。由于这类问题的隐蔽性差,有些应聘者会做一些言过其实的回答,所以面试官需要对回答的某些细节进行追问。追问一般涉及当时的情景、任务、行动措施、行为结果这四个方面,具体来讲也就是我们通常所说的"STAR"。

- Situation:关于情境问题或背景的具体信息。
- Task/Time:考生在事件中的任务、事件发生持续的时间。
- Action:对上述情况做反应,考生采取或没能采取的行动。
- Result:采取或不采取上述行动造成的结果或影响。

事情发生的情境是解释为什么应聘者会采取这样的行动,而应聘者的行动本身是了解其怎样面对这种环境的挑战,其行为所导致的结果则勾勒出这种行动所产生的效果。只有这样一个完整的行为事例才具有说服力和代表性。

一个行为性事例的回答一般控制在五分钟以内就够了,但怎么来判定应聘者所描述故事的准确性呢？这就需要面试官了解更为细节的信息，以保证应聘者告诉面试官的是一个完整的行为事例，即情况/任务→所采取的行动→结果。

4. 行为面试中考官如何追问

下面我们根据面试官对一道行为性面试问题的提问和追问，来说明如何运用行为面试中的追问策略。熟练运用这些策略非常重要，他能够帮助面试官深入挖掘到所需要的有关行为信息。

面试问题：请举实例说明，你是如何解决在工作中所面临的棘手问题的？

主要考察要素：沟通能力、影响能力、执行能力、思维能力。

（1）引导应聘者回答我们想要的关键事件。

我们可以根据应聘者回答问题时的前几句话，判断他是否理解了题意。如果发现他走偏了，要及时打断他，换用另一种说法进行提问，或提示他刚才的回答不是我们想要的，他应该讲述一个他所亲身经历的难题。

例如，应聘者的回答是："我在面对难题时，一般会先分析所遇到的情况是怎样的，然后再决定怎样去做……"

我们很快发现，应聘者回答的不是我们想要的具体行为事件，这时，应该进行的合适追问是："请讲述你的一个亲身经历"。

（2）抓住应聘者讲述的有价值的线索，并根据该线索进行必要的追问。

假如应聘者讲述道："我不喜欢领导在那个项目中的做法。"

此时，你一定要追问："领导的哪些行为让你感到不舒服？"

这时，对这个线索的追问是非常有必要的。可能的一种情况是，应聘者是一个对独立决策相对有比较高的要求的人，而领导希望能够对应聘者所负责的项目时时进行监控，这种工作风格上的差异往往是造成上下级矛盾的主要原因。

（3）澄清应聘者所采取的具体措施及事情的具体结果。

假如应聘者回答："经过几次沟通，领导终于接受了我对改变原有方案的建议。"

此时应追问："请问，你在与领导的沟通中，他对你的建议由不认可到认可，你觉得是如何发生这种转变的？是你的沟通方法起到了作用？还是其他的一些因素？"

领导接受了应聘者的建议，可能是应聘者的沟通策略起到了作用，也可能是基于一些外界的因素，领导不得不做出改变。如果是后一种情况，通过这个事例我们就没有办法判断应聘者的沟通能力到底是如何了。

（4）寻求正反两方面问题的答案。

上一个追问我们问的是，领导接受了你的建议，应聘者是如何做的，问完这个题目后，我们还可以追问："请再讲述一个你虽然经过很多努力，但是并没有说服他人的一个经历。"通过对正反两方面问题回答的对比，判断他的沟通能力究竟如何。

5. 可能会出现的一些其他问题

（1）应聘者的表述过于笼统。

如果应聘者的表述过于笼统（比如，应聘者使用"一直"或"从来没有"等字眼），这时候就要问他们一些明确的细节问题，如"你是否能具体说明在你所描述的情况中你做了些什么？""你能否举一个例子？"还有，就是引导应聘者按事件发生的时间顺序来讲述，往往可以使他回忆起当时的详细情况。

（2）应聘者使用"我们"等含混不清的字眼。

如果应聘人员在叙述中提及"我们"，一定要问清楚"我们"是指谁，目的在于了解应聘人员在当时的情景中做了什么，从而可以追问应聘人员行为背后的思想。

（3）应聘者给出的是观点而不是事实。

当应聘者在表达他们的见解或观点时，比如，有人说"我认为我们并没有采用最好的方式把问题处理好，我们本来可以……"，那么，让他们描述一种他们的处理方式和观点相一致的情形或经历。

（4）应聘者讨论的是未来的计划。

当应聘者回答问题时说的是他们未来怎样做，或他们计划采取什么样的行动，如果一位应聘者说："我计划开发一种更好的数据统计办法"，那么，问他"你已经采取了什么样的步骤？"

3.6.4 把面试做成一场职业指导

【全真案例】优秀的人力资源总监 C 女士

C 女士是笔者从事猎头工作中认识的一位人力资源总监，也成为一位非常好的朋友，具有较高的情商与专业度，曾在一家上市企业经历了从小到大，快速发展，最终上市的过程。公司上市后，C 女士成为公司的股东与监事，实现了财富自由。

有个 H 企业从事医药流通领域的，企业发展非常迅速，每年以 100% 以上的增长，老板一直想找一位优秀的人力资源总监来支撑公司快速发展的人才战略，于是找到笔者为其从事猎头服务。

笔者将 C 女士推荐到 H 公司面试，通过面试，老板非常认可我精准的识人能力，也非常希望 C 女士能加入 H 公司。但 C 女士心中有些担忧，也听说了一些关于 H 企业用人方面的负面消息，犹豫不决。

为打消 C 女士的顾虑，也本着对朋友的负责任，笔者对 H 公司做了一个 360 度的背景调查，通过中介、离职人员、在职人员、行业人士、所在园区等渠道的了解，H 公司确实业绩发展迅速，大约年销售额在 10 亿元左右，企业经营基本面不错。

中高端人才流失率偏高,其主要原因一是企业现有高管的知识与能力影响企业发展,也影响新加入人才的发展,同时也跟老板的个性相关。笔者将 H 企业的调查报告给到了 C 女士。

然后,笔者跟 C 女士分析了她的职业发展,H 企业发展迅速,营销模式创新,未来前景不错。另外,老板是一位营销型的,且具有战略眼光的人,而 C 女士经历过一个企业从小到上市的整个企业成长周期,具有较强的战略协同能力、组织变革能力,专业度强,而且具备较高的情商,能够与老板很好的搭配,能很好融入现有团队。

最终 C 女士选择加入 H 企业,2020 年全球暴发新冠肺炎疫情,C 女士协同 H 企业转型上口罩生产线,企业利润大增。同时,通过推进送口罩活动,加强了许多潜在大客户的关系,大客户开发速度加快。

C 女士通过自己的努力,获得了 H 企业的高度认同。

分析:

(1)匹配是人才选聘的关键。找到匹配组织、匹配团队的专业人才,能够节约企业招聘成本与试错成本。这点,在从事猎聘过程中,感受很深,有许多高端人才并不是不优秀,而是不对味,未选择到适合企业文化的人才。

(2)职业指导。优秀的人力资源管理者,不仅仅是为了面试上岗一位人才,而更应该是给人才分析职业发展路径,找到好的平台,充分发挥自己的能力水平。

对于面试官而言,每位应聘者都是抱着对公司的信任而来。通过面试后,面试官对应聘者有一定的了解,面试官可以给每位应聘者一些诚恳的建议,以便应聘者在职场中发挥得更加出色。

1. 职业指导的意义与作用

(1)利于帮助应聘者理清自己的职业目标与规划。

(2)利于树立公司良好的品牌形象。

(3)利于体现公司专业化的人力资源管理水平。

2. 职业指导的内容

在面试快结束的时候,面试官可以对应聘者的职业做一些指导,内容包括如下方面。

(1)应聘过程中表现优秀的职业素养、职业能力。

(2)应聘过程中表现不足的地方:比如说沟通表达能力、哪些能力需要改善和提高。

(3)针对应聘者的优势与性格特点,适当给予一些职业发展建议。

(4)和应聘者一起探讨职业目标、职业规划等内容。

(5)对行业前景的分析与职位的分析。

3. 职业指导需注意的事项

（1）一定要站在帮助应聘者的前提下出发。职业指导是为了帮助应聘者看到自己的缺点，帮助他在职业发展道路上有清晰的目标与规划。

（2）不要盯着应聘者的缺点不放。每个人都有自己的长处，也有自己的缺点，作为面试官更多的是让应聘者更好地发挥自己的长处，而回避自己的缺点。面试官不能盯着应聘者的缺点不放，这样会导致应聘者对职业失去信心。

（3）面试官一定要经过专业的职业指导训练。职业规划对于应聘者而言是非常重要的，如果指导错误，会影响应聘者的一生。所以面试官一定要进行专业的指导，而不是乱帮忙。

（4）面试官一定要与应聘者一起探讨。面试官不是以为自己见多识广，而主观武断地给应聘者指点前程，而是要与应聘者一起探讨，让应聘者领悟到，并且由应聘者自己做出决定。面试官只是助人者。

3.6.5　谈钱不伤感情

工资谈判是面试最重要的环节，工资过高会导致公司的成本过高；工资过低，会导致对应聘者没有吸引力。在谈工资时，面试官需注意以下事项。

（1）弄清楚应聘者的心理需求。面试官不要急于表态公司的工资制度，而应该先看看应聘者的心理需求。应聘者的心理需求包括工资的总体收入、月发固定工资的额度、绩效工资可接受的比例、其他福利等方面。

（2）弄清楚应聘者原有的工资结构。我国讲的工资不规范，有的说的是基本工资，有的说的是整个收入。对于应聘者提的工资，作为面试官一定要清楚地知道应聘者讲的工资包括哪些部分，以便做出更好的决策。比如说国有企业中有些求职者把单位缴纳的公积金部分也算为个人工资的一部分。

（3）不要急着表态。因为面试官有时不能决定工资水平。在了解清楚后，不要急着答应应聘者具体工资收入，可以先说一个大概范围，向应聘者讲述公司的薪酬制度与薪酬结构，试探应聘者能否接受。

（4）验证求职者的工资收入。人力资源部可以通过关系网，以背景调查等形式，了解应聘者现有的工资收入与结构。或者人力资源部可要求应聘者打印银行流水与相关的薪酬制度证明现有的工资情况。

（5）与领导汇报沟通。根据应聘者的心理预期，结合公司现有的薪酬制度，与领导沟通，明确领导可接受的薪酬额度与结构比例。

（6）工资谈判。根据领导可接受的薪酬额度与结构比例，与应聘者进行工资谈判。谈判前需要做设计，如果差距较大，可用工资以外的其他优势吸引应聘者。当应聘者提出的工资需求高于公司薪酬标准时，作为面试官要学会通过平台、发展等公司的优势,来吸引应聘者的加入。谈判原则是先从容易谈判的,差异不大的地方开始入手,达成共识,最后谈难以达成的部分。

如果公司的薪酬制度比较刚性,就只能直接告诉应聘者,根据公司的薪酬制度,公司能给到的薪酬。再通过公司优势的展现去劝说。要给应聘者传递一种信号,公司的薪酬制度对每人一样,没有更改的可能,那就只能让应聘者权衡与决定。人力资源部只能通过表现出对应聘者的认可、重视。

如果公司的薪酬制度比较弹性,就需要先谈容易的部分,容易达到一致。然后,再谈难以达成的条款。先不要量公司底牌,让人觉得容易到手后,不会重视与珍惜。

总之,工资谈判是一个非常有技巧性的谈判。

【全真案例】苏州总经理薪酬谈判

某家国际物流企业 H,主营长江内支线的集装箱货代、船代、航运业务,经过多年发展,已成为长江中游地区有名的、市场占有率较高的民营企业,为新三板上市企业。

H 企业为扩大企业规模,准备布局长江下游地区。确定了江苏地区几家知名的国际物流企业,并且通过 Mapping 技术,梳理出了知名国际物流企业各分子公司总经理人员名单,经过沟通确定了一名苏州公司总经理人选 G。

通过行业了解 G 为现苏州公司下一个分公司的总经理,到现有的薪酬结构为基本工资 10 000 元,然后年度按公司净利润的 30%,原公司净利润约 500 万元左右,年收入 150 万元以上。而且原公司熟悉了,工作顺手且安逸。

再了解到 G 先生因为原公司通过层层分配,在分配上导致 G 先生不舒服,产生了离职的想法。

在进行薪酬谈判时,当得知 G 先生的工资后发现现有薪酬收入与 H 公司的薪酬制度及给出的工资差异很大,薪酬难度较大。怎么才能满足薪酬以外的部分,G 先生正处于创业的好时机,原有的职业通路已经达到一个瓶颈期,难以再往上走,原公司无上市计划,虽然在江苏省很有名气,但融资的能力与资金实力,因为 H 公司处于三板,原公司无法给到。

通过以上分析,H 公司设计了职业平台 + 薪酬 + 股权的综合激励模式,以吸引 G 先生加入。给 G 先生的职位为苏州公司总经理,采取业绩对赌的形式,完成业绩目标可以给苏州公司 49% 的股份,让 G 先生成为苏州公司注册股东。另外,G 先生还可以享受 H 公司的原始股份激励。而薪酬是最难设计的部分,先摸清 G 先生对薪酬的预期,然后根据整体薪酬预期,结合 H 公司现有的薪酬制度,再拆分薪酬结构及绩效考核办法。通过几次沟通,最后 G 先生选择了 H 公司。

分析：

（1）作为一名猎头顾问或者人力资源工作者，薪酬谈判是一个技巧性很强的工作，薪酬太高，会给企业造成新的成本。太低，吸引不到候选人加入。作为一名优秀的候选人，跳槽后薪酬增加 20% 是合理的，也是正常的。

（2）工资是一个综合性的方案，需要通过组合的形式，根据候选人的需求及公司现有的薪酬制度，达到一个双方可接受的方案。

3.7 评价中心技术

小 C 问道之评价中心技术

一天，招聘主管小 C 和主管在一家茶馆喝茶。突然聊到了最近入职的行政经理 T 先生。

T 经理有 8 年的行政管理工作经验，而且还有省内知名企业行政经理 3 年以上的经验，在原来的企业还被评为优秀管理干部，业绩做得很好，但到我们公司来后却表现平平。

小 C："我们现在的选拔方法主要是针对应聘者的能力审核，以往业绩等，你说要是我们把公司的文化、可能发生的事情融入一定的情景中，去考核应聘者的胜任度，那该多好呀！"

主管说："有呀，在选拔方法中有一种技术可以达到这个目的。"

小 C 惊讶地问："是吗？我怎么没听说过，是什么技术呀！"

主管："这个技术叫评价中心技术。"

小 C 摸了摸后脑勺，说道："评价中心技术，是不是类似结构化面试之类的？"

主管笑着说："不是，评价中心技术不是一个标准化的程序，而是一套标准化的程序和一系列测评方法的组合，依据情景模拟的原理，通过观察被评价者在不同测验中的表现，对其作出的综合评价。"

小 C："哦，它实际上是多种测评方法的组合。"

主管："是的，它包括无领导小组讨论、文件筐、管理游戏等。"

小 C 笑了笑，说："哦，明白了，那您教教我，把这样好的技术传授给我吧！"

3.7.1 什么是评价中心技术

一、评价中心技术的定义

评价中心技术是一种综合性的人员测评方法，由几种选择测试方法组合而成，利用现场测试或演练，由测评人员观察候选人的具体行为，并给予评分。

评价中心技术就是在情景模拟和角色扮演测评方法的基础上发展起来的，其主要特点就是情景模拟性。评价中心活动的内容主要有公文筐作业、无领导小组讨论、搜索事实、演讲、模拟面试、模拟会议、案例分析、备忘录分析等。

评价中心技术有以下两种用途。

（1）选拔与晋升管理人员。

（2）以发展为目的，为应聘者辨别其优缺点。

评价中心技术是集合了许多选拔管理者的方法和技术的一种评价技术，比较复杂，也难于掌握，在应用评价中心技术选拔人才时，必须遵循以下几项最低要求。

（1）必须应用多项评价方法。

（2）必须有不止一位评价者参加。

（3）必须根据所有参加的评价者的意见下结论。

（4）必须对应试者的行为做出综合评价，而不仅是观察到的行为。

（5）必须实施模拟练习。

二、评价中心测评法的特点

1. 针对性

评价中心测评法模拟特定的工作条件和环境，并在特定的工作情景和压力下实施测评。根据不同层次人员的岗位要求和必备能力，设计不同的模拟情景，具有很强的针对性，避免"高分低能"倾向。

2. 全面性

评价中心突出的特点之一是多种测评技术与手段综合运用，不仅能很好地反映被试人的实际工作能力，还可以测评其他方面的各种能力和素质。

3. 可靠性

测评中心由多个主试小组成员分别对被试人给予评价，减少了因被试人水平发挥不正常或个别主试人评价偏差而导致的测评结果失真。每项测验后，请被试人说明测验时的想法及处理问题的理由。在此基础上，主试人进一步评定被试人处理实际问题的能力和技巧，使评价结果的可靠性大大增加。

4. 动态性

将被试人置于动态的模拟工作情景中，模拟实际管理工作中瞬息万变的情况，不断对被试人发出各种随机变化的信息，要求被试人在一定时间和一定情景压力下作出决策，在动态环境中充分展示自己的能力和素质。

5. 预测性

评价中心具有识才于未显之时的功能，模拟的工作环境为尚未进入这一层次的人员提供了一个发挥其才能与潜力的机会，对于测评人员的素质和能力具有一定的预测作用。同时,评价中心集测评与培训功能于一体,为准确预测被试人的发展前途,并有重点地进行培养训练提供了较为有效的手段和途径。

三、评价技术中心的重要组成——公文筐测验

公文筐测验是一个模拟管理者文件处理工作的活动。这是评价中心中运用得最多的,也是最重要的测量方法之一。在模拟活动中,文件筐中装有各种文件和手稿:电话记录、留言条、办公室的备忘录、公司正式文件、客户的投诉信、上级的指示、人事方面的信息(如求职申请或晋升推荐信等)……这样的资料一般有10~25条,有来自上级的,也有来自下级的,有组织内部的也有组织外部的,有日常的琐事,也有重大的紧急事件。

测验指导材料是:"假设你已经选拔/提升到……职位上,这个文件筐里的文件是你上班第一天需要处理的所有事务。由于特殊原因,你的前任已经出差到另一个城市,所以你只能自己独立处理这些事务。对于每一份文件或者手稿,你都需要做出相应的批示或者处理,并说明你那样处理的理由。如果对于某些实际工作可能通过电话来解决的问题,你就在相应的事务下标明你会与谁联系或者委托谁处理这件事情;对于某些你认为比较重大的事务(如你的下属与客户发生严重纠纷),你可以根据情况较为具体地写下你将会采取的措施或解决办法;如果你认为某些事情可以推迟处理的话,你也需要注明适当的理由。所有的这些事务你必须在2~3个小时之内完成,请注意你的时间安排。"

来自:王志强

主题:员工的迟到

日期:2010.7.16

内容:

经理助理小陈协助我干一些管理性的工作,他最近总是迟到。虽然咱们部门实行的是弹性工作制,但仍要求员工在上午7:30~9:00到公司。然而小陈最近总是在9:15左右才到公司。因为这件事我批评过他,但他总是说他工作很努力并且总能把工作干好。小陈说的也是事实,但是我认为这样对其他的员工不公平。我能就这个问题与你进行一次讨论吗?

签字:王志强

四、应用评价中心技术的关键环节

国内引入评价技术的时间比较短,但近年,许多组织已经开始积极运用这一技术手段,并初见成效。

1. 无领导小组讨论

无领导小组讨论是评价中心中比较常用的一种测量技术。具体的操作方法是给接受评价的一组应聘者一个紧急的压力性问题,要求他们在一个小时之内解决。

小组讨论比较合适的情况是:6 名应聘者,6 名主考。主考不参与应聘者的讨论,他们的工作只是观察和记录应聘者的行为表现。讨论小组成员之间是平等的合作的,他们自己来决定和组织整个讨论的过程:自发产生一名领导者来组织整个讨论,也有人主动承担秘书的工作,记录讨论的结果和控制讨论的时间等。

无领导小组讨论的关键性问题就是讨论主题的确定,不仅要求与待评价的职位的工作情景有密切的联系,而且要具有一定的深度,有深入展开讨论的可能性。

无领导小组讨论比较独特的地方在于它能考查出应聘者在人际互动中的能力和特性,比如人际敏感性、社会性和领导性。同时,通过观察讨论过程中每个人自发承担的角色可以对应聘者的计划组织能力、分析问题和创造性解决问题的能力、主动性、坚持性、坚定性和决断性等意志力也能得到一定的考察。

2. 搜索事实

这是一个需要口语表述的模拟活动。这个活动中需要角色扮演者与应聘者共同参与。应聘者拿到一份关于在将来工作情景中可能遇到的问题的材料,他并不需要解决这个问题,而只是向角色扮演者创造性地、洞察性地提出一些敏感性的问题,尽力挖掘出与该问题有关的信息。应聘者不仅需要看到问题中包含了哪些信息,更需要关注问题所缺少的关键信息。在与角色扮演者充分交流之后,应聘者需要在一个较短的时间之内做出决定,提出一个解决问题的方案。

通常,角色扮演者还会对应聘者的问题解决方案提出质疑,从而又与应聘者进行进一步的讨论甚至争论。整个过程中主考完全不介入,只是在旁边观察和记录。

3. 演讲

演讲是一个需要口语表述的模拟活动。应聘者拿到了一些零乱、无组织的材料,他们需要根据现有的材料来把握其中的主要问题,尽力去了解问题进展到什么程度。经过半个小时左右的准备之后,他们向主考陈述自己的想法。当应聘者表达了尽可能多的信息,明确提出材料中存在的问题及其解决方案之后,主考可以针对性地提一些问题。

这种活动对应聘者的智能、社会技能和意志力都有特定的要求,比如分析问题的能力、口语表达能力及压力下的坚定性等。更为注重计划组织能力、综合能力(综合所有材料提出问题的解决方案)等。

4. 模拟面试

模拟面试需要角色扮演者的参与。应聘者扮演他将要担任的职位(如销售部经理),角色扮演者扮演应聘者的下属(如销售员)、客户或者任何与他有工作上联系的人,甚至采访他的电台记者。

例如,应聘者拟任生产部经理,在他负责下的公司生产部门最近形势很不乐观,所以他准备和一线负责的副经理(角色扮演者)进行一次面谈。在面谈中,角色扮演者一般遵循一个相对标准化的模式,他可以向应聘者提出问题、建议、反驳的意见或者表示拒绝等。角色扮演者的主要目标就是尽可能多地激发应聘者在模拟工作情景中表现出的各种工作行为,以利于主考进行更全面和充分的评价。

这种活动能激发应聘者表现出智能、社会技能和意志力。更具体来说,通过应聘者在模拟面谈中的行为表现可以评价他们的说服能力、表达能力、处理人际冲突的能力等。最终从那些维度上对应聘者进行评价,需要考虑待评价职位的具体情况。

5. 模拟会议

模拟会议是要求有两个以上角色模拟者参与的测量方法。根据应聘者未来期望的职位上可能出现的工作情况,设计一个有着明确议题的会议,要求应聘者组织这个会议的进行,确保能在限定的时间之内讨论完所有的议题。这种测量方法利于在人际互动中考察个人的社会技能,把握变化的能力,以及主动性、坚持性、坚定性和决断性等重要的特性。但由于参与模拟会议的角色扮演者比较多,他们的行为模式很难实现标准化,人际的复杂互动有时候会影响应聘者的行为表现与主考的评分过程。而且,多个角色扮演者的参与也大大提高了评估的成本。因此,如果采用其他测量方法能达到类似的测量效果,一般建议运用其他测量方法。

6. 案例分析

案例分析是书面测量方法的一种。实施案例分析时,通常让应聘者阅读一些关于组织中有关问题的材料,然后要求他针对材料提出一系列建议,以便汇报给高层管理人员。一般情况下,主考会要求应聘者设想自己已经被选拔或提升到了目标职位上,然后从那个角度去思考问题、提出建议。

这种测量方法着重于考察应聘者的计划组织能力、分析问题的能力、决断性等,根据评价中心流程关注的职位不同可以适当调整案例的内容和呈现的方式等。

7. 备忘录分析

备忘录分析是一种综合性的测量方法,包括"书面分析"和"口头陈述"两个部分。在实施"备忘录分析"时,首先应聘者一般需要根据主考预先为他们指定的某个主题完成某个书面任务,如为公司制定一项新的工作制度或者针对某个项目制定一个工作计划,然后,把他们完成的工作制度或者工作计划向主考进行汇报,即口头陈述。或者,主考会要求应聘者分析另一名员工或管理人员的工作备忘录,然后指出其中需要加以改进的地方,这名员工一般是该应聘者即将从事职位上工作的员工。

　　这种模拟活动是否能把握应聘者在未来职位上的工作潜力关键在于：主考需要在"工作分析"阶段充分地了解评价中心所关心的职位情况，然后设定一个比较合理的"工作备忘录分析行为评价表"。

　　这种备忘录分析法实施起来不难，它主要考察的能力维度与文件筐测验及演讲活动有很大的共同之处，它具备了两者的长处，但同时也避免不了会受主考的经验、能力的影响和制约。

3.7.2　评价中心技术操作实例

　　某大型企业集团公司近期准备选拔几名销售部经理，他们聘请了某管理咨询中心的评价中心专家来设计并实施评价中心流程。

一、评价中心技术流程图

　　评价中心技术流程图如图 3-1 所示。

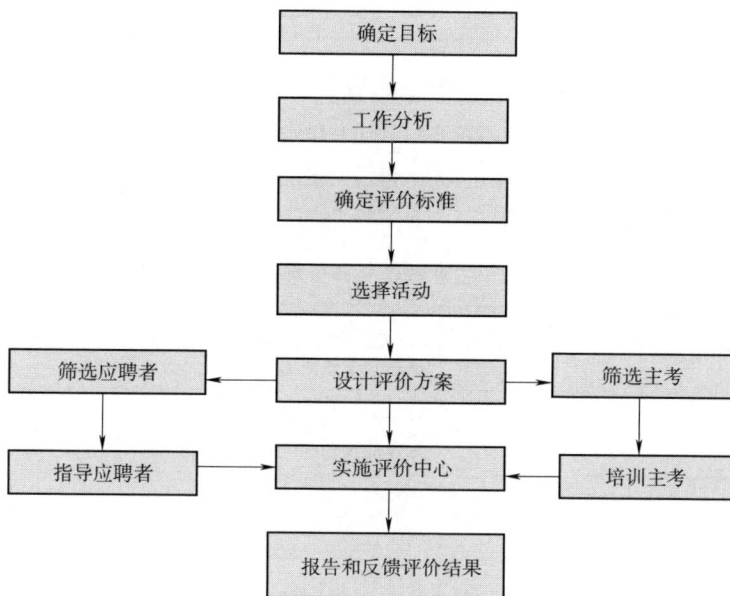

图 3-1　评价中心技术流程图

1. 工作分析

　　通过工作分析中的关键事件访谈法与行为坐标法，我们可以获得空缺职位的工作行为检核表。评价中心专家在调整公司原有的销售经理行为检核表之后得到的检核表，见表 3-4。

表 3-4　检 核 表

工作行为 1	计划年度销售目标,组织各地销售代表努力实现各自的目标
工作行为 2	大胆授权各地的销售代表,允许他们安排和调整自己的销售方案
工作行为 3	恰当处理客户的意见和抱怨,及时给予反馈
工作行为 4	维持与重要客户的沟通和联系,了解客户的最新需求
工作行为 5	在存在外部压力的情况下,坚持实施对部门和组织有利的工作方案
工作行为 6	与下属一起制定部门的年度销售计划,获得下属的支持
工作行为 7	积极采用新的策略和方法提高自己部门的销售业绩
工作行为 8	当市场情况发生很大变化时,能快速、果断地调整自己部门的销售战略和计划
工作行为 9	与他人沟通时,能鼓励他人表达自己的思想、观点和情感
工作行为 10	主动要求上级、同事和客户对自己的工作进行反馈,根据反馈调整自己的工作
工作行为 11	能够及时发现团队成员的情绪、行为所发生的较大变化,采取相应的措施来调整,确保团队任务的完成

2. 确定评价维度、设计和选择相应的活动

在工作分析阶段获得一个详细的工作行为列表之后,相关管理人员、专家和顾问需要做进一步的工作:确定评价维度和设计适当的活动。通过分工,一部分管理人员、专家和顾问专门负责分析各种工作行为背后潜在的特质维度,见表 3-5。

表 3-5　工作行动—评价维度转换表

工作行为	评价维度
工作行为 1	计划和组织能力
工作行为 2	授权和管理控制
工作行为 3	解决问题能力
工作行为 4	主动性
工作行为 5	坚定性
工作行为 6	领导性
工作行为 7	创新性
工作行为 8	决断性
工作行为 9	社会性
工作行为 10	主动性
工作行为 11	领导性

3. 评价维度

第一个初级维度"智能":不仅仅是指被动地了解知识,而是指那种以积极的方式去思考新事物的能力。不仅能对面临的问题进行剖析,明确问题的各个方面(分析问题),而且能综合问题的各个方面形成一个提议、计划或者想法,这个提议、计划或者想法不仅很新颖(独创性)而且是切实可行的(解决问题)。

第二个初级维度"社会技能":指为了完成组织赋予的使命而与他人打交道的各个方面。"人际敏感性"强调一个人是否愿意积极参与一个团体。凭着自己的热情和实践经验去组建一个团体,营造某种特定的团体氛围,并且主动发起团体聚会的行为所体现的是一种"社会性"。"领导性"则更多地关注于能否说服团体成员听从自己的建议去努力实现组织的目标。这种社会技能,对于管理者来说非常重要。

第三个初级维度"决断力":注重的是一个人无论遇到哪种经济的、社会的问题都能实现自己意图的能力。最重要的是实际的计划能力、检查和指导项目进程的能力和安排高效的管理进度的能力(计划和组织能力)。控制和授权,以及管理次要事务的能力(授权和管理控制能力),这是管理工作所必备的能力。

第四个初级维度"意志力":首先,一个员工应该能够主动地开始工作,而不是被动地等待上级的指示——这是"主动性";开始了一项工作之后,能够坚持把工作做下去——这是坚持性;工作中出现了外部压力,甚至遇到了极大的困难,但仍然能够坚定地把他的工作做下去——这是坚定性;最后,能够决定自己的生活原则,决断性的、独立地做出自己的选择,甚至于主动地去承受一定的风险——这就是决断性,见表3-6。

表3-6 评价维度的4个方面

维 度	评价因素
智能	分析问题
	解决问题
	创新性
社会技能	人际敏感性
	社会性
	领导性
决断力	计划和组织
	授权和管理
意志力	主动性
	坚持性
	坚定性
	决断性

4. 设计评价方案

设计评价中心方案的工作包括：评价中心活动的组合、时间的安排和人员的组织等更为具体但很重要的问题。在时间安排方面，一般要考虑选用了多少个活动、多少个主考、各个活动占用的时间、主考和应聘者从一种活动地点转换到另一个活动地点所花费的时间、主考和后勤人员准备活动材料和相关设施所花费的时间，以及他们午餐的时间。

一个比较严谨的评价中心流程一般至少需要两天时间，白天按计划组织模拟活动或心理测验，对应聘者进行初步评估，晚上主考小组对应聘者进行综合的评估，调整不同主考对于同一应聘者的评价差别过大的情况。

而对于评价中心流程选用的模拟活动，一般需要把书面活动和口头表达活动穿插起来，交替着进行安排，如文件筐测验和模拟面谈搭配，然后备忘录分析和演讲搭配，这样可以避免应聘者和主考感到厌烦，从而减少可能的主观偏差，见表 3-7。

表 3-7　维度评价表格

模拟面谈	
主考：	日期：
维度	得分(5 分表示优秀,4 分表示良好,3 分表示一般,2 分表示合格,1 分表示很差)
分析问题	
解决问题	
人际敏感性	
社会性	
领导性	
授权和管理控制	
坚定性	
决断性	

3.7.3　无领导小组讨论

无领导小组讨论主要测试应试者的论辩能力。其中既包括对法律、法规、政策的理解和运用能力，也包括对拟讨论题目的理解能力、发言提纲的写作能力、逻辑思维能力、语言说服能力、应变能力、组织协调能力。

一、无领导小组讨论的概述

无领导小组讨论是评价中心技术中经常使用的一种测评技术，其采用情景模拟的方式对考生进行集体面试。它通过给一组考生(一般是 5 ~ 7 人)一个与工作相关的问题,让考生们进行一定时间(一般是 1 小时左右)的讨论,讨论过程中不指定谁是领导,也不指定受测者应坐的位置,让受测者自行安排组织,评价者观测考生的组织协调能力、口头表达能力、辩论的说明能力、情绪稳定性、处理人际关系的技巧、非言语沟通能力(如面部表情、身体姿势、语调、语速和手势等)等各个方面的能力和素质是否达到拟任岗位的团体气氛,由此来综合评价考生之间的优劣。

二、无领导小组讨论的特点

(1)讨论角色的平等性。顾名思义,"无领导小组讨论"就是没有领导的讨论,在讨论中每个人的地位是平等的。

(2)讨论活动中的赛马场效应。无领导小组讨论使被评人之间的竞争由间接变为直接,强化了面试的竞争性,不仅为人才脱颖而出提供了机会,而且更有利于识别最具潜能的千里马。

(3)测评方式的仿真模拟性。这种群体讨论决策的方式,在某种程度上与一个单位的决策者们商讨问题极为相似。面对多元化的竞争对手,被评人如何表述自己的观点、如何说服别人、如何争取他人的认可、如何对待不同的意见、如何巧妙地控制讨论的局势,这些都能反映被评人具备的组织协调能力及潜在的领导者素质。

(4)评价的公平客观性。这种公平效应主要体现在评委对被评人的评价判断上。在传统的面试中,难免会出现光环效应、刻板效应、第一印象、近因效应等认知误差。而在无领导小组讨论中,由于评委主要从可观察的、可比较的行为表现去评判被评人,有别于一般的价值判断,因此能较好地克服认知偏差,得出公平而科学的判断。

三、实施无领导小组讨论的准备

1. 岗位分析

岗位分析的重点在于总结出那些与组织的远景、价值观、工作战略等相关活动,分析它们的特征,并由此概括出胜任该岗位所需的竞争能力。

2. 确定评价维度

无领导小组讨论评价维度主要是基于领导人才的要求和无领导小组讨论的特性确定的。在基础评价维度上,我们根据领导人才的素质结构要求,同时考虑无领导小组讨论的自身特点,选取决策能力、分析能力、应变能力、人际沟通能力、组织领导能力等测评要素。

3. 编写测评试题

编制试题应符合以下三个方面求:首先,讨论题目必须具有争论性;其次,题为大家所熟悉,能保证人人有感可发;最后,题的内容不会诱发被评人的防御心理,因为这样能使被评人尽情展现自己的风采,表现真实的自我。

4. 选定并培训评委

确定评委除了要考虑其素质外，还应注意以下几点：首先，如果测评的目的是晋升，那么被评人的直接领导最好不要担任评委；其次，评委人数一般与参与讨论的小组成员比例为1：2。此外，评委应对所聘领导岗位的工作较为熟悉，了解部门的工作性质和内容。

确定评委以后，要统一召集实施培训。培训可以从下几个方面着手。

- 评委要熟悉整个无领导小组讨论的过程。
- 要统一测评要素的评价标准，以保证评委评分的一致性。
- 善于观察、如何观察显得非常重要。通过观察来获取参与讨论的领导人才的有关信息。

观察评价的依据标准主要内容如下。

- 参与讨论的领导者提出的观点是否有新意？
- 他们怎样处理意见相左时的关系？
- 是否善于赢得他人的支持？
- 是否善于倾听别人的意见？
- 是否一味只顾自己讲话或者常常打断别人的讲话？
- 是谁在引导着讨论的进程？
- 是谁经常进行阶段性的总结？

其他参考性标准：

1. 受测者参与有效发言次数的多少。

2. 受测者是否有随时消除紧张气氛，说服别人，调节争议，创造一个使不大开口讲话的人也想发言气氛的能力，并最终使众人达成一致意见。

3. 受测者是否能提出自己的见解和方案，同时敢于发表不同的意见，并支持或肯定别人的意见，在坚持自己的正确意见基础上根据别人的意见发表自己的观点。

4. 受测者能否倾听他人意见，并互相尊重，在别人发言的时候不强行插嘴。

5. 受测者语言表达、分析问题、概括或归纳总结不同方面意见的能力。

6. 受测者反应的灵敏性、概括的准确性、发言的主动性等。

四、无领导小组讨论试题的形式

无领导小组讨论的讨论试题一般都是智能性的题目，从形式上来分，可分为以下五种。

（1）开放式问题。

所谓开放式问题，是其答案的范围可以很广、很宽。主要考查应试者思考问题时是否全面，是否有针对性，思路是否清晰，是否有新的观点和见解，例如，你认为什么样的领导是好领导？关于此问题，应试者可以从很多方面如领导的人格魅力、领导的才能、领导的亲和力、领导的管理取向等方面来回答，可以列出很多的优良品质，开放式问题对于评价者来说，容易出题，但是不容易对应试者进行评价，因为此类问题不太容易引起应试者之间的争辩，所考察应试者的能力范围较为有限。

（2）两难问题。

所谓两难问题，是让应试者在两种互有利弊的答案中选择其中的一种。主要考查应试者分析能力、语言表达能力及说服力等。例如，你认为以工作取向的领导是好领导，还是以人为取向的领导是好领导？一方面此类问题对于应试者而言，不但通俗易懂，而且能够引起充分的辩论；另一方面对于评价者而言，不但在编制题目方面比较方便，而且在评价应试者方面也比较有效。但是，此种类型的题目需要注意的是两种备选答案一定要有同等程度的利弊，不能是其中一个答案比另一个答案有很明显的选择性优势。

（3）多项选择问题。

多项选择问题是让应试者在多种备选答案中选择其中有效的几种或对备选答案的重要性进行排序，主要考察应试者分析问题的实质，抓住问题本质方面的能力。此类问题对于评价者来说，比较难于出题目，但对于评价应试者各个方面的能力和人格特点则比较有利。

（4）操作性问题。

操作性问题，是给应试者一些材料、工具或者道具，让他们利用所给的这些材料，设计出一个或一些由考官指定的物体，主要考察应试者的主动性，合作能力及在一实际操作任务中所充当的角色。如给应试者一些材料，要求他们相互配合，构建一座铁塔或者一座楼房的模型。此类问题，在考察应试者的操作行为方面要比其他方面多一些，同时情景模拟的程度要大一些，但考察言语方面的能力则较少，同时考官必须很好地准备所能用到的一切材料，对考官的要求和题目的要求都比较高。

（5）资源争夺问题。

资源争夺问题适用于指定角色的无领导小组讨论，是让处于同等地位的应试者就有限的资源进行分配，从而考察应试者的语言表达能力。分析问题能力，概括或总结能力，发言的积极性和反应的灵敏性等。如让应试者担当各个部门的经理，并就有限数量的资金进行分配，因为要想获得更多的资源，自己必须要有理有据，必须能说服他人，所以此类问题可以引起应试者的充分辩论，也有利于考官对应试者的评价，但是对讨论题的要求较高，即讨论题本身必须具有角色地位的平等性和准备材料的充分性。

五、无领导小组讨论的程序

1. 无领导小组讨论的几个阶段

无领导小组讨论的正式测评流程包括准备阶段、自由发言阶段、讨论辩驳阶段和总结阶段四个环节。

（1）准备阶段。

- 考官将介绍整个测评程序、宣读指导语。
- 考生了解试题,独立思考,列出发言提纲,一般为 5 分钟左右。

（2）自由发言阶段。

- 考生轮流发言阐述自己的观点;要求每个人先阐明自己的观点,摆明自己的态度和立场。
- 发言顺序可以是随机的。
- 保证每个人有发言机会,给那些个性内向、表现欲不强的人提供一个展现风采的舞台。
- 评委的任务是观察记录每个发言者的内容,形成初步印象。

（3）讨论辩驳阶段。

LGD实施流程图

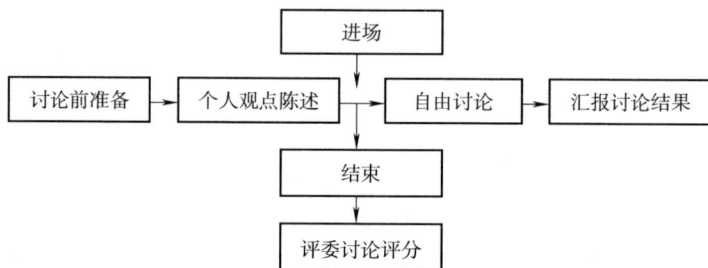

```
                          ┌──────────┐
                          │   进场   │
                          └────┬─────┘
                               ↓
┌──────────┐   ┌──────────┐  ┌──────────┐   ┌──────────┐
│ 讨论前准备 │→ │个人观点陈述│→ │ 自由讨论 │ → │汇报讨论结果│
└──────────┘   └──────────┘  └──────────┘   └──────────┘
                               ↓
                          ┌──────────┐
                          │   结束   │
                          └────┬─────┘
                               ↓
                          ┌──────────┐
                          │ 评委讨论评分 │
                          └──────────┘
```

- 考生交叉辩论,继续阐明自己的观点,或对别人的观点提出不同的意见,并最终得出小组的一致意见。
- 每个被评人必须充分展示自己的聪明才智。
- 杰出者在这个阶段脱颖而出,成为小组的核心人物。
- 被评人的人际沟通能力、决策能力、应变能力和组织领导能力,充分展现在评委面前。
- 在整个讨论过程中,每个评委要根据自己的观察对被评人的表现,根据公正、客观的原则在评分要素上打分。
- 评委在评分时不能相互商量,以避免相互影响。

（4）结束总结。

- 各组需要推荐一名小组长进行总结发言。
- 评委需要写一份评定报告,内容包括此次讨论的整体情况、所问的问题内容及此问题的优缺点,重点说明每个被评人的具体表现、最终录用结果、自己的建议等。

2. 无领导小组讨论的程序

（1）讨论前事先分好组，一般每个讨论组 6～8 人为宜；尽量将报考同一或相近职位的应试者安排在一组；背景相近的安排在一组。排出时间表，如图 3-2 所示。

（2）考场按易于讨论的方式设置，一般采用圆桌会议式，面试考官席设在考场四边（或集中于一边，以利于观察为宜），如图 3-3 所示。

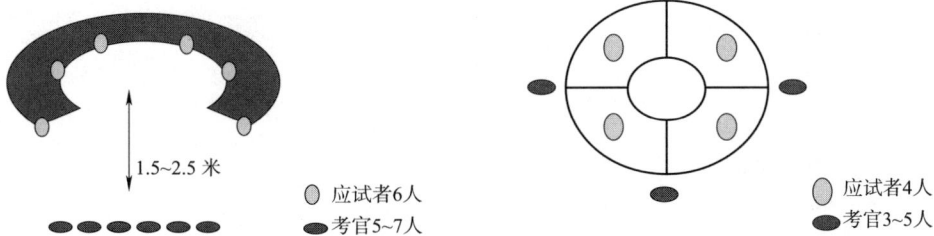

图 3-2　无领导小组讨论座位排列形式之一　　图 3-3　无领导小组讨论座位排列形式之二

（3）应试者落座后，面试考官为每个应试者发空白纸若干张，供草拟讨论提纲用。

（4）主考官向应试者讲解无领导小组讨论的要求（纪律），并宣读讨论题。

（5）给应试者 5～10 分钟的准备时间（构思讨论发言提纲）。

（6）主考官宣布讨论开始，依考号顺序每人阐述观点（5 分钟），依次发言，发言结束开始自由讨论。

（7）各面试考官只观察并依据评分标准为每位应试者打分，不准参与讨论或给予任何形式的诱导。

（8）无领导小组讨论一般以 40～60 分钟为宜，主考官依据讨论情况，宣布讨论结束后，收回应试者的讨论发言提纲，同时收集各考官评分成绩单，考生退场。

（9）考官观察应试者行为表现，对测评要素打分。通常设定七个左右的要素，将同一类行为归入相应的测评要素中，对每个要素采用 0～5 分的六个等级评分。考官分别报告自己的记录及评分结果。然后得出平均分的方式，计算出最后得分，主考官在成绩单上签字，见表 3-8。

表 3-8　成绩单

应试者测评要素		应试者 1	应试者 2	应试者 3	应试者 4	应试者 5	应试者 6
要素 1 权值 A%	观察点 1						
	观察点 2						
	观察点 3						

续表

应试者测评要素		应试者1	应试者2	应试者3	应试者4	应试者5	应试者6
要素2 权值B%	观察点1						
	观察点2						
	观察点3						
要素3 权值C%	观察点1						
	观察点2						
	观察点3						
要素4 权值D%	观察点1						
	观察点2						
	观察点3						
要素5 权值E%	观察点1						
	观察点2						
	观察点3						

3. 结果反馈

整体性人力资源开发强调测评的服务性和后效性，因此，测评结果的反馈在完整的测评中显得至关重要。一般来说，测评结果首先会反馈到被评人，通过与被评人沟通、讨论，被评人基本接受、认同测评结果，说明测评基本符合被评人的自我认知。其次会反馈到被评人的直接上级领导，通过调查、沟通、讨论，被评人上级领导基本接受、认同测评结果，说明测评结果基本可信。

在上述结果反馈中，特别需要注意反馈时的及时沟通。如果结果反馈时缺乏与被评人沟通或沟通效果不好，则会使无领导小组讨论失去其应用价值。另外也可能导致被评人的某些消极行为。这对组织建设还是个人发展都是不利的，因此需要我们慎重对待。

六、无领导小组讨论的评分

一般而言，对于无领导小组讨论的计分有以下三种方式。

（1）各考官对每个考生的每一个测评要素打分。

（2）不同的考官对不同考生的每一个测评要素打分。

（3）各考官分别对每个考生的某几个特定测评要素打分。在具体实施期间，考官之间可根据考官水平和考官特长等具体情况，有针对性地选择使用某一种计分方式。

无领导小组讨论法评价时的注意事项如下。

在无领导小组讨论的测评方法中，需要注意的事项就是确定清晰的测评要素和观察点对被测评者进行评价。表 3-9 为一个无领导小组讨论中的评分表格和观察点。

请按照表 3-9 中的测评要素分别对每个被测评者进行评价,在每个测评要素上按照 1~5 来打分,5 分是非常好,1 分是非常不好。

表 3-9　无领导小组讨论观察记录表

项　目	候 选 人					
	一号	二号	三号	四号	五号	六号
发言次数						
善于提出新的见解和方案						
敢于发表不同意见						
支持或肯定别人意见坚持自己正确的意见						
消除紧张气氛						
说服或调解						
营造一种使不大开口的人发言的气氛						
把小组意见引向一致						
发言清楚						
分析概括或总结做决议						
口述技巧						
非语言表情、随机应变						
发言的主动性						
反应灵敏						
评定等级						

各测评要素还应注意提供具体的观察点。例如,对于沟通能力,其观察点可以是清晰简洁地表达自己的意思;善于运用语音、语调、目光和手势;在他人发言时认真倾听;强调自己的观点时有说服力。

七、模拟试题

捷迅公司是一家中等规模的汽车配件生产集团。最近由于总经理临近退休,董事会决定从该公司的几个重要部门的经理中挑选接班人,并提出了三个候选人。这三位候选人都是在本公司工作多年,经验丰富,并接受过工作转换轮训的有发展前途的高级职员。就业务而言,三个人都很称职,但三个人的领导风格有所不同。

贾旺。贾旺对他本部门的产出量非常满意。他总是强调生产过程和质量控制的必要性,坚持下属人员必须很好地理解生产指令,迅速准确、完整地执行。当遇到小问题时,贾旺喜欢放手交给下属去处理。当问题严重时,他则委派几个得力的下属去解决。通常他只是大致规定下属人员的工作范围和完成期限,他认为这样才能发挥员工的积极性,获得更好的合作。贾旺认为对下属采取敬而远之的态度是经理最好的行为方式,亲密关系只会松懈纪律。他不主张公开批评或表扬员工,相信每个员工都心中有数。贾旺认为他的领导对他们现在的工作非常满意。贾旺说在管理中的最大问题是下级不愿意承担责任。他认为,他的下属可以把工作做得更好,如果他们尽力去做的话。他还表示不理解他的下属如何能与前任领导——一个没有多少能力的经理相处。

李东生。李东生认为应该尊重每一位员工。他同意管理者有义务和责任去满足员工需求的看法。他常为下属员工做一些小事:帮助员工的孩子上重点学校,亲自参加员工的婚礼,与员工一起去郊游等。他还送给一些员工展览会的参观券,作为对员工工作的肯定。李东生每天都要到工作现场去一趟,与员工们交谈,共进午餐。他从不愿意为难别人,他还认为贾旺的管理方式过于严厉,贾旺的下属也许不那么满意,只不过在忍耐。李东生注意到管理中存在的不足,不过他认为大多是由于生产压力造成的。他想以一个友好、粗线条的管理方式对待员工。他也承认本部门的生产效率不如其他部门,但他相信他的下属会因他的开明而努力地工作。

李邦国。李邦国认为作为一个好的管理者,应该去做重要的工作,而不能把时间花在与员工握手交谈上。他相信如果为了将来的提薪与晋职而对员工的工作进行严格考核,那么他们会更多地考虑自己的工作,自然地会把工作做得更好。他主张,一旦给员工分派了工作,就应该让他以自己的方式去做,可以取消工作检查。他相信大多数员工知道自己应该怎样做好工作。如果说有什么问题的话,那就是本部门与其他部门的职责分工不清,有些不属于他们的任务也安排在他的部门,但他一直没有提出过异议。他认为这样做会使其他部门产生反感。他希望主管叫他去办公室谈谈工作上的问题。

要求被试人分别以推举候选人的董事身份,参加讨论,决定总经理的最终人选。

应试者须知:

(1)应试者接到"讨论题"后,用5分钟时间拟写讨论提纲。

(2)按考号顺序每人限3分钟阐述自己的基本观点。

(3)依次发言结束后,应试者用30分钟时间进行自由交叉辩论。在辩论过程中,应试者可更改自己原始的观点,但对新观点必须明确说明。

(4)辩论结束后,应试者将拟写的发言提纲交给主考官,应试者退场。

评分要素及权重:言谈举止得体(5%);发言主动生动(15%);论点准确(15%);综合分析与论证说理能力(15%);提纲挈领(20%);组织、领导能力(30%)。

【全真案例】无领导小组讨论

假设你是某面包公司的业务员。现在公司派你去偏远地区销毁一卡车的过期面包(不会致命的,无损于身体健康)。在行进的途中,刚好遇到一群饥饿的难民堵住了去路,因为他们坚信你所坐的卡车里有吃的东西。这时报道难民动向的记者也刚好赶来。对于难民来说,他们肯定要解决饥饿问题;对于记者来说,他是要报道事实的;对于你业务员来说,你是要销毁面包的。现在要求你既要解决难民的饥饿问题,让他们吃这些过期的面包(不会致命的,无损于身体健康),以便销毁这些面包,又不让记者报道过期面包的这一事实?请问你将如何处理?

说明:(1)面包不会致命。(2)不能贿赂记者。(3)不能损害公司形象。

1. 实施分析

(1)角色:业务员、记者、一群难民。

(2)利益分析。

单方利益分析如下。

①对于难民来说,他们肯定要解决饥饿问题,绝不会放过这辆卡车上的食品。

②对于记者来说,他是要报道事实的,寻求新闻价值最大化。

③对于业务员来说,你是要销毁面包的;同时要维护公司的信誉形象。

双方利益分析如下。

①难民与业务员:难民吃掉一卡车面包,不仅解决了自己的饥饿问题,也帮助业务员完成了销毁过期面包这个任务,因此在难民与消费者之间不存在利益冲突。

②难民与记者:记者寻求的是新闻价值最大化,难民一直是记者挖掘新闻的素材;而难民也希望通过新闻媒体的报道,能够引起社会的关注,得到一些人道援助。

③业务员与记者:前面已经分析过了,难民是不会轻易放过这辆卡车的。业务员与记者的最大利益冲突在于,如果难民吃了过期面包,那么事实的报道将有损于公司的形象。

2. 问题界定

通过以上的利益分析我们发现问题主要发生在业务员与记者之间的利益冲突。因为记者是刚刚赶来的,所以他还不知道车上的面包是否过期,而一旦难民吃了面包,那么他就知道事实了。难民一定是要吃的、记者一定是要报道的,业务员的面包是一定要销毁的。业务员要么不给、要么给。由于对"一群难民"的概念模糊不清,到底是100还是1 000个难民呢?到底能不能保证一群难民全部消费掉这辆卡车上的食品呢?这些都不清楚,因此给的话,对公司形象将大大不利。不给的话,时间持续下去,难民势必会哄抢食品,这就造成了一起突发事件。所以最终我们将问题界定为一起危机事件的处理。

3. 解决方案

通过对以上的问题界定,我们讨论出以下的解决方案。

(1)业务员不能主动给难民过期食品,而应僵持下去,让他们自动哄抢食品。在难民哄抢食品并开始吃的时候,业务员应大声疾呼,果断"伪叫",假装阻止难民哄抢过期面包,同时大喊记者过来一起制止,这样可以向记者表明,业务员的本意即他根本就没有打算让难民吃过期的面包。

(2)业务员应及时打电话回总部,叫总部运来一车新面包,以解决难民的饥饿问题。并向总部解释发生的事情及自己的解决方法。在这个过程中,由于难民饥饿难忍会"消费掉"一些过期面包。

(3)待总部新面包送来之际,应及时和记者沟通,做好企业公关。比如,记者对此次事件的报道,会采访业务员,业务员应该利用这个机会大打企业公关牌。又如,为记者拟好明天报道的题目"过期食品遭哄抢,食品企业显真情"等。其实这些都是把这一危机事件当作公关危机来处理。

4. 方案评估

本方案既解决了记者的报道问题,又消耗了一定的过期面包,同时还借助这一事件,大大宣传了企业的人文关怀精神和社会责任,其付出的代价仅仅是一卡车新面包而已,就算是几百万的广告都很难达到的这样的公共效应。

3.7.4 文件筐处理

一、内容与定义

"公文处理模拟测验"又称为"文件筐测验",是面试评价最常用和最核心的技术之一。作为一种个人综合性笔试测验,它是一种对管理人员的潜在能力进行测定的有效方法,特别适合于中、高级管理人员的能力测评,考查授权、计划、组织、控制和判断等项能力素质的测评方式。在这种测评方法中,要求被试者阅读和处理备忘录、信函等一系列文字材料,其涉及的问题随被试者拟任岗位的要求不同而变化。一般做法是让考生在限定时间(通常为 1~3 小时)内处理事务记录、函电、报告、声明、请示及有关材料等文件,内容涉及人事、资金、财务、工作程序等方面。一般只给日历、背景介绍、测验提示和纸笔,考生在没有旁人协助的情况下回复函电,拟写指示,做出决定,以及安排会议。评分除了看书面结果外,还要求考生对其问题处理方式作出解释,根据其思维过程予以评分。

文件筐测验最基础、最重要的工作是测试题目的设计,也就是呈现给被测人员的各类书面文件,它决定了测评结果的信度和效度。一般来讲,文件筐内装的是十几份甚至更多的诸如备忘录、请示、信函、报表等书面形式的文件,这些文件的信息来源有上级和下级,有内部也有外部,内容涉及内部管理、人事、财务、生产、市场、政策法规、客户、公共关系等方面,其中有些是日常琐事,有些是紧急事务,也有重大事宜,但这些问题都是围绕目标职位可能遇到的状况进行设计的。公文筐测验的所有题目都来自管理工作的实战,通过考察被测评者在处理具体业务中的表现,评估其关键能力。例如,如果是录用一般管理岗位的人员,问题可能仅仅涉及理解并遵循指令,安排日常事务性工作,文稿归类整理,协调各方面执行等任务,而对于高层次的管理人中,则可能涉及十分广泛的问题,诸如人事安排,人事关系,财政支出与控制下属的能力,内部关系和组织结构等。

公文筐测验的适用对象为具有较高学历的人员(大专以上)或企业的中、高层管理者(部门经理以上),它可以为企业有针对性地选拔中、高层管理人员或考核现有管理人员。公文筐测验的所有题目都来自管理工作的实战,通过考察被测评者在处理具体业务中的表现,评估其关键能力,主要用作评价、选拔管理人员培训,提高管理人员的管理技巧、解决人际冲突和组织内各部门之间的摩擦技巧,以及为人力资源计划和组织设计提供信息。在实际运用中,公文处理测试主要通过业务角度和技能各角度对管理人员进行测试来帮助企业选拔优秀的管理人才或考核现有的管理人员,测试通过对应试者的计划、授权、预测、决策、沟通等方面能力,特别是针对应试者综合业务信息,审时度势全面把握、运筹自如的素质,来考察其作为高层管理者综合性管理技能。尤其是考察经理一级管理者的胜任能力,测验考察的能力定位于管理者从事管理活动时正确处理普遍性的管理问题,有效地履行主要管理职能(包括计划、组织、预测、决策、沟通等)所具备的能力,它需要受测人员具有多方面管理业务的整体运作能力,包括对人、财、物、信息等多方面的控制和把握。

二、文件筐处理的形式

公文处理的形式,按其具体内容可分为以下三种形式。

1. 背景模拟

背景模拟在正式开始之前便告诉被试者所处的工作环境,组织所处的地位,所要扮演的角色,上级主管领导的方式、行为作风,情景中各种角色人物的相互需求等信息,用以测评被试者的准备与反映的恰当性。

2. 公文类别处理模拟

公文类别处理模拟分为以下三类。

(1)所需处理的公文已有正确结论,是已经处理完毕归入档案的材料,用这样的公文让候选人处理,是要检验候选人处理得是否有效、恰当、合乎规范。

(2)所需处理的公文条件已具备,要求筛选人在综合分析的基础上做出决策。

(3)所需处理的公文尚缺少某些条件或信息。看看候选人是否能够发现问题和提出进一步获得信息的要求。

3. 处理过程模拟

处理过程模拟要求被试者以某以领导角色的身份参与公文处理活动,并尽量使自己的行为符合角色规范。

公文处理的测评方法便于操作,效度也很高,因为测试情景与工作情景几乎一致。对于候选人的处理方式的评估。由几名评估员在评分基础上讨论决定。有研究表明:两个评估员对同一候选人公文处理案卷及解释,相关系数高达0.92。

三、文件筐测验分析注意事项

由于文件筐这种测评技术使用起来需要投入一定的人力、物力和财力,因此在决定使用文件筐测验前应分析以下因素。

(1)文件筐测验的测试题目设计、评分标准和确定过程,只有通过深入的研究与筛选,才能保证较高的效度,因此精力、时间和费用花费较多。从企业成本控制的角度分析,文件筐测验适用于担负重大职责、战略性关键职位,一般为高中级管理职位,而用于基层管理者则可能得不偿失。

(2)文件筐测验是综合性测验,主试官首先要对被测人员的文件处理书面结果和他在测验过程中的行为表现进行判断和评价,然后通过深度问询了解被测人员处理文件的思维过程及思维风格。因此,主试官必须对测试题目的可能答案及题目之间的内在联系了然于胸,一般情况下非专业主试官需要接受1~2个星期的培训,并且最好是有测评专家随时加以指导。

(3)公文处理测试的适用对象为中、高级管理人员,它可以帮助企业选拔优秀的管理人才或考核现有的管理人员。

(4)由于它的测试时间比较长(一般约为2个小时),因此它常作为选拔和考核的最后一环使用。

(5)公文处理测试从业务和技能两个角度对管理人员进行测试。业务角度,公文处理测试的材料涉及财务、人事、行政、市场等多方面业务,它要求管理者具有对多方面管理业务的整体运作能力,包括对人、财、物流程的控制等;技能角度,主要考察管理者的计划、预测、决策和沟通能力。

(6)公文处理测试对评价者的要求较高,它要求评价者了解测试的内核,通晓每份材料之间的内部联系,对每个可能的答案了如指掌,评分前要对评价者进行系统的培训,以保证测评结果的客观和公正。

(7)国务院发布的2001年1月1日起实施的《国家行政机关公文处理办法》规定"公文处理应当坚持实事求是、精简、高效的原则,做到及时、准确、安全",为对各级行政机关公文处理工作的依据和准则。

四、文件筐测验的设计

文件筐测验的设计必须紧紧抓住三个环节。

（1）工作分析。深入分析职位工作的特点，确定胜任该职位必须具备哪些知识、经验和能力。工作分析的方法可以是面谈、现场观察或问卷。通过工作分析，确定文件筐测验要测评什么要素，哪些要素可以得到充分测评，各个要素应占多大权重。

文件筐测验一般可以考察以下要素。

①书面表达及其理解；②统筹计划能力；③组织协调能力；④洞察问题和判断、决策能力；⑤任用授权能力；⑥指导控制能力；⑦岗位特殊素质，如法规条例知识。

（2）文件设计。包括选择什么文件种类，如信函、报表、备忘录、批示等；确定每个文件的内容，选定文件预设的情景等。文件数量较多，时间以 2~3 小时为宜。文件的签发方式及其行文规定可以忽略，但文件的行文方向（对上与对下，对内与对外等）应有所区别。特别要注意各个文件测评要素的设计。常常一个文件不同的处理可以体现不同的要素，确定好计分规则或计分标准，尽量避免每个要素同时得分和无法归于某一要素的情况出现。

（3）测验评分。实施文件筐测验之后，评分一般由专家和具备该职位工作经验的人（一般是选拔职位的上级主管及人事组织部门的领导）进行，除了前面设计时要制定好评分标准外，更重要的是对评分者进行培训，使评分者根据评分标准而不是个人的经验评分。评分的程序也要特别注意，可以考虑各自独立评分，然后交流评分结果，对评分差异各自申述理由后，再独立第二次评分。最后将评分结果进行统计平均（评分者比较多时，可以去掉最高分和最低分），以平均分作为最后得分。有时，在考生答案不明确的情况下，需要质询应聘考生，根据其对处理方式的解释确定得分。

整个文件筐测验的设计要特别注意两点。

①测验材料难度的把握。目前国内对各个职位应具备何种程度的知识、经验和能力缺乏客观可靠的依据，难度的把握比较困难。把握不准，材料过难，固然作为选拔测验有时可以选拔到很好的人才，但大材小用，很难设想这人会安心本职位工作，且导致人力资源的浪费。材料过于容易，测验会出现"天花板效应"，大家都得高分，区分不出应聘考生的能力大小。

②要注意材料真实性程度的把握。完全杜撰的材料，应聘考生可以根据一般知识推理，处理的结果没有针对性，看不出应聘考生的水平差异，考生被录取后需要经过较长时间的培训和适应才能胜任工作。完全真实的材料，过于偏重经验的

考察,忽视潜能的考察,最后选拔到的人无疑是完全与招聘单位文化气氛相同的人,违背了引入外来人才,给单位输入新鲜血液的本来目的。同时完全真实的材料,使招聘考试本身对单位内部考生和外部考生不公平,同样的能力水平内部考生被录取的可能性更大,结果给人留下"一切都是内定,考试不过是走形式"的印象,这对真正想引进外部人才的单位尤其不利。

五、实施过程

公文处理测试有严格的时间控制,总计时间为115分钟。其具体过程如下。

(1)根据具体情况选择适当的测试场地。

(2)准备好测试所用的各种材料。

(3)安排进入考场,宣布测试中注意事项。

(4)开始测试,监督被评价者测试。

(5)测试结束回收答题纸。

1. 准备

主要是指测验材料和测试场所的准备。给每个考生的测验材料事前要编上序号,答卷纸也要有相应序号,实施前要注意清点核对。

答卷纸主要由三部分内容构成。

一是考生姓名(或编号)、应聘单位和职位、文件序号等。

二是处理意见(或处理措施)、签名及处理时间。

三是处理的理由。

公文筐测验答题纸
应试者编号:
姓名:
竞聘职位:
文件序号:
处理意见: 签名: 年　　　月　　　日
处理理由:

文件序号只是文件的标识顺序,不代表处理的顺序,应允许考生根据轻重缓急调整顺序,但给所有考生的文件顺序必须相同,以示公正。测试的场所要求比较宽

敞、安静,每个人一桌一椅,相互之间无干扰。为了保密,最好所有考生在同一时间完成。如果文件内容涉及招聘单位内部的一些情况,测试前应对所有考生提供培训,介绍相关情况,缩小内部考生和外部考生对职位熟悉程度的差别。

2. 实施

主试需对测验要求做一简单介绍,说明注意事项。然后发给考生测试指导语和答卷纸,回答考生的提问,当考生觉得没有问题后再发测试用的文件。考生人数比较少时,也可以一次将材料发给考生,但要求考生严格遵从主试的要求,先看指导语再看文件。测试指导语是测试情景、考生扮演的角色、考生任务和测试要求的说明,必须明确、具体,一目了然。有时在初级人员的文件筐测验中,发给考生指导语后,让考生完成一个指导语的测验,强迫考生熟悉理解指导语,这在文化水平低的群体中有时十分有用。在考生正式进入文件处理后,一般不允许考生提问,除非是测验材料本身有问题。

3. 评分

应在考生做完后立即进行,当有质询考生的设计时,特别应该如此。为求客观,可将考生编号,由一个人将考生的处理意见和处理理由念给所有的评分者听,由各位评分者独立评分。为了保证评分的一致性,事前的评分者培训很重要,可以考虑对一部分考生(或者模拟考生)进行试评分,考察各个评分者对标准的掌握及评分过程中存在的问题,待取得一致意见后再往下进行。评分时,可按号序逐一评定,也可按文件内容分类评定。前一种办法可以对考生的素质形成整体印象,后一种办法容易达成评分标准的一致性。

公文处理测试具体实施举例

1. 准备材料

测验由两部分(测验材料和答题册)组成,纸笔方式作答。

(1)测验材料,即提供给被试的资料、信息,是以各种形式出现的,包括信函、备忘录、投诉信、财务报表、市场动态分析报告、政府公函、账单等。测验中所用的材料共有十几份,每份材料上均标有材料编号,材料是随机排放在公文筐中的,被试在测验的各个部分都要用到这些材料。

(2)答题册,供被试对材料写处理意见或回答指定问题,是被试唯一能在其上写答案的地方,评分时只对答题册上的内容进行计分。答题册包含总指导语和各分测验的指导语。它提供了完成测验所需的全部指导信息,完成各部分测验所需的指导语在各部分开始时给出。

2. 实施过程

若能单独安排在模拟经理室里进行,效果更好。可以集体施测,考虑到录像的效果,一组以不超过 10 人为宜。具体过程如下。

(1)依据预定的参试人数选择好适宜的测验地点,布置考场。考场环境应安静整洁,无干扰,采光照明良好。由于要处理大量公文,桌面要够大。如有多人参加,相互之间距离要远一些,以免相互干扰。

(2)准备好测验所用的如下材料:测验材料、答题册、铅笔、橡皮,保证每位应试者有以上完整的测验材料及用品。允许被试自带计算器。

(3)安排被试人入场,并宣布测验注意事项,指导语如下。

请大家注意,为了不影响考试,请大家关闭手机,暂停使用。请大家查看一下是否都拿到了测验材料和答题册(测验主持人展示)各一份。

首先请大家在答题册的背面填写姓名等背景信息。在测验没有开始之前,请不要翻看测验材料。

本测验分为四个部分,每一部分都要用到这些测验材料,请您注意:不要在测验材料上做任何标记,请在答题册上回答问题。测验结束后请您把测验材料和答题册一并交还给我们。

请大家翻开答题册第一页,这是一个"公文筐"测验,(总指导语略)……

如果有疑问请大家提出,我们现在给予解答(停顿,主持人答疑)。

如果大家没有任何问题,我们来看测验 1——计划,这个测验要求你(测验 1 的指导语略)……

如果有疑问请大家提出,我们现在给予解答(停顿,主持人答疑)。

如果没有任何问题,请翻开下一页开始做题。

(4)计时,注意监督应试者不能提前翻看或做后一部分的题目。

(5)第二部分测验指导语如下。

"我们来看测验 2——预测,这个测验要求你(测验 2 的指导语略)……

如果有疑问请大家提出,我们现在给予解答(停顿,主持人解答疑问)。

如果没有问题,请开始做题。请大家注意不要再回头做第一部分的题目。"

(6)计时,注意监督应试者不能提前翻看或做后一部分的题目。

(7)余下部分的测验依此类推。

(8)测验时间到,回收测验材料和答题册,测验结束。

3. 评分

公文筐测验所要测评的能力定位于管理者从事管理活动时正确处理普遍性的管理问题,有效地履行主要管理职能所具备的能力。考察管理者对多方面管理业务的整体运作能力,包括对人、财、物、信息等多方面的控制、把握。

具体来说,要考察以下五个维量。

(1)工作条理性。理论分值区间:0~15 分。

设计一定的任务情境和角色情境,要求被试判断所给材料的优先级。得分高的被试能有条不紊地处理各种公文和信息材料,能根据信息的性质和轻重缓急对信息进行准确的分类,能注意到不同信息间的关系,有效地利用人、财、物、信息资源,并有计划地安排工作。

(2)计划能力。理论分值区间:0~30 分。

得分高的被试能非常有效地提出处理工作切实可行的方案,主要表现在能系统地事先安排和分配工作,识别问题及注意不同信息间的关系,根据信息的不同性质和紧迫性对工作的细节、策略、方法做出合理的规划。评价计划时,在某种程度上要关注被试对其行为未来后果的考虑。例如,考察他们解决问题时是否考虑时间、成本、顾客关系或资源。计划也包括为避免预期的问题所采用的步骤,以及出现这些问题时,他们对问题的操作步骤与方法。

(3)预测能力。理论分值区间:0~16 分。

得分高的被试能全面系统地考虑环境中各种不同的相关因素,对各种因素做出恰当的分析,并做出合乎逻辑的预测,同时对预测能提出行之有效的实施方案。该维量包括考察三部分内容:预测的质量、所依据的因素、可行性分析。评价预测时,要考察被试为了做出预测而利用公文筐内材料的程度,即是否综合各种因素做出分析。

(4)决策能力。理论分值区间:0~17 分。

该维量得分高的被试对复杂的问题能进行审慎的剖析,能灵活地搜索各种解决问题的途径,并做出合理的评估,对各种方案的结果有着清晰的判断,从而提出高质量的决策意见。该维量包括考察三部分内容:决策的质量、实施的方案、影响因素。评价决策时,要细察决策背后的理性成分,考察被试是否考虑了短期和长期的后果,是否考虑了各种备选方案的优缺点,假如采取某种行动方案,为什么?

(5)沟通能力。理论分值区间:0~25 分。

要求被试设计公文,撰写文件或报告,用书面形式有效地表达自己的思想和意见。根据评估内容,考察被试的思路清晰度、意见连贯性、措辞恰当性及文体相应性。得分高的文章要求语言非常流畅,文体风格与情境相适应,能根据不同信息的重要性来分别处理,结构性很强,考虑问题很全面,能提出有针对性的论点,表现出熟悉业务的各个领域。

编　号			姓　名		性　别		年　龄	
文化程度					竞聘岗位			
测评要素		观察要素					满分	得分	备注

测评要素		观察要素	满分	得分	备注
问题解决	洞察问题	觉察问题的起因，把握相关问题的联系，归纳综合，形成正确判断，预见问题的可能后果	10		
	解决问题	提出解决问题的有效措施并付诸实施，即使在情况不明朗时也能及时做出决策	10		
	计划统筹	确定正确、现实、富于前瞻性的目标安排和实现目标的有效举措和行动步骤，预定正确可靠的行动时间表	10		
日常管理	任用授权	给下属分派与其职责、专长相适应的任务，给下属提供完成任务所必需的人、财、物支持，调动使用下属的力量，发挥下属的特长和潜能	10		
	指导控制	给下属指明行动和努力的方向，适时地发起、促进或终止有关工作，维护组织机构的正常运转，监督、控制经费开支及其他资源	10		
	组织协调	协调各项工作和下属的行动，使之成为有机的整体，按一定的原则要求，调节不同利益方向的矛盾冲突	10		
	团结下属	理解、尊重下属，倾听下属意见，爱护下属的积极性，帮助下属适应新的工作要求，重视并在可能条件下促进下属的个人发展	10		
个人效能		注重实干、效率和行动，合理有效地使用、分配、控制自己的时间	10		
考官评语		考官签字：			

公文处理评分标准如下：

1～2分	轻重缓急不分，批示不符合要求，文字该删节未删
3～4分	未能抓住重点，批示内容欠缺，文字该删节未删
5～6分	尚能分清主次，批示内容一般，文字删节较少
7～8分	能抓住重点，批示内容尚达到要求，文字删节可以
9～10分	能分清轻重缓急，急件处理及时，批示内容具体可行，文字删节得当

3.8　背景调查

小 C 问道之背景调查

　　招聘主管小 C 在参加一个人才市场举办关于招聘与面试的培训会，老师是湖南省内非常知名企业的人力资源总监 Z 老师。Z 老师的课实操性很强，深受小 C 的喜欢。下课了，小 C 走到讲台，向 Z 老师请教。

小 C:"老师,您好! 刚才听您讲企业一些关键人才在录用前一定要做背景调查。什么是背景调查呀!"

Z 老师:"背景调查是指通过合法的途径与方式对应聘者的提供个人背景信息进行核查,以验证应聘者的信息真伪及本人的诚信度。"

小 C:"哦,这样啊,那是不是对应聘者填写的应聘登记表上所有的内容都进行核实呢?"

Z 老师:"不完全是,除了核实应聘者个人基本信息外,还可以了解应聘者在原公司的人际关系、工作业绩等情况。你可以到百度上查一查,关于背景调查的详细介绍,以后若在操作上遇到困难时,你也可以打电话咨询我。"

小 C:"好的,谢谢老师!"

3.8.1　背景调查概述

背景调查的目的是获得应聘者更全面的信息以及不被应聘者提供的虚假或夸张的信息所迷惑。背景调查是一个非常重要而容易被招聘人员忽略的问题。现在越来越多的企业开始使用背景调查工具,以防止因人才市场供大于求,一些应聘者故意夸大或编造虚假简历情况的出现。

【全真案例】背景不调查,害人不浅

某知名企业拟招一名生产副总,经与 L 先生多次面试,总经理觉得 L 先生技术熟练,熟悉一些现代的企业管理方法,管理能力好,非常满意。于是花高薪聘请 L 先生做生产副总,以此来提高生产按时交货率。

可是,L 先生入职不到一个月时间,由于管理的艺术性不够,性格耿直,与技术副总、销售副总及几位中层管理者经常吵闹,甚至有几次差点打起来。为此,许多中高层管理者的意见很大,纷纷反映到总经理那里。

总经理了解情况后,与 L 先生进行了告诫性谈话,希望 L 先生注意管理的艺术性。也对其他中高层管理者劝导,希望他们多支持 L 先生的工作。

又过了一个月,这种局面不但没有改善,而且越来越厉害,矛盾激发到不可调和的地步,总经理只好辞退 L 先生。

最后,L 先生以加班费等各种理由,找公司要了不少的经济补偿金。同时,所有中高层管理干部都因 L 先生的高工资,提出要上调工资。

后来,总经理在与一位朋友聊天才得知 L 先生在上一家单位是工艺部经理,并未担任过生产副总,而且在上一家单位离职的一个主要原因是人际关系不好,与生产部经理发生打架而离开的。

总经理感叹道,若早点了解到这个情况就好了。

分析:

(1)L先生在职场多年,非常了解企业用人的要求与特点,在与总经理面谈时由于是希望得到这份工作,所以性格方面都会表现得更加平和,也会更多地把自己好的一面展现给企业。至于自己的缺点,会适当地隐藏。这样才会造成总经理觉得L先生是一位非常适合生产副总职位的人才。

(2)作为生产副总,这些核心的高级人才,应聘者的重要程度很高,同时破坏性也很强。在选人方面要尤为慎重,一定要对他做背景调查,了解应聘者在原单位真实的情况,以便更有效地招聘人才。

1. 背景调查的意义与作用

背景调查越来越受到重视,越来越多的企业开始使用背景调查,其意义与作用如下。

(1)帮助企业HR筛除有虚假信息的候选人。

企业通过背景调查可以核实简历中的基本信息,如身份信息、教育经历、工作信息等,通过核查其真实性,可以把那些不诚信、弄虚作假的候选人筛选出来。

(2)全面了解求职者的素质与能力。

企业通过背景调查可以了解到应聘者在原单位的素质、工作能力、工作业绩,以便更好地判断求职者是否与企业岗位要求相匹配。

(3)帮助企业节省成本、规避用人风险。

企业通过背景调查可以防止一些不符合企业要求的求职者上岗,能够有效地降低招聘成本,还可以规避用人风险。

2. 背景调查主要适应的人群

在企业中一般以下人员必须做背景调查。

(1)涉及资金管理的职位。如会计、出纳、投资,出于对资金安全的考虑,企业会对这些岗位的人员进行背景调查,以了解这些准员工的工作能力、犯罪记录和诚信状况。

(2)涉及公司核心技术秘密的职位。如研发部的工程师、技术人员。核心技术秘密关系到企业的生存问题,一旦被竞争对手知晓,企业就会出现生存危机。所以,企业招聘这类人员时都会非常谨慎,宁可花费一定资金对拟录用者进行犯罪记录、诚信状况等做背景调查。

(3)部分中高层管理职位。运营总监、销售总监、战略管理总经理这些职位主要涉及企业的运营战略,企业的运营方向、核心客户资源都掌握在这些职位人员手上,如果这部分人员有动荡,整个企业的资金链或者运营层面都会受到极大的影响。所以,大多数企业都会对中高层岗位聘用者做背景调查。

3. 背景调查的内容

背景调查应根据工作岗位分析、申请表分析和个人简历分析的相关内容做背景调查。背景调查的内容如下。

(1)教育和专业培训背景。公司应检查应聘者所提交的正式教育的期限和类型。

(2)职业资格和认证信息。公司需要检查应聘者所提交的职业资格和认证信息的真实性。如注册会计师证、人力资源师证等。

(3)工作职位、经验和成就。详细核查应聘者的工作起止时间、所在部门、职位、职责、上下级关系。企业规模大小不一样,职位规范度就不一样,有些企业人力资源总监就相当于一个人力资源部经理,有些企业的人力资源部经理就相当于一个人事主管等。同时,核查应聘者在原单位取得的业绩,可以侧面反映应聘者的能力水平。

4. 背景调查的原则

(1)被调查人授权,背景调查要让被调查人知情。
(2)不涉及被调查人尚未离职的公司。
(3)不涉及被调查人个人隐私。
(4)第三方仅记录客观情况,不评价被调查人是否胜任。
(5)给予认为有问题的被调查人申辩权利。
(6)被调查人信息保密。

【全真案例】难堪的 P 先生

刚被高薪聘请到汉口一家通信技术公司的 P 先生怎么也没有想到,一番背景调查让他的私人空间曝了光,弄得他难以在新公司树立威信。

对于背景调查,作为中高层管理人员,P 先生的遭遇并非头次,从专业技术水平到为人处事,他都自信经得起调查。P 先生此次跳槽的薪水传言可观,在行业内几家公司引起一番小波动,有的羡慕,有的嫉妒。但是,这次跳槽时,调查人员与原公司员工的私人闲聊成了作料,闲话在新公司不胫而走,给他造成了一定的被动。"他离婚了,找小三,他现在的老婆比他小 12 岁,真是'老牛吃嫩草'。""他酒量很好,经常去酒吧。""他前妻家里蛮有背景,走到今天不都是靠的女人吗?"作为"空降兵",P 先生本来在开展工作上就有一定的难度,而眼下这些私人八卦,却成了新同事茶余饭后的闲话,这弄得 P 先生十分难堪。

自己的事情只有自己知道，外界传闻只是表面上的东西，P先生十分恼火。终于有一天，他当着人力资源部经理和总经理的面发了火："我的人品有问题吗？我的工作能力让你们失望了吗？为什么我刚进来，不负责的私生活传言却到处泛滥？公司这样的做法让我很失望！如果贵公司如此不专业，那么我将考虑另谋高就。"

3.8.2　背景调查的实施与技巧

1. 背景调查的时机

不同的企业采用不同的调查时机。有的在完成申请表或个人简历分析后、面试等其他甄选开始之前进行。这样可以避免不适合的应聘者进入后续的甄别过程。有的采用在面试结束后与上岗前的间隙进行，此时大部分的不合格人选已经被淘汰，对淘汰人员自然没有实行背景调查的意义。还有的在员工试用期进行背景调查。试用期背景调查的时间比较多，利于背景调查收集到更多、更准确的信息，以作为试用期是否符合录用条件的依据。

在笔者接触到的企业中，大部分采用的是面试结束后与上岗前的间隙进行。

2. 背景调查的实施方和调查目标部门

背景调查大多数情况下由人力资源部门来进行，对于一些高级职位或很难获取信息的职位或以委托中介机构进行。其调查目标部门如下。

（1）学校学籍管理部门。

在应聘者毕业的院校查阅应聘者的教育情况，核实应聘者的教育经历是否属实、应聘者受教育的形式（如是全日制还是自考、函授）、在学校的成绩和表现，这些信息用以核实学历的真实性，有效地防止用假文凭、假证书兴风作浪。公司也可以通过全国高等教育文凭查询网，对应聘者的学历进行检查。

（2）应聘者历任雇用公司。

从应聘者以前就职的企业那里可以了解到应聘者的任期、职位、工作部门、工作业绩、表现和能力等信息，用以帮助确定应聘者工作经验的真实性。但需要注意的是，在做这部分调查的时候，应该从应聘者前任公司的人力资源管理部门和领导那里了解情况，而不是一般的同事和非直接的上级。同时对于评价的客观性需要加以鉴别，有的领导为防止优秀员工被挖走，而故意低调评价手下干将，以打消竞争对手的挖人意图，有的直接领导对应聘者有个人看法，因而故意给出较低的评价。因此，在收集这方面信息时应该确保公平性和客观性。

（3）应聘者的熟人。

由于应聘者熟悉的那些人通常会给应聘者提供积极的证明材料，而且推荐的人通常是应聘者自己选定的,这就不排除他们选择自己熟悉或对自己评价较高的人。所以这种方法所得出的结果对应聘者未来工作业绩的预测效果不佳。

(4)档案管理部门。

一般而言,从原始档案里可以得到比较系统、原始的资料。目前,档案的保管部门是国有单位的人事部门和人才交流中心,按照规定,他们对档案传递有一套严格的保密手续,因此,档案的真实性比较可靠,而员工手中自带的档案参考价值就大打折扣。但目前人才中心保管的档案存在资料更新不及时的普遍缺陷,员工在流动期间的资料往往得不到补充,完整性较差。相比较而言,国有单位人事部门对自己员工的资料补充较好,每年的考评结果都会入档。

(5)应聘者所接触的客户或合作机构。

应聘者以前的客户和合作机构与应聘者在工作上有很多实质上的往来,尤其是重要的客户,在和应聘者的长期接触过程中,对应聘者的工作能力和业绩都有所了解,因此,他们是提供应聘者信息的一个很好渠道。从另一个角度来说,外部人员的评价信息对个人信息的全面性有很好的补充。

3. 背景调查的常用方法

目前企业常用的员工背景调查工具有电话调查、委托调查机构调查、利用行业HR 联盟,进行员工背景调查等。

(1)电话调查。

人力资源部门通常采用去学校、培训中心、网络查询等方式对拟录用员工的学历、培训经历、证书等进行调查,而对于工作经验、工作业绩、离职原因、入职和离职时间等就不好进行查证了,需要找到员工原雇主的人力资源部门、领导、同事等核实详细情况,通过电话调查比较合适。

使用电话对拟录用员工进行员工背景调查是经常使用的调查手段,通常,公司人力资源部的招聘专员通过拟录用员工留下的电话号码或者通过其他渠道获取拟录用员工原公司的通信方式,采用合理、合法的方式对拟录用员工所在公司的人力资源部员工或者所在部门的上下级进行该员工的背景调查。电话调查效率较高,但如果操作不当容易侵犯被调查者的隐私,引起被调查企业的警觉(尤其是竞争对手),容易使被调查者的工作陷于被动;不少被调查企业出于不愿员工流动或者与被调查者本身有矛盾,在电话采访中不可避免地会对跳槽员工的工作能力和态度给予极低的评价,甚至会趁机"捅上一刀"。这样一来,不仅被调查员工可能因此失去工作的机会,招聘企业也可能因为这些不客观的评价而失去真正的人才。

（2）委托调查机构调查。

企业自身在进行员工背景调查时，往往操作起来费时费力，且由于很多员工来自竞争对手，在实施员工背景调查时无法获得其人力资源部的配合和支持，另外，企业的人力资源部由于调查手法单一、技术不专业，因此，无法保证调查出来的结果真实性和有效性。因此，对于部分核心和重要岗位，很多企业会委托外部的调查机构去做员工背景调查，调查机构利用自身的数据库与法院、公安机关、学校及部分企业之间的战略联盟优势，且与被调查的企业之间不存在排异现象，能有效利用自身的专业工具，迅速调查清楚被调查者的背景信息，且能保证员工背景调查报告客观、可信。如清华大学作为国内数一数二的名牌大学，在高端人才引进方面，他们采用委托外部调查公司进行员工调查的方法，对应聘人员的学术情况进行调查，主要包括简历、代表性的论文著作，做出客观、公正的评价，这样确保了他们引进的人才是真正的高端人才，对提升学校的学术地位，占领学术制高点，无疑会产生较好的效果。

但是委托调查公司进行员工背景调查也存在很多不足，首先，委托调查公司进行员工背景调查需要花费较大的费用，给企业带来较大的人力成本压力；其次，企业委托调查公司进行员工背景调查的聘用人员，均是企业的核心岗位和重要人员，而对于非核心岗位的拟录用人员基于成本压力，一般不会进行委托，调查对象的适用范围不是特别广；最后，中国的员工背景调查市场尚处于初级阶段，各种信用制度尚未建立，员工背景数据库尚不健全，且各种调查公司鱼目混珠，再加上企业对员工背景调查认识不足，在国内委托调查公司进行员工背景调查的方式可信度仍然不高。

（3）利用行业 HR 联盟，进行员工背景调查。

各个行业发展到成熟阶段后，企业之间的竞争更多体现在人才的竞争上，尤其是决定企业命运的核心技术或营销岗位，事实上，企业之间人才的流动更多是在相互竞争的企业之间进行的。同行业内不同企业的人力资源部门与企业间市场方面的竞争相比，相互之间对于人才竞争的程度更激烈。但随着行业发展的日益成熟，不同企业的人力资源部也会走向合作，相互交流行业经验和管理心得，甚至互相交换人才数据库等，因此，基于共同发展和良性发展的理念，很多同行业的企业也会建立 HR 联盟，相互承诺不恶性挖角，互相接受流动人员的背景调查等，使员工的背景调查可信性度更高、更易于操作。

很多国外同行业的公司很早就建立了行业内的 HR 联盟，HR 联盟主要致力于行业内人才的培训、招聘、员工数据库收集等，企业对拟录用核心岗位员工进行背景调查时，可以充分利用 HR 联盟的数据库优势，并且调查出来的数据资料较为真实和客观。

总之,对核心岗位的拟录用者进行员工背景调查势在必行,员工背景调查的方法有很多,每种方法都可以帮助你得到你想要的信息,但是在做员工背景调查时要注意保护被调查者的隐私和尊重被调查者,同时调查时尽可能多地听取多方意见,确保调查结果合理、合法、客观和有效。

4. 背景调查需注意的问题

在进行背景调查时,要提前收集信息、准备好调查表,同时,应该注意以下一些问题。

(1)事先通知应聘者。

在进行背景调查前,应先告知应聘者,并要求其提供相关的必要信息,如前公司的电话、前直接主管的职位和联系方式等。这项内容可以设计在应聘申请表中,要应聘者填写工作申请表时连同工作经历等信息一起填写。

(2)根据不同职位使用适合的背景调查方法。

背景调查的精度取决于招聘岗位本身的职责水平,责任较大的岗位要求进行准确、详细的调查,如对于管理人员、重要职能及关键岗位,甚至可以启用中介公司进行深入的调查。如果是一般的职位员工,只需根据提供的联系方式,致电前任公司进行调查。需要注意的是,背景调查主要是对于应聘者工作情况相关方面的调查,而无关的特别是涉及个人隐私的问题,要坚决避免,同时,还要做好书面形式的记录,以作为是否录用该应聘者的依据。

(3)背景调查内容应以简明、实用为原则。

内容简明是为了控制背景调查的工作量,降低调查成本,缩短调查时间,以免延误上岗时间而使用人部门人力紧张,影响业务开展。同时,一些优秀人才往往是几家公司在互相争夺,长时间的调查会给竞争对手制造机会。实用是指调查的项目必须与工作岗位需求高度相关,避免查非所用,用者未查。

(4)遇到不一致的信息,不要轻易下结论。

在调查过程中,要注意分辨通过背景调查得到的关于应聘者的各种情况,这些情况既有客观情况,也有诸如关于应聘者的性格等主观性较强的内容。由于有些调查结果的主观程度较强,在决定是否录用时,要谨慎使用这些调查结果。背景调查最后应与其他甄选结果结合使用,因为背景调查不是万能的,所以失真有时难以避免,但如果将背景调查与其他甄别手段相结合,进行多维验证,就会大大提高选择的准确性。

【实用文档】应聘人员背景调查表

被调查人姓名		应聘岗位		调查日期	

调查记录					
调查维度	调查内容	调查对象 (途径)	调查结果		调查说明
基本信息	□身份证号码		□属实□虚假		
	□学历(位)		□属实□虚假		
	□职业/称资格证		□属实□虚假		
工作经历 及业绩	1. □是否任职 2. □任职岗位 3. □岗位职责 4. □薪酬收入 5. □工作业绩 6. □职业道德 7. □人际关系 8. □离职原因		第_____项属实 第_____项虚假		
培训经历	1. □是否参加培训 2. □培训内容 3. □是否获得证书		第_____项属实 第_____项虚假		
奖励情况	1. □是否获奖 2. □获奖等级		第_____项属实 第_____项虚假		
发表著述	□是否发表著述		□属实□虚假		
其他			□属实□虚假		

调查结论与建议

　　人力资源部从个维度项内容对应聘者进行了背景调查,调查结果为_____项属实,_____项虚假。综合上述调查结果,人力资源部建议对应聘者予以:

□录用

□不用

□进一步考察,谨慎决策。理由为:

调查人签名:　　　　　日期:　　年　　月　　日

人力资源部负责人签名:　　　　　日期:　　年　　月　　日

　　注:1. 进行调查时可根据岗位的特点选择相应的调查维度和内容(在调查内容□内打√即可)。

　　　2. 背景调查结果作为录用员工的参考依据,此表放入员工个人档案。

　　　3. 背景调查在相应责任人签署录用意见后2天内完成。

【实用文档】猎头公司用的背景调查记录表

拟聘人姓名			拟聘任职务		
调查方式			调查时间		
工作经历调查	公司名称				
	受访人姓名职务		受访人电话		
	与拟聘人关系		调查人姓名		
	调查记录： 一、任职时间： 二、任职单位： 三、职务： 四、主要职责： 五、汇报对象： 六、年收入： 七、主导项目： 八、评价 九、品行与违纪违规				
工作经历调查	公司名称				
	受访人姓名职务		受访人电话		
	与拟聘人关系		调查人姓名		
	调查记录： 一、任职时间： 二、任职单位： 三、职务： 四、主要职责： 五、汇报对象： 六、年收入： 七、主导项目： 八、能力水平： 九、品行与违纪违规： 十、不足：				
工作经历调查	公司名称				
	受访人姓名职务		受访人电话		
	与拟聘人关系		调查人姓名		
	调查记录： 品行： 违纪违规： 离职原因：				
综合评价					
注：详细评述中需包含起止时间、职务、主要职责、业绩评价、离职原因、违纪违规、品行等。					

| 第4章 |

录用管理

4

本章的录用是指从 Offer 发出到新员工转正。一般而言,员工入职在试用期内的离职率较高。

新员工进入公司,新的环境,新的工作,有一定的压力。为了让新员工减少应激反应,迅速融入公司,需要用心做好新员工的入职管理与培训,让他们迅速融入公司,适应工作需要。

同时,新员工在试用期内所取得的业绩,也正是对招聘工作的检验。需要加强试用期员工的培养。合理的工作分配、完善的考核系统能促进新员工快速成长。

有许多公司把试用期管理纳入招聘范围,说明招聘不仅是招到人来上岗,更重要的是招对人,做好人员的管理与服务,让新员工定下心,留得住。

笔者结合多年的工作经验,重点讲述录用决策、录用通知书的发放、试用期员工的管理、导师管理制度、转正考核等。希望能给广大人力资源从业者帮助。

4.1 录用决策

4.1.1 影响录用决策的因素

【全真案例】一次错误的录用决策

公司准备招聘一名技术经理,分别面试了 L、T、Y 三位经理。最后人力资源部经理 X 先生、技术副总 M 先生、公司总经理 C 先生三人坐在一起讨论到底录用谁。

X 先生说:L 经理比较合适,他有 5 年同行技术管理经验,来公司的愿望比较强烈……

M 先生说:L 经理不合适,学历较低,T 经理不错,名校博士毕业,技术专业能力最强,而且还有 2 年的技术管理经验……

X 先生说:T 经理的工作经验有限,比 L 经理工作时间短多了,而且技术管理经验仅限于一家公司,来公司的愿望也不强烈……

两人争论了很久,最后作为博士学历的 C 先生,认为 T 经理是博士学历,技术水平较强而录用了主管。

T 经理入职后,确实在专业性方面表现非常不错。但与各部门间的沟通上,对下属的管理经验欠缺,导致员工抱怨不断。

最后,主管在三个月内离开了公司。公司又不得不再次招聘技术经理。

分析:

(1)录用决策是一次全面的决策,需要考虑到方方面面,不能因为个人偏好而定。不能根据候选人的经历或者学历为判断人才是否合适,还需要考虑其价值观念,是否符合企业的用人环境,是否能适应公司文化,考虑人才的能力发挥及稳定性。

(2)录用决策的重点:是否胜任岗位要求,是不是最适合公司的人才。当然还需兼顾长期性。

一、录用决策的定义

录用决策是指通过科学的精确测算,对岗位和所招聘的人选相互之间进行权衡,实现人适其岗、岗得其人的合理匹配的过程。人员录用决策做得成功与否,对招聘有着极其重要的影响,如果决策失误,则可能使整个招聘过程功亏一篑,不仅使组织蒙受重大的经济损失,还会因此延误组织的发展。录用决策的有效性取决于录用标准是否合理、决策流程是否规范、决策方法是否科学。

人员录用标准,一是以岗位为标准,按照岗位要求选择最合适人选;二是以人员为标准,将人员安置到最合适的岗位上,实现人尽其才,才尽其用。两种标准都可以实现局部最优化,但通常这两种标准结合起来使用,可以互为补充,以便提高组织的整体资源配置效率。

二、录用决策的程序

录用决策的程序如图4-1所示。

录用决策之前,首先要对应聘者的基本信息及甄别过程中的各种表现进行总结,总结完成后认真分析录用决策的影响因素。分析录用决策的影响因素时最好回到工作分析阶段,重温工作分析,看看该职位究竟需要怎样的人,需要哪些胜任能力。但工作分析不应该成为唯一的标准,灵活性是成功录用决策的关键。完全符合职位标准的人要么不存在,要么在这个职位上不可能工作得太长。一般来说,最好选择一个能够完成工作任务的80%的应聘者,这样的员工会在岗位上工作更长的时间,而且有更好的工作动机和更大的工作动力。

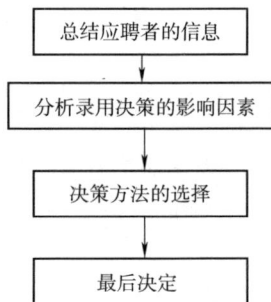

图4-1　录用决策的程序

三、录用决策的要素

录用决策的要素包括应聘人员的全部原始信息及信息的准确可靠性、全部招聘过程中的现实信息、资料分析方法的正确及公正公平性、主考官和其他考官的素质、能力素质及能力与岗位的匹配性。

应聘人员的全部原始信息包括:年龄、性别、毕业学校、专业、学校的学习成绩、工作经历、原工作岗位的业绩、背景资料的收集等。

全部招聘过程中的现实信息包括:应聘过程中的各种测试成绩和评语,包括笔试、情景模拟、心理测试、人-机对话测试、面试成绩和评语等。

资料分析方法的正确应主要注意:注意对能力的分析;注意对职业道德和高尚品格的分析;注意对特长和潜力的分析;注意对个人的社会资源的分析;注意对个

人的学历背景和成长背景的分析;注意面试中的现场表现。

录用决策,主要是对甄选评价过程中产生的信息进行综合评价与分析,确定每一位候选人的素质和能力特点,根据预先设计的人员录用标准进行挑选,选择出最合适的人员的过程。

四、录用决策注意事项

1. 明确决策主体

决策主体是最后决定录用的人或机构,一般的原则是谁用人,谁拥有决定权,即"谁用人谁决策"。对于一般基层人员,由用人部门主管或人力资源部主管单独决定即可;而对于管理人员,尤其是关键岗位,可由用人部门提出,报总经理或董事会批准。

2. 尽量减少做出录用决策的人员

在决定录用人选时,必须坚持少而精的原则,选择那些直接负责考查应聘者工作表现的人,以及那些会与应聘者共事的人进行决策。如果参与的人太多,会增加录用决策的困难,造成争论不休的局面。

3. 录用标准要恰到好处

录用标准不可太高,也不可太低,要恰到好处。标准设定得过高,会导致"地板效应"的出现,即能够通过录用的人寥寥无几,使组织在招聘方面的投入得不偿失,也就失去了招聘的意义;如果太低,则会出现"天花板效应",即通过录用的人员很多,从而增大了组织在招聘方面的成本支出。

松下电器公司创始人松下幸之助有一句名言:"适当这两个字很要紧,适当的公司,适当的商店,招募适当的人才。70 分的人才有时反而会更好。"人才的雇用以适用公司的程度为最好。程度过高,不见得一定有用,当然,水准较高的人能认真工作的也不少。可是很多人却说:"在这种烂公司工作,真倒霉!"如果换成一个普通人,可能会很感激地说:"这个公司蛮不错的!"从而尽心竭力地为公司工作。

4. 尽快做出决定

目前,人才竞争是十分激烈的,优秀的应聘者更是非常抢手,因此,必须在确保决策质量的前提下,尽快做出录用决策,否则,就很有可能使即将到手的人才从指缝中溜走。

做出录用决定之后,要对新员工进行一些简单的接待,这对减少或消除新员工的陌生感发挥着重要作用。新员工刚到组织时的所见所闻以及对工作环境的实际感觉,会巩固或动摇新员工关于选择该组织的决定的信心。在接待阶段,组织应让员工感到"宾至如归",同时使他们产生被认同感与被重视感。

5. 留有备选人选

招聘实践中,经过层层甄选、面试,常会发现一些条件不错且适合组织需要的人才，但是由于岗位编制、组织阶段发展计划等因素限制而无法现时录用，却可能在将来某个时期需要这方面的人才，此时，建立人才信息储备就显得很有必要。作为招聘部门，应将这类人才的信息纳入组织的人才信息库，包括个人资料、面试小组意见、评价等，不定期地与之保持联系，一旦将来出现岗位空缺或组织发展需要即可招人，这既提高了招聘速度，也降低了招聘成本。

一般而言，组织的人才储备通常分为内储和外储两种。内储就是暂时把预留人才储存在组织内部，这会带来一些成本问题，比如发放薪水、如何安置，尤其是关键部门的关键岗位的人才。通常太多数组织还是不愿意在没有项目的情况下大量储备人员的，只有经济实力雄厚的大公司才会选择这样做，以便在上项目的时候可以及时补充人员。外储包括与外面的人才市场、猎头公司以及在职人员等多方面的联系，关键是要清楚组织需要的人才在哪里、能否迅速到位，当然内储和外储这两种方式同时使用效果最好。

4.1.2　如何撰写应聘者信息总结报告

作为人力资源部——招聘的主控部门，需要撰写应聘者信息总结报告，以便录用决策人参考。那么，应聘者信息总结报告应包括哪些内容？

一、应聘者基本信息

应聘者基本信息包括姓名、性别、毕业学校、专业、最高学历、工作年限、职务等基本信息，同时将应聘者的个人简历附后，若决策者有疑问可以查阅简历。

二、综合评价要素分析

根据初试、复试等所测试或考评出来的结果，对候选人进行综合评价分析与现有岗位的胜任能力相匹配的程度。同时，在应聘信息总结报告后附上面试记录、测试试卷及成绩等，以供决策者参考。如某企业招聘一名人力资源部经理，有候选人小王和小李（见表4-1），综合评价得分如下。

表4-1　综合评价表

考评要素	权重(%)	小王得分		小李得分	
		要素得分	加权得分	要素得分	加权得分
专业知识	12	10	1.2	14	1.68
人际沟通技巧	15	12	1.8	14	2.1
计划组织能力	15	14	2.1	10	1.5
决策领导能力	16	15	2.4	13	2.08
分析判断能力	12	12	1.44	13	1.56
语言表达能力	10	13	1.3	14	1.4

续表

考评要素	权重(%)	小王得分		小李得分	
		要素得分	加权得分	要素得分	加权得分
责任心	10	10	1	10	1
团队合作	10	13	1.3	12	1.2
加权得分		12.54		13.52	

三、其他信息

其他信息包括原单位对候选人职业道德、职业规划、离职原因等信息，以帮助决策者分析。

【全真案例】营销部经理应聘信息总结报告

一、候选人基本资料表

姓名	李虹	王军	张武
性别	女	男	男
年龄	32	30	32
学历	大专	本科	硕士
专业	营销管理	工商管理	汉语言文学
毕业学校	湖南××职业技术学院	湖南××大学	湖南××大学
本职工作经验	11	9	8
是否担任过销售经理	是	是	是
是否有同行销售经验	有	无	无
以前工作表现	优秀	良好	优秀

二、综合评价要素分析表

测评要求	评分要点	权重	李虹		王军		张武	
			评分	得分	评分	得分	评分	得分
基本能力	应变能力	12%	4.6	4.52	4.3	4.16	4	4.8
	观察能力	12%	4.5	4.4	4.4	4.28	4	4.8
	谈判能力	12%	4.3	4.16	4.4	4.28	4	4.8
	沟通能力	12%	4.6	4.52	4.8	4.76	3.6	4.32

测评要求	评分要点	权　重	李虹		王军		张武	
			评分	得分	评分	得分	评分	得分
专业知识与个人素质能力	专业知识	7%	4	2.8	4.2	2.94	3.6	2.52
	实际经验	8%	5	4	4.5	3.6	3.6	2.88
	团队建设能力	12%	4.3	4.16	4.2	4.04	3.6	4.32
综合能力	个人价值观	10%	5	5	4.8	4.8	4	4
	求职意向	8%	4.3	3.44	4.2	3.36	4.5	3.6
	仪表举止	7%	5	3.5	4.6	3.22	4	2.8
合计				44.5		44.44		38.84

三、其他信息

李虹虽然大专毕业,但她非常勤奋灵活,在上个单位中担任营销经理3年,工作业绩突出。考虑到结婚生子后,家庭看得更重,希望找一家与原单位行业性质一样,有一定规模且发展前景好,与家距离较近的公司上班。以便更好地兼顾家庭与事业。

王军,希望2年内成为一家快速增长型公司的营销总监。从上家离职的主要原因是希望找一家平台更大,发展更好的公司。

张武,从事营销经理工作多年,学习能力强,但对自身的职业规划不明确,从上家公司离职的原因是不太认同总经理的一些做法。

4.1.3　录用决策如何有效

总结了应聘者的相关信息后,就需要作出录用决策。企业不同、招聘岗位不同,录用决策的程序会有很大差别。比如有些企业把学历看得很重;有些企业把能力看得很重;采购员职位对应聘者诚信的要求很高等。不管怎样,往往录用决策一般有两种选择:一是在应聘者之间进行选择;二是在应聘者与招聘标准之间进行比较再选择。当应聘者没有人能够符合要求时,也有两种选择:一是重新招聘;二是在原来的招聘中重新进行选择。

一、决策方法

录用决策通常有以下三种方法。

(1)过关淘汰式。公司在每一个面试环节设置一定的淘汰率,只有通过的才能进入后一轮面试。

(2)汇总评估式。公司面试完所有的应聘者后,企业根据应聘者在各项考查项目上的得分及项目的权重做出录用决策。

(3)混合式。公司根据实际情况,对某一轮甄选采用淘汰式,而对另外几轮甄选采取汇总评估式。比如当招聘某职位应聘者较多时，通过初筛和笔试，淘汰至3～5 人进行复试环节，复试环节可能采取无领导小组、文件筐、面试等方式，从各个方面考查候选人各项目的得分，每个项目的权重不一，得出综合评价，最后做出录用决策。

人员的录用决策按照决策过程的实施可分为单轮测试决策和汇总评估决策两种。

1. 单轮测试决策

通常做法如下。

(1)面试官根据面试及测试记录，每人说出自己对应聘者关于有关考查要素的看法和依据，但不得出结论。当所有面试官发表完看法后，每人单独做出结论。如果一些评价项目标准以符号或字母表示，则需要进行分数或等级的转化。

(2)面试官先单独发表看法后再每人单独做出结论。根据评价人数，如果是三四名考官，则其中有一人不同意进入下一轮，即可一票否决；如果评价人数在5～8 名，则实行两票否决制。

2. 汇总评估决策

汇总评估决策即在对应聘者的各轮测试成绩以一定的方式汇总后，将应聘者进行总的排序，然后做出决策的方法。汇总评估决策一般有如下两种方式。

(1)以岗位为标准，列出岗位最合适的人选。

(2)以人为标准，列出岗位适当人选。

当上述两项标准一致或基本一致时，就可按照排序的结果做出相应录用决策。

当招聘单位岗位比较多，应聘者之间经历、学识等没有大的差异时，可以采用这种方式，并且这种方法尤其适合于校园招聘。

二、录用决策模型

一般来说，在进行人员录用决策时有三种模型可供选择。

1. 补偿性模型

录用决策小组首先收集应聘者在选拔过程中的所有信息，然后从工作所需要的各个方面属性来评价应聘者，得出应聘者有关这一属性的一致性评价意见。

使用这种方法的前提是假定某种属性上的高分可以补偿另一种属性上的低分，适用于对应聘者没有最低要求而是要强调应聘者综合素质的情况。

2. 非补偿性模型

非补偿性模型要求应聘者在被考查的每个方面都必须达到某个最低标准，任何一方面有缺陷都将使应聘都被淘汰。例如，录用项目开发人员时，若应聘者缺乏创新开拓能力，则不管其他能力如何，都不会被录用。

3. 混合模型

当对应聘者在某几个能力素质方面有最低要求，但在其他几个方面没有最低要求时可以运用混合模型。首先对应聘者采用非补偿模型淘汰一部分，然后再用补偿模型对剩余的应聘者进行综合评价。

在做出录用决策时，如果最终合适人选少于所要录用人员的数量时，应本着"宁缺毋滥"的原则尽量避免降低录用标准；当最终人选多于所要录用人员的数量时，应遵循重工作能力、优先求职动机、价值观认同等原则，同时应限制参加决策的人数，只邀请那些直接负责考查人、聘者工作表现的人，以及那些将来会与应聘者共事的人，以免参与者坚持自己的录用偏见而难以协调意见。

三、录用决策步骤

组织做出招聘录用决策时，要尽可能使整个流程、环节的结构化安排都非常翔实，采取系统化的思考方法，这样就可以避免在做录用决策时跟着感觉走，只看到应聘者表现得比较突出的几个方面，而没有全面地关注到应聘者的所有胜任特征，以及应聘者突出表现的某些方面对于职位是否是最关键的，从而达到成功招聘录用的效果。

实际上，决策系统化主要强调的是要对应聘者的胜任能力进行全面的而不是片面的评估和比较之后才得出结论。通常采用以下的步骤做出录用决策。

（1）先通过对多种测评技术的测评结果整合，得出各项胜任能力的综合评分，见表4-2。在实际操作中一般会将这些综合评分转换为10分制的数据之后再进行深入运用。

表4-2　各种甄选方法的测评结果

测评技术 胜任力	行为面试 权数5	申请表审核 权数1	心理测评 权数4	无领导 小组讨论 权数5	文件筐测试 权数5	总　　计
沟通能力	8	7.5	8.5	8.5	8	164
逻辑思维能力	7	7.5	7	7.5	7	143
团队合作能力	8.5	8	8	9	8.5	170
协调能力	8	7	7	8.5	8	157.5
总结能力	7	6	6	7	7.5	137.5
创新能力	8	8	8	8.5	8.5	165
组织能力	7	7	7.5	7	7	142
责任心	8	7	7.5	7	7	147
人际能力	8	8.5	7	8	8	156.5

各种胜任力的总分等于各类测评技术分值×权数的总和,如沟通能力的总分 $= 8 \times 5 + 7.5 \times 1 + 8.5 \times 4 + 8.5 \times 5 + 8 \times 5 = 164$。

(2)使用既定的决策对应聘者的胜任力与职位胜任素质模型要求的标准进行比较,从而得出直观的结果见表4-3和表4-4。

表 4-3　应聘者胜任力加权得分情况

胜任力	权数	达标分	李强	罗为
沟通能力	2	8	8.5	8
逻辑思维能力	3	8	9	8.5
团队合作能力	2	7	7.5	8
协调能力	1.5	7.5	7	7.5
总结能力	1	7	6	7
创新能力	1	7	6	7
组织能力	2	8.5	8.5	9
责任心	3	9	9	9.5
人际能力	1.5	8	8.5	8
胜任力综合加权分		135.25	138.25	141.25
胜任力综合加权平均分		7.96	8.13	8.3

方法一:对胜任力综合得分进行加权后取总值,然后将该总值与甄选标准要求的总值进行对比,判别应聘者是否达到甄选标准的要求。

假设以上九项胜任力的要求达标,将这一组数据代入表4-2中,得出加权和:

$(8 + 8 + 7 + 7.5 + 7 + 7 + 8.5 + 9 + 8) \times 20 = 1\ 400$

在此给出转换为10分制的标准计分及两个应聘者的得分情况,见表4-3,胜任力综合加权达标分为:

$8 \times 2 + 8 \times 3 + 7 \times 2 + 7.5 \times 1.5 + 7 \times 1 + 7 \times 1 + 8.5 \times 2 + 9 \times 3 + 8 \times 1.5 = 135.25$

达标的胜任综合加权平均分为:$135.25 \div 17 = 7.96$

方法二:分别计算出各种胜任力的综合分值后,规定所有的胜任力中,只要有三项达不到甄选标准要求的分值,视为不合格;有一项达不到要求,但分差没超过最小视觉差(该项总分的15%)的,视为合格。通常可以根据具体情况,制定符合组织要求的决策规则。

方法三:使用统计程式进行甄选录用,特别是其中的等级相关统计法。这种方法不仅适用于对应聘得胜任力情况与职位要求的胜任力情况进行比较,也能够准确地把不同的超过甄选标准的应聘者进行对比,这种对比结果比其他的直接对比更为有效,通过其他甄选决策规则的对比结果,甚至可能是与运用这种等级相关统计方法得出的结果是相反的,这一现象要特别注意。另外,使用等级相关统计法可能会产生这样的一个问题:应聘者根本没有达到甄选标准的基本要求。对于这一点,等级相关统计法难以明确显示出来。

若对表4-3的两个人选的得分用第一种方法比较甄选,李强就可以优先得到公司的录用通知书;如果使用加权绝对值比较法来计算两人的加权绝对综合值与胜任力总分值的差异度,结果见表4-4。

表4-4　应聘者胜任力评估分值对比表

胜任力	权数	达标分	李强			罗为		
			得分	差异	加权绝对值	得分	差异	加权绝对值
沟通能力	2	8	8.5	0.5	1	8	0	0
逻辑思维能力	3	8	9	1	3	8.5	0.5	1.5
团队合作能力	2	7	7.5	0.5	1	8	1	2
协调能力	1.5	7.5	7	−0.5	−0.75	7.5	0.5	0.75
总结能力	1	6	6	−1	−1	7	0	0
创新能力	1	7	6	−1	−1	7	0	0
组织能力	2	8.5	8.5	0	0	9	0.5	1
责任心	3	9	9	0	0	9.5	0.5	1.5
人际能力	1.5	8	8.5	0.5	0.75	8	0	0
胜任力综合加权分		135.25	138.25			141.25		
胜任力综合加权平均分		7.96	8.13			8.3		
不相符率(加权绝对值/达标总分)								

根据量化技术分析结果可以看出,应聘者罗为应该是更为理想的录用者。不过,不同的权重会得出不同的结论,因此在进行权重设定时一定要谨慎,如果权重设置不合理,就会"差之毫厘,谬以千里。"

4.2　Offer 的管理

4.2.1　Offer 的书写

【全真案例】名企 Offer

尊敬的×××先生/小姐:

非常荣幸地通知阁下,经甄选合格,您已被我公司正式录用,公司决定以书面形式通知您。以下是关于我公司员工入职条款具体事宜的说明。

部门：人力资源部；

职位：培训经理；

报到时间：××××年××月×日前；

报到地点：××××；

联系人：×××；

联系电话：×××_____；

报到须知：在您报到时需携带应聘时与公司确认的最高学历毕业证书原件/最高职称证原件、身份证及复印件、三张小一寸近期彩照、体检表（公司指定医院体检报告）、原公司离职证明、从业资格证、深圳居住证及流动人口计划生育服务证复印件。

入职培训：新入职员工一个月内进行入职培训。

薪酬福利：

（1）基本薪金：试用期内的月薪为人民币×××元整，转正工资×××元（其中包括岗位工资、绩效工资）。另外电话费用、车补按公司规定执行。如您工作未满一个月，则按实际工作时间支付日工资。

（2）福利补贴：在公司工作期间，按照公司有关规定，可享受相应的福利补贴，如住房公积金等，公司包吃包住，限额内不收取任何费用。如因公出差，根据公司现行的差旅报销标准有关规定执行。

（3）社会保险：为您购买相应的养老、工伤、失业、医疗、生育社会保险。

（4）年假：根据公司规定，您在公司工作期间每工作满一年有不少于5天的有薪年假。

（5）其他休假：按公司的有关规定执行。

试用期：根据公司规定，您的试用期从××××年××月×日至××××年×月×日，共×个月，试用期内双方在结清各自手续的前提下可自由选择去留。

聘用关系：请于入职××××年×月×日前到公司人力资源部签订劳动合同，违者视为您不愿签订劳动合同。辞职/辞退通知应为书面形式并符合公司规定，现行政策是公司或您无论哪一方解除合同，均应提前一个月通知对方。

法律索引：此录用通知书参照中华人民共和国法律制定。

其他聘用条款将按照公司规定的政策和程序执行，这些政策及程序在必要时可以修改。

我们热诚欢迎您加入×××公司！

此致！

××××公司

年　月　日

分析：

（1）这是某知名上市企业的一份录用通知书。录用通知书所含的内容较全面。包括部门、职务、试用期限、薪酬福利、劳动关系及相关需知道的其他内容。

（2）录用通知书用于通知甄选合格的人员报到上班。录用通知书中让录用人员了解被通知人到公司上班所能享受的权利与义务，体现对人才的尊重，也是吸引人才的一种手段。

通知应聘者是录用工作的一个重要部分，有两种通知：一种是录用通知书（Offer），另一种是辞谢通知书。结合笔者的经验，简述两种通知书的书写。

一、录用通知书

录用通知书是通知的一种格式，一般包括以下内容。

（1）称谓：如××先生/女士。

（2）录用职务。

（3）什么时间来公司，何处报到。

（4）需要准备的证件与资料，如身份证、学历证、照片等。

（5）公司的联系电话。

以上是录用通知书必备的内容。有些企业还会加上试用期限、薪酬福利等内容。

以下例子为××公司录用通知书。

尊敬的先生/女士：

您应聘本公司职务一事，经复核审议，决定录用您为本公司员工，欢迎您加盟本公司。请您于×年×月×日午时之前携带下列证件、资料到本公司人力资源部报到。

（1）录用通知书。

（2）居民身份证原件。

（3）毕业证书、学位证书原件，其他与工作相关的资质证明。

（4）体检表（区、市级以上医院体检证明）。

（5）一英寸照片3张。

报到后，本公司会组织专门的职前介绍和短期培训，以便您在本公司的工作期间感到愉快。如果您有什么疑惑或困难，请与人力资源部联系。电话：×××××××××。

若您不能就职,请于×年×月×日前告知本公司。

此致!

××公司人力资源部

××××年×月×日

二、辞谢通知书

一些公司以工作太忙为由,对于未被录用的应聘者不予回应。为了感谢应聘者对公司的信任,体现公司重视人才,以人为本,应该给每位来公司应聘的人发出辞谢通知书。

辞谢通知书内容包括如下内容。

(1)称谓:如××先生/女士。

(2)应聘职务。

(3)未被录用的原因。

(4)表示感谢。

除了以上内容外,还可以加上祝愿、请求理解等。

以下例子为××公司辞谢通知书。

尊敬的先生/女士:

非常感谢您对我们公司职位感兴趣。您对我们企业的支持,我们不胜感激。您在应聘该职位时的良好表现,给我们留下了深刻的印象。但是由于我们名额有限,这次只能割爱。我们已经将您的有关资料备案,并会保留半年,如果有了新的空缺,我们会优先考虑。

感谢您能够理解我们的决定。祝愿早日找到理想的职业。

欢迎热诚应聘我们的企业,再次表示感谢!

此致!

××公司人力资源部

××××年×月×日

4.2.2 Offer 发放有技巧

一般认为,录用通知书是用人单位发给拟录用应聘者的通知,法律一般认为,录用通知书是企业向劳动者发出的"要约",目的是与劳动者签订正式劳动合同。而正因如此,大部分劳动者是根据录用通知书来决定辞职与否。录用通知书代表企业的承诺,若最后不履行录用通知书,企业有可能要承担违约责任。

录用通知书的发放,建议注意以下几点。

一、录用通知书发出的形式

一般以书面并加盖企业公章(HR 部门章也可)的形式发出,正规的公司,特别是一些外资企业,大多会以这种正式的信函的方式发出。也有一些企业是通过邮件发出。

二、录用通知书的内容应明确完备

录用通知书一般无须太长，一页纸即可，但应包括报到时间、报到地点、报到手续、报到所需材料、报到注意事项、工作岗位、工作地点等基本内容。

三、录用通知书应明确报到时间或录用通知的有效时间

录用通知书中应明确报到时间，这表示劳动者一定要在此时限内到公司报到，超过此期限，可视为公司未违反承诺，也能有效保护公司。

企业在录用通知书中应明确报到时间，如劳动者没有经企业认可的合理理由未在报到时间内报到的，录用通知书失效，或明确录用通知书自作出之日起30天后自动生效。

比如，部分企业发放的录用通知书没有限定报到时间，如劳动者迟迟未来报到，企业便面临两难境地：如果另行招聘，万一该应聘者后面报到了怎么办，可能引发纠纷；如果不另行招聘，则会给企业的工作造成影响。

四、录用通知书发放前有审批手续

录用通知书的样本最好是经公司律师审核通过，以免用录用通知书样本书写不规范导致产生法律风险。录用通知书发出之前，一定要谨慎，一定要在录用审批手续完成后再拟录用通知书。而且拟好的录用通知书一定要经过审批手续，经领导审核同意后才能发出。以防止录用通知书填写错误而产生法律纠纷。

五、反悔的操作

录用通知书在法律上既然是"要约"，在劳动者收到要约前，企业可以撤回，如果劳动者尚未接受要约，做出辞职等行动，企业面临的法律风险较小。如果劳动者虽未报到，但已经做出辞职行为，为"承诺"做准备，企业将面临一定的赔偿风险。

4.3 如何快速稳定新员工的心

4.3.1 入职管理要用心

【全真案例】留住审计经理

湖南某知名企业，招聘一名审计经理W。该审计经理W原在沿海同行业中从事审计经理5年以上，经验丰富，但因为家在湖南，希望回湖南工作。笔者所在公司猎头顾问跟进W前后近两个月，经过3轮面试，最终接受了公司的录用条件，比沿海降低了不少薪酬回到了湖南。

该知名企业的审计主管领导是老板娘，W上岗第一天，由于工作安排不到位，再加上该企业工作效率低，便跟笔者做准备离职。于是，笔者跟W沟通了近一小

时,详细了解了 W 的思想动态,给 W 做思想工作,让他慢慢适应公司及公司文化。沟通完后,与企业人力资源总监沟通,就 W 的情况进行了深入沟通。

接下来的半个月,笔者每天下午时间,都会跟 W 公司沟通,了解 W 当天的工作安排情况,了解 W 思想动态,再加上人力资源总监的关注与辅导,W 慢慢适应了公司的氛围。再加上第一个月、第二个月、第三个月、第六个月都会跟 W 沟通,关注 W 的工作动态与适应企业的情况。一年过去了,W 很好地留了下来,工作也越来越顺心,并且贡献了自己的作用。

分析:

(1)新员工入职,本身对于企业的情况不熟悉,尤其是不同的企业氛围,不同的工作作风,新员工需要经过一段时间的适应,才能够适应公司的文化,才能在公司中稳定下来。

(2)马云曾经说过,员工离职主要原因只有两个:一是钱给的不够;二是心受委屈了。W 作为一名中高端人才,更看重工作的成就感,若公司对 W 试用期间的关怀不够,很容易导致心受冷落,工作没有成就感而离职。

(3)作为一名招聘工作者,不要认为员工上岗招聘就结束,还需要关注员工上岗后的试用期管理。否则,不但使前面的招聘成本白费,而且耽误企业经营发展。

(4)企业需要做好新员工上岗的试用期管理,要合理安排工作,要及时解决试用期存在的问题,让新员工安心在企业工作。

新员工离职,实际上是一种双输的结果。作为企业,既浪费了人力资源成本,又延误了工作进度。而作为新员工,他要冒着新工作不能适应、文化不能融合、没有朋友、员工关系不易相处、晋升机会需要重新争取等未知的风险。

新员工入职,主要在以下两个阶段的离职率较高。

1. 入职两周离职

入职两周离职,说明新员工看到的实际状况,包括公司环境、入职培训、接待、待遇、制度等方方面面的第一感受与预期产生了较大差距。

我们要做的是,在入职面谈时,把实际情况尽可能地讲清楚,不隐瞒也不渲染,让新员工能够客观地认识他的新公司,这样就不会有巨大的心理落差,不要担心即将到手的新人不来了,该走的总是留不住;然后把入职的各个环节工作进行系统梳理,包括从招聘到通知入职、报道、入职培训、与用人部门交接等环节,充分考虑到新人的感受和内心需求,进行系统规划和介绍,让新人感受到被尊重、被重视,让他了解他想了解的内容。

2. 入职三个月离职

入职三个月离职,主要与工作本身有关。有被动离职,这里只讲主动离职,说明我们的岗位设置、工作职责、任职资格、面试标准方面存在某些问题,需要认真审查是哪方面的原因,以便及时补救,降低在招聘环节的无效劳动。

【全真案例】被"吓"跑的普工

某知名企业招聘了 3 名普工,可是不到 3 天的时间,普工就离职了。人力资源部很纳闷,于是找到普工做离职面谈,普工说工作强度大、工资低。人力资源部回复说工资不低呀。普工说就 3 000 多元,到哪里现在都不是这个工价。于是,人力资源部又跟普工讲了一遍工资政策,普工实行计件工资制,公司每月有多少产量,总共有多少人劳动生产,单价是多少,平均每位普工每月能拿到 5 000 元以上,普工最高工资达到 8 000 元。新员工前期至少也能拿到 4 000 元以上。

普工回复说你们招聘的时候告诉我试用期工资都在 4 000 元以上,可是现在你公司这些老员工都只有 3 500 元,我们怎么可能拿到 4 000 元,你们人力资源部骗人的,于是都离职走了。

这时,人力资源部才恍然大悟,原来老员工为了拿到更高的计件工资,故意告诉新员工工资低,吓跑了新员工。但是如果不招聘新员工会影响到公司服务客户的满意度。

于是,人力资源部调整了策略。

(1)在招聘普工时,事先向普工讲清楚工资政策,并且告诉普工具体的算法,让普工知道自己工作一天能够赚多少钱。

(2)向新普工事先说明,在公司内确实存在老员工有故意说低工资的状况,让新入职的普工知道事情的原委。

(3)出台通知,对于故意排挤新员工、制造不实的言论,导致新入职普工离职的人一经发现,公司严惩。

最后,新普工离职率降低,很快新普工招聘到位了。

分析:

(1)新普工离职主要是因为人力资源部介绍的工资水平与实际在公司上班听到的工资水平差距太大,产生落差而导致吓跑了。

(2)而这个落差的产生,一方面与老员工的"使坏"有关,更多的是人力资源部在做入职面谈时,未完全介绍清楚普工的薪酬政策,未让新普工掌握工资的核算办法,才让新普工遭到蒙骗。

(3)人力资源部对离职人员及时进行面谈,并了解到详细情况,在入职面谈时就真实地向新入职普工介绍现在的公司环境,以防有老普工故意"使坏"的现象。表明对新普工的坦诚、尊重,以避免再入职新普工听信老普工。

通过上述的案例,要想让新入职员工快速定"心",作为人力资源部一定要用心做好入职管理。一定要站在新人的角度,充分考虑到新人的感受与内心的需求。

一般来说,入职管理要用心做好以下方面。

(1)报到:报到时,一般做好接待、入职手续的办理、劳动合同的签订、办公场所的准备、生活主要场所的介绍及相关规定、住宿的安排、吃饭的安排等。

(2)入职面谈:详细介绍公司基本情况、基本规章制度、岗位说明书的介绍、职业发展通道及职业规划辅导、基本薪酬福利情况等,并由新员工签字确认。

(3)入职培训:最好在员工上岗前先进行系统的岗位培训,包括公司基本情况、规章制度、工作流程、产品知识等。

(4)新员工入职介绍:安排新员工在员工早会上作自我介绍、人力资源部带着新员工到各部门作入职介绍、部门早会上作欢迎仪式等。

(5)与用人部门交接:与用人部门一起确认导师、月度工作计划、学习计划等。

(6)及时沟通:加强与新员工沟通,及时了解新员工心态。

【实用文档】新员工入职一览表

具体说明如下:

(1)第一、二、三部分由用人部门在提交招聘申请时填写完成交于人力资源部。

(2)第四、五部分由相关部门根据工作要求注意完成并签字确认。

(3)第六、七、八部分由用人部门根据要求填写完成并签字确认。

(4)员工转正时用人部门需将此入职引导书作为目标完成情况评分的附件交人力资源部。

第一部分:具体工作模块。

工作模块	具体内容	涉及的流程、制度及表单

第二部分:需要接受的培训。

培训部门	培训课题	预计课时	计划培训时间	实际参训时间
人力资源				
用人部门				

第三部分:阶段性目标。

引导人: 　　　　被引导人: 　　　　入职时间:

时 间 点	达标标准
第一阶段目标 （入职一周）	
第二阶段目标 （入职一个月）	
第三阶段目标 （入职两个月）	

第四部分:入职前准备。

引导项目	具体内容	实际完成时间	责任人签名	跟进人签名
办公设备、座位、电话号码	办公座位已确定,设备已安装、调试到位,电话号码已确认			
邮箱	电子邮箱视被引导人岗位要求确认完成			
办公用品	基本办公用品已申领,考勤卡已完成增加			

注:1. 责任人指行政部负责此项工作人员;
　　2. 跟进人指用人部门指定的引导人。

第五部分：入职当天。

部门	工作内容	实际完成情况	责任人签名	被引导人签名
人力资源	员工入职手续的完善(员工登记表、身份证、最高学历证书、资格证书、银行卡、社保卡、暂居证、体检报告、照片、特殊工种技能证书)			
	劳动合同、保密协议签订			
	员工欢迎信、员工手册的发放			
	组织学习员工手册、公司通用类制度及课程			
	入职面谈			
	岗位说明书的介绍			
	薪酬福利			
	职业指导			
	带领新员工熟悉公司环境和部门位置			
行政部	工作证办理			
	住宿安排			
	食堂指引			
	新员工联系方式加入通讯录			
	为新员工申请开通 OA			
用人部门	召开新员工欢迎会			
	介绍部门结构与功能,讲解部门内特殊规定			
	详细沟通入职引导书第一、二、三部分			
	分配新员工学习任务,开展岗前培训			
	陪同新员工到公司餐厅吃第一顿午餐			
	带领新员工乘坐公司班车(必要时)			

第六部分：入职一周。

新员工入职一周沟通评价表

第一阶段目标达成情况	
一周工作综合评价	

评价人签名：被引导人签名：

评价时间：确认时间：

第七部分：入职一月。

新员工入职一月沟通评价表

第二阶段目标达成情况	
一月工作综合评价	

评价人签名：被引导人签名：
评价时间：确认时间：

第八部分：入职两月。

新员工入职两月沟通评价表

第三阶段目标达成情况	
试用期工作综合评价	

评价人签名：被引导人签名：
评价时间：确认时间：

4.3.2 共同制订职业生涯规划与成长计划

【全真案例】没挖动的人事专员

某知名企业人力资源负责人 T 先生在一次校园招聘会上，看见同行展位上有两位年轻的人事专员，与在校大学生沟通得体大方，服务热情。于是，T 先生上前与两位简单沟通认识了一下。

几天后，T 先生分别打电话给两位人事专员，表示对他们在校园招聘上表现出来的专业、气质、服务热情所吸引，希望他们加盟。

两位年轻人与 T 先生沟通了半个多小时，了解了 T 先生所在的企业的平台、职业发展空间等，并也有所心动。但最终还是回绝了。其原因主要是他们所在的企业在他们大学刚毕业时就制订了职业发展规划及每年的职业目标、学习计划。人力资源总监也是严格按照计划推进的，他们都感觉到在企业里受到了尊重，有成长的空间。

分析：

（1）马斯洛需求理论提出：自我实现为人的最高需求。这两位年轻人就很好地运用了该理论，并且充分满足了他们的自我实现的需求。

（2）企业结合公司的职业发展通道，与员工一起制定职业规划书，并且很好的执行，能够让员工切实感受到成长，有利于员工的稳定。

（3）更好地促进每位加入公司的新员工快速融入公司，建议人力资源部协助每位新员工做好职业生涯规划与成长计划，以对得住每位员工对公司的期望。

职业生涯规划一般包括如下步骤。

一、协助新员工自我认知

运用专业的人才测评工具（霍兰德测评技术、北森等）对新员工进行职业兴趣、职业能力、职业价值观、职业性格进行测评，然后根据测评结果，用专业的知识给新员工进行讲解，让新员工更加了解自我。

二、职业认知

协助新员工对其社会环境、行业环境、职业环境、家庭环境进行分析。社会环境主要按照 PEST 来分析当前的政治、经济、社会、科技等方面。协助新员工认识到目前所处的行业发展趋势和行业特点。告诉新员工公司能够为新员工提供什么样的职业发展通道，发展到每个层级需要具备哪些知识、能力等。协助新员工进行家庭环境的分析，包括家庭成长环境，以及家庭对职业成长的影响。

三、职业目标的确定

与每位新员工一起确定在公司 3～5 年的职业目标。职业目标的设定要求符合 SMART 原则，要做到可达到、有时间限制、可操作等。同时，制定出每年的职业目标。

四、行动计划的制订

根据 3～5 年的职业目标以及每年的职业目标，对照自我认知所具备的知识与能力，加上目前的职业环境，制订出每个阶段所需采取的措施与学习计划。

五、检查与评估

确定达到每个阶段目标如何检查、如何评估。坚持写行动成功日志，对每月、每周、每天的工作根据年度目标进行计划与评价。根据评估结果及时调整修正职业目标。

六、激励机制

制订出每个阶段达到目标后如何激励自己，未达到目标如何负激励自己。

附：员工职业生涯规划书

姓名：　　　　　　　　部门：

一、自我认知

1. 我的兴趣

2. 我的能力

3. 我的职业价值观

4. 我的性格

5. 自我认知总结

二、职业认知

1. 社会环境

2. 行业环境

3. 职业环境

4. 家庭环境

5. 职业认知总结

三、职业目标设定(1～3 年的职业目标)

1 年的职业目标

2 年的职业目标

3 年的职业目标

四、行动计划

五、激励措施

4.3.3 岗前见面会与欢迎仪式

对于每位新入职的员工,举行一场隆重的岗位见面会与欢迎仪式既利于新员工及早与其他员工了解,又利于让新员工心理上感觉受到重视,促进新员工快速融入公司。

常见的岗前见面会与欢迎仪式有三种:公司见面会、部门内部见面会、相关部门见面会。其具体做法如下。

一、公司见面会

公司见面会可以利用全体员工晨会或周例会举行。

主持人通常由人力资源部经理担任。

主要流程为：先由新员工作自我介绍、人力资源部经理总结评价新员工的职业能力、岗位职责并提出期望。

二、部门内部见面会

部门内部见面会可以利用部门晨会（入职当天或第二天），也可以特意召开。

主持人通常由部门负责人担任。

主要流程：首先由部门负责人致欢迎词，其次请新入职员工自我介绍，再次请部门内其他员工自我介绍，最后由部门负责人提出期望。

【全真案例】招聘主管 L 先生的部门岗前见面会

时间：第二天晨会

地点：人力资源办公室

主持人：人力资源部经理 Y 先生

Y 先生：请我们以热烈的掌声欢迎人力资源部新伙伴招聘主管 L 先生加入我们公司！

Y 先生：下面有请 L 先生作岗前介绍。

L 先生：我叫×××，来自××××，毕业于××××……

Y 先生：L 先生招聘经验丰富，曾……，下面请部门内其他伙伴作自我介绍。

Y 先生：最后，希望各位伙伴多多支持 L 先生的工作，L 先生多与各位伙伴沟通协作，让我们的工作更上一个台阶。

三、相关部门见面会

时间：上班第一天

负责人：人力资源部招聘主管

由人力资源部招聘主管带领新入职员工到相关部门，介绍招聘主管和每位相关部门员工，以达到相互认识。

4.3.4　岗前培训让新员工迅速了解公司

岗前培训让新员工迅速了解公司的基本情况、规章制度、产品知识等，以便更好地了解企业，掌握工作所需要的必备知识。岗前培训常见的有以下三种。

一、通用型岗前培训

通用型岗前培训由公司统一组织，针对所有新入职员工举行。一般是在新入职一个月以内举行。培训老师一般来自公司内部讲师，内部讲师由公司中高层管理人员及核心骨干组成。培训形式采取统一授课与考试、考评相结合，采用全脱产的培训方式。考试内容主要包括：公司简介、公司企业文化、产品知识、公司规章制度、相关工作流程等基础知识。

【实用文档】×××公司岗前培训纲要

一、培训目的

1. 初步了解×××企业文化、企业发展历程及未来×××发展规划。

2. 上岗前基础知识的初步掌握和了解。

二、达到成果

1. 认知×××企业文化。

2. 了解企业产品制造流程和工艺。

3. 掌握企业员工的基本工作技能。

三、培训要求;报到时每人发一张培训要求及须知

1. 不迟到,不早退,实习期间必须佩戴工牌,上下班时间每天 4 次必须打卡,严禁代打卡。

2. 把手机调成振动或关机,严禁发短信,不大声喧哗。

3. 认真记笔记、积极参与讨论和发言。

4. 不准旷课和请假;旷课一次,取消实习资格。

5. 工厂内严禁吸烟和随地吐痰。

6. 文明礼貌,保持桌面和地面卫生,每天辅导员将随时检查宿舍。

7. 排队集体用餐,用餐时,只允许抽取纸巾一张;用餐结束请将桌面自行清理干净,餐具清洗后放回自己宿舍保管。

8. 节约用水,宿舍物品如拖把、盆、桶等必须定位摆放整齐,被褥须按军训要求叠放。

9. 军训期间须穿迷彩服,其他时间穿便装;迷彩服务必洗干净、晒干后由班长交到辅导员处。

四、培训、报到及作息时间

1. 培训时间:3 月 7 日～3 月 9 日,报到时间为 3 月 6 日。

2. 作息时间。

早上:7:40～8:00　晨训用餐时间:8:00～8:30

上午:8:30～9:30　　　10:15～12:00　　　用餐时间:12:15

下午:13:30～15:00　　15:30～17:00　　　用餐时间:17:45

晚间:18:30～19:30　　19:30～20:30　　　休息时间:22:30

五、课程设计

1. 简单实用、实际、实战。

2. 理论紧密联系企业现场生产实际。

3. 案例、互动、演练、分享。

4. 讲理论、抓训练、重实操，旨在提升"学员们"的岗位技能。

六、讲师要求

1. 统一×××PPT模板设计。

2. 课件设计简单通俗易懂，切忌太理论化。

3. 生动教学，案例分享，深入浅出。

4. 认真准备，满足学生心理需求。

5. 讲师每次授完课后出5道问答题现场提问并提交给辅导员老师作为结业考试题库。

七、结业验收

1. 结业试题从讲师题库中出。

2. 考试不及格者，进入补考，补考不及格都企业不予录用。

八、培训形式

采取"先集中后分开"授课形式。企业共性基础知识学完后，学员再分为销售组、非销售组两个组别，再进行岗位技能和营销实战培训。

基础知识篇课程安排目录

日 期	时 间	课 程	讲 师
	7:40~8:00	晨训	×××
	8:00~8:30	早餐	
	8:30~9:00	培训开班仪式	×××
3月7日 星期四	9:00~12:00	培训须知纪律，×××发展历程	×××
		×××企业文化《成长的力量》	
		7S管理体系	
		爱心基金会	
		学唱《××之歌》	
	12:00~13:30	午餐	
	13:30~14:30	生产工艺流程	×××
	15:00~17:30	×××薪酬管理体系	×××
		×××福利待遇政策	
		日常行政管理须知	
		学习座谈与学习小结	
	17:30~18:30	晚餐	
	18:30~20:30	观看视频	×××

续表

日　期	时　间	课　程	讲　师
3月8日 星期五	7:40~8:00	晨训	××××
	8:00~8:30	早餐	
	8:30~9:30	产品分类及原料知识、质量体系	××××
	9:45~10:45	财务管理制度	××××
	11:00~12:00	采购管理制度	××××
	12:00~13:30	午餐	
	13:30~17:30	军训	××××
	17:30~18:30	晚餐	
	18:30~20:30	新生晚会	××××
3月9日 星期六	7:40~8:00	晨训	××××
	8:00~8:30	早餐	
	8:30~11:00	军训	××××
	11:00~11:30	军训检阅	××××
	11:30~12:00	理论考试	××××
	12:00~13:30	午餐	
	13:30~17:30	大亚湾半日游及文体活动	××××
	17:30~19:30	聚餐	
3月10日后 星期日	公司正常 作息时间	在各部门实习	各部门主管

九、培训组织机构

校长：×××

指导员：×××

教务主任(总负责人)：×××

辅导员(执行负责人)：×××

讲师团：×××、×××、×××、×××、×××、×××、×××、×××

备注：

1. 视频《做最有用的好员工》

2. 视频《成功从优秀员工做起》

3. 视频《大智慧》

4. 视频《责任胜于能力》

5. 军训内容：

①立正、稍息、跨立

②停止间转法（向右、左、后转）

③行进与立定（立步与立定，正步与立定）

④敬礼、礼步

⑤统一内务、检查内务

人力资源行政中心

20×9年×月××日

二、简易型岗前培训

简易型岗前培训主要是因为新入职员工较少，如果采用通用型岗前培训，组织不易。通常由人力资源部与用人部门一起协助完成。时间大约是一天时间，安排在上岗第一天。

人力资源部负责培训公司情况、公司文化、公司人事行政规章制度、员工手册等内容的培训。

用人部门负责培训岗位相关工作流程、岗位说明书、主要业务技能知识等内容的培训。

讲师一般为人力资源部经理、招聘主管、用人部门负责人、核心骨干或导师。

三、高级管理人员岗前培训

高级管理人员岗前培训用于高级管理人员全面了解公司简介、组织架构、文化等公司基本情况，熟悉公司整体的运营情况及主要的人事、财务管理知识及相关分权授权体系等。最好是采用各部门学习、总结、评估的形式，时间设计在半个月至一个月内。具体参考安排可见如下案例。

以下案例为分子公司总经理岗前培训纲要。

一、项目责任：计划审批及检查：×××执行责任：×××

跟踪联络人：×××

二、培训内容

\multicolumn{6}{l}{(一)各部门学习(主要关键业务、制度、流程、沟通协调机制等,包括不仅限于以下内容)}
编号	部 门	学习内容	时间安排	责任人	要 求
1	人资行政中心	1. 公司组织架构、部门设置与职责 2. 公司管控模式、责权体系 3. 入职流程与劳动合同签订等人事要求 4. 人力资源招聘、录用、转正、离职流程及制度 5. 对分子公司人力资源工作的要求 6. 企业文化 7. 行政综合,包括证照、印章、车辆、固定资产、外围关系、员工生活关怀、总部与分子公司信息对接机制 8. 定期沟通机制及 OA 审批系统 9. 审批权限与流程	3 天	×××	1. 各部门对学员必须有明确的时间表、学习了解内容、部门内对接安排责任人 2. 学员完成该部门学习安排后,部门负责人必须要与其有 2 个小时以上的专门沟通和答疑 3. 每个部门学习结束后,部门负责人及学员必须双互相提交评分表,评分表直接交人资行政总监 4. 学习人就每个模块学习结束后必须写学习总结及建议
2	财务中心	1. 财务制度 2. 费用报销制度(业务员) 3. 销售、采购信用管理政策 4. 业务核算口径 5. 管理报表了解 6. 财务审批权限与流程 7. K3 系统的了解	2 天	×××	
3	采购贸易中心	1. 采购流程、采购决策、供应链管理 2. 采购原料品质要求 3. 分级采购要求及权限 4. 采购目录	2 天	×××	
4	生产运营中心	1. 生产流程、仓库现场管理、生产品质管理要求 2. 生产员工编制、基本制度、生产费用及核算标准	1 天	×××	
5	技术研发中心	1. 产品配方与权限设置 2. 研发流程、产品特性、研发、销售与生产之间的关系 3. 了解原材料标准、日常流程、品质标准	2 天	×××	
6	市场营销服务中心	1. 营销报表要求 2. 营销制度、权限 3. 产品定价和重大促销政策 4. 市场走访(安排 1~2 天)	2 天	×××	
7	人资行政中心	沟通与释疑	1 天	×××	
\multicolumn{6}{l}{(二)公司介绍、公司战略}
8	公司管理层	公司发展战略	0.5 天	×××	
\multicolumn{6}{l}{(三)总经理室谈话}
9	总经理室成员	工作要求及指导	0.5 天	×××	

注:以上时间安排,将根据实际情况进行适当调整。

培训学习内容效果评估表(学员版)

学习部门	
对接人	
学习内容	
时间地点	
请按以下内容说出你的看法	

1. 本次培训内容安排是否合理实用:很好□、一般□、不满意□
其他:

2. 培训内容是否全面细致:很好□、尚可□、不好□
其他:

3. 你认为本次学习是否对工作有帮助:帮助很大□、一般□、没帮助□
其他:

4. 学习后,你是否理解了本次培训内容:理解□、似懂非懂□、不懂□
其他

填表人:　　　　　　　　　　　　　　年　　月　　日

培训学习内容效果评估表(部门版)

接收部门	
对接人	
培训内容	
时间地点	
请按以下内容说出你的看法	

1. 学习人对本部门流程的熟悉情况:清楚□、似懂非懂□、不熟悉□
其他:

2. 学习人在培训学习过程中是否用心:很用心□、一般□、经常走神□
其他:

3. 学习人对在工作中关键问题的把握,你觉得:很到位□、了解□、不熟悉□
其他

4. 学习人是否领会和了解了子公司与母公司资源的关联性:了解□、一般□、不了解□
其他:

5. 请您对学习人的形象气质、沟通能力进行打分:很好□、一般□、有待调整□、差□
其他:

填表人:　　　　　　　　　　　　　　年　　月　　日

4.4　试用期员工的管理

4.4.1　试用期考核目标与学习计划的制订

对于试用期员工,在岗前培训结束后,人力资源部与部门负责人、导师一起制订试用员工的考核目标与学习计划,让试用员工能明确自身的工作目标、标准,不至于不知所措。

下面以招聘主管在试用期内的考核目标为实例,讲解如何制订考核目标与学习计划。

1. 背景说明

某农业企业新招聘进一位招聘主管小李,小李人力资源本科毕业,在省内知名的百货公司从事招聘工作 2 年,主要负责在校大学生的招聘、百货公司行政、财务等员工的招聘。

2. 招聘主管的岗位说明书

岗位名称	招聘管理		岗位编号	× ×-HR-005
所在部门	人力资源部		岗位定编	2
直接上级	部门经理		所在职系	D
直接下级	招聘专员		岗位价值系数	0.8
岗位分析日期	2×13-6-6			
本岗位关键职责描述: 负责公司总部经理级及以下人员和总部垂直管理的分、子公司人员的招聘				
职责与工作任务:				
职 责 一	职责表述:制订年度及月度招聘计划 1. 负责根据公司人力资源规划和年度定岗定编计划,结合现有人力资源状况制订公司年度招聘规划(含预算) 2. 负责初步审核用人部门招聘需求并报批 3. 负责根据年度招聘计划和月度招聘需求制订月度招聘计划(含预算)		日常性工作　2% 2 周期性工作　3% 1 3	
	主要工作标准: 1. 按时制订年度和月度招聘计划并被上级批准;招聘计划满足公司发展需要且便于操作 2. 保证招聘需求的合理性(用人部门的招聘需求在一天内初步审核完,在获准后一天内反馈给需求部门)			

续表

职责二	职责表述:总部经理级及以下人员和总部垂直管理的分、子公司人员的招聘实施 1. 负责发布招聘信息;招聘信息维护和更新 2. 负责公司招聘渠道维护和优化 3. 负责应聘简历的初次筛选 4. 负责通知应聘者面试 5. 负责笔试、面试、评价中心等测评手段组织实施 6. 负责联系并参加现场招聘会;负责组织实施公司大型现场招聘会 7. 负责重点考察应聘者除专业知识和专业技能以外的岗位适应因素并出具录用建议 8. 负责招聘全过程跟踪与反馈;负责录用报批工作 9. 负责招聘过程信息记录 10. 负责应聘者背景调查和应聘结果反馈	日常性工作　40% 1 2 3 4 5 7 9 10 周期性工作　10% 6	
	主要工作标准: 1. 及时、准确、规范发布招聘信息,并综合考虑相应费用开支 2. 建立并有效维护性价比最优的招聘渠道网络 3. 招聘过程规范、有序、高效 4. 招聘过程信息记录及时、便于统计与分析 5. 考察应聘者尽量客观(有书面记录),保证较高的测评效度 6. 在核准录用后一天内完成对应人员的背景调查(有书面记录),并出具相关意见 7. 应聘者面试结果在两天内予以反馈(电话或电子邮件形式) 8. 总要求:招聘人员到位率达成80%以上,招聘费用严格控制在预算内,试用期员工转正合格率达成80%以上		
职责三	职责表述:组织校园招聘 1. 负责制订年度应届生招聘实施计划 2. 具体组织实施校园招聘 3. 负责重点招聘院校关系维护	日常性工作　5% 3 周期性工作　10% 1 2	
	主要工作标准: 1. 按时制订年度应届生招聘实施计划并被上级批准 2. 校园招聘过程规范、有序、高效,相关费用控制在预算内 3. 考察应届毕业生尽量客观,保证较高的测评效度		
职责四	职责表述:完善招聘测评手段 1. 负责定期对现有测评手段的信度和效度进行评估、总结、提炼和整理 2. 负责根据评估结果不断完善现有测评手段,提高其信度和效度	日常性工作　5% 1 2	
	主要工作标准: 1. 测评手段评估有书面评估报告 2. 测评手段组合和应用能保证较高的招聘测评信度和效度		

职责五	职责表述:内部竞聘 1. 负责制订内部竞聘方案 2. 负责内部竞聘组织实施 3. 负责内部竞聘结果公布	周期性工作　5%
	主要工作标准: 1. 内部竞聘方案能有效选拔岗位合适人选,可操作性强 2. 内部竞聘实施规范、有序、高效	
职责六	职责表述:建立和维护储备人才库(外部) 1. 负责分类分级建立应聘人员简历储备库 2. 负责实时更新储备简历库,并登记台账	日常性工作　5%
	主要工作标准: 1. 合适简历及时放入储备简历库,有效保管 2. 简历分类明确、数量清晰;台账更新及时	
职责七	职责表述:新员工入职手续办理 1. 负责办理拟录用员工体检事宜 2. 负责通知新员工正式报到,收集、审核相关资料,签订劳动合同和培训协议,引领至用人部门报到 3. 负责新入职三天内员工投诉支持事项的协调、跟踪	日常性工作　5%
	主要工作标准: 1. 原则上拟录用员工必须体检合格后方可报到上岗 2. 新员工报到程序规范,无差错和遗漏	
职责八	职责表述:招聘评估与改进 1. 负责对招聘过程(招聘程序、方法和工具)和招聘效果定期进行总结,每双月提交书面总结报告和改进建议 2. 负责定期与用人部门负责人进行交流,了解其对招聘工作的评价及相关意见与建议	周期性工作　5%
	主要工作标准: 招聘总结报告分析系统、全面,改进措施有效、操作性强	
职责九	职责表述: 1. 分、子公司招聘工作协助 2. 部门内部相关岗位的工作支持	日常性工作　5%
职责十	职责表述:完成领导交办的其他工作	突发性工作

主要权力:
1. 对用人部门招聘需求的初审权
2. 对应聘人员的录用建议权
3. 对应届毕业生定岗建议权
4. 对内部竞聘人员的聘用建议权

工作协作关系:		
内部协调关系	公司内各部门	
外部协调关系	外部招聘服务机构,外部人力资源服务机构,外部企业人力资源从业者等	

任职资格		
	最低要求	标准要求
学历/职称	大专	本科及以上
工作经验	1年以上人力资源管理或行政管理	3年人力资源管理经验,2年招聘工作经验
能力要求	沟通协调能力:与应聘者沟通条理清楚,能根据不同应聘者情况合理选择沟通内容,基本理解应聘者表达意图,能控制沟通进程;能协调招聘过程中出现的相关问题,保证招聘顺利进行	沟通协调能力:与应聘者沟通条理非常清晰,能根据不同应聘者情况选择恰到好处的沟通内容,准确理解应聘者表达意图,有效控制沟通进程;能协调招聘过程中出现的相关问题,保证招聘的高效率和质量
	分析判断能力:能根据应聘者的语言、书面文字、神态、动作等分析其性格、价值观、求职动机、专业知识、专业能力及其他特质,在此基础上作出其是否符合职位要求的判断(准确率≥60%)	分析判断能力:能根据应聘者的语言、书面文字、神态、动作等准确分析其性格、价值观、求职动机、专业知识、专业能力及其他特质,在此基础上作出其是否符合职位要求的判断(准确率≥80%)
	书面表达能力:拟写招聘计划、总结、方案、评语、岗位说明书等意图表达基本清楚,行文基本通畅,无语法和逻辑错误	书面表达能力:拟写招聘计划、总结、方案、评语、岗位说明书等意图表达准确、清晰、语言贴切得体,行文流畅,无语法和逻辑错误
	统筹策划能力:能统筹公司内外部资源致力于改善招聘流程、效率和质量;具备一定的系统思维,能策划相关招聘解决方案并取得较好效果	统筹策划能力:能高度统筹公司内外部资源有效改善招聘流程、效率和质量;具备较强的系统思维,能策划相关招聘系统解决方案并取得较好效果
知识要求	精通招聘管理知识,了解劳动人事法律法规、心理学等知识,熟练使用计算机和操作常用办公软件	
使用工具设备	计算机、一般办公设备(电话、传真机、打印机、Internet/Intranet网络)、通信设备	
工作环境	很小风险,很小影响	
工作时间特征	经常加班,偶尔出差	
备注		

3. 考核目标的确定

根据小李的岗位说明书及当前的重点工作,人力资源部王经理与小李沟通确定第三个月考核目标为如下:

序 号	内 容	任职要求	权 重
1	会计 2 名	大专以上学历,具备初级会计资格证,从事制造业会计工作 2 年以上,能熟练掌握 ERP 办公软件	40%
2	配方师 1 名	硕士以上学历,相关专业毕业,从事同行产品配方工作 1 年以上,能独立调整与优化产品配合以适合市场需要	20%
3	工程部助理 1 名	女,大专以上学历,管理类专业,熟练掌握办公软件,工作细心认真,沟通能力强,有一定的档案管理经验	10%
4	现场品控 1 名	男,大专以上相关专业毕业,熟悉各类原料及产品的质量要求,沟通能力强,原则性强,有相关行业经验优先	10%
5	招聘流程完善	拟定招聘管理流程并经公司领导审批执行	20%

考核目标的制定要做到符合 SMART 原则,同时结合小李本身的工作经验和公司当前的重点工作任务确定。

工作任务每项要求与权重都不一样。目前配方师对于公司而言是很重要的招聘岗位;会计是目前紧急的岗位,招不到会影响公司正常运转;招聘流程的完善有利于招聘目标的实现,所以此三项的考核权重比另外两类要重。

人力资源王经理除了制定试用期考核目标外,还应该详细介绍每个招聘岗位的背景以及与小李一起商量解决办法,制定行动计划表。

例:小李试用期行动计划表

序 号	行动举措	考核标准	完成时间	检查人
1	招聘会计 2 名	录用上岗	2×14 年 10 月 31 日	王经理
2	招聘配方师 1 名	录用上岗	2×14 年 11 月 30 日	王经理
3	招聘工程部助理 1 名	录用上岗	2×14 年 10 月 31 日	王经理
4	招聘现场品控 1 名	录用上岗	2×14 年 12 月 31 日	王经理
5	招聘流程完善	颁布实施	2×14 年 10 月 20 日	王经理

4. 学习计划

为了达到考核目标,小李需要尽一进了解以上招聘岗位(会计、配方师、工程部助理、现场品控)的岗位说明书,要深入到以上岗位去了解各岗位的工作职责、工作标准及相关的业务知识,掌握以上岗位的关键胜任要求,然后详细了解各岗位的薪酬、福利状况。

首先,作为招聘主管要掌握公司的基本情况、企业文化、在行业中的位置及主要竞争优势,这样便于吸引更多人才加入。

其次,要与各需要人部门负责人沟通部门负责人对招聘岗位的要求和用人经验,以便更加贴近用人部门的需求。

最后，作为招聘主管要熟练掌握招聘相关的专业知识与流程。

则招聘主管小李的学习计划如下：

序　号	内　　　容	完成时间
1	各岗位业务知识了解	2×14 年 10 月 15 日
2	各岗位薪酬福利政策	2×14 年 10 月 15 日
3	招聘管理操作实务	2×14 年 11 月 15 日
4	公司简介、文化知识	2×14 年 10 月 15 日
5	人才测评知识	2×14 年 10 月 15 日
6	各岗位的岗位说明书	2×14 年 10 月 15 日

4.4.2　加强沟通

马斯洛需求理论提出，人的需求分为五个层次：生理需要、安全需要、社会需要、尊重需要、自我超越。作为每个新员工都需要得到尊重，都需要被重视，所以要加强与新员工的沟通。

一、沟通的作用

（1）及时了解新员工的心态变化并及时调整。

（2）及时了解新员工的工作目标的实现及存在的困难。

（3）及时了解新员工的生活状况，让新员工生活有保障。

（4）及时了解导师制度实施情况，及时强化与调整。

（5）及时了解新员工培训与培养过程中的问题并加以解决等。

二、沟通形式

有正式沟通与非正式沟通，有一对一的沟通与一对多的沟通。目前与新员工沟通的方式多种多样。有每月召开座谈会，通过座谈会对新员工前面的工作进行评估，对新员工培养模式中存在的问题及时解决；有每月的绩效工作沟通；也有平时非正式的不定期的沟通，如食堂吃饭时的嘘寒问暖；有走到岗位上的沟通；也有针对目前某位新员工工作中遇到的难题的专项沟通等。

三、常见的几种新员工沟通方式

1. 座谈会

座谈会最好一个月召开一次或者两次，参加人员有新员工、人力资源部及部门用人部门或导师代表。座谈会的目的主要是了解新入职员工工作情况、生活情况及对公司用人制度或培养方面的需求。

座谈会不宜太正式，最好在一种宽松的氛围中进行，鼓励新员工多讲，人力资源部需做好会议记录并形成纪要发给相关人员。

座谈会可以事先准备一些水果等,发言顺序不要一言堂,要争取每位新员工都发言。

公司对新员工提出的问题或需求,要及时拿出解决方案,让新员工认为公司重视他们。

2. 绩效评价会

绩效评价会主要用于对新员工一个月的工作情况进行总结,检视新员工的工作成绩及存在的不足,检视公司培养环节中存在的问题。

绩效评价会最好每月一次,一般在月初举行,参加的人员有人力资源部经理、各用人部门负责人。绩效评价会最好有评委,评委对新员工的工作情况进行提问,并且对新员工工作绩效进行评价。

绩效评价会首先由新员工汇报月度工作绩效、存在的不足及下月工作绩效计划;然后由评委进行提问,最后由评委进行评分。最后公司领导总结。

3. 月度绩效面谈

根据绩效评价会的评价结果,由人力资源部会同用人部门或导师一起与新员工进行面对面沟通。

绩效面谈是以人力资源部为中心,时间安排在绩效评价会后 5 天以内。主要内容是由人力资源部评价月度工作绩效,对成绩予以肯定,然后针对新员工存在的不足,提出改进建议。由用人部门针对新员工下月工作计划提出建议。新员工针对人力资源部与用人部门的建议作出回应与解释。

最后,形成绩效面谈结果,三方签字确认。

4. 非正式沟通

平时利用吃饭时间,或者到岗位上与新员工沟通,或者通过公司集体活动时加强与新员工的沟通等,这些非正式沟通,前期频率要高,形式可以多样。主要是了解新员工的工作、生活状况,在工作和生活中还存在哪些问题需要帮助解决的,以让新员工快速融入公司。

【实用文档】试用期管理制度

---

1. 目的

1.1　使新进员工了解公司基本情况、企业文化、岗位职责、任职要求、基本制度与流程等,让新进员工迅速融入公司。

1.2　了解新进员工的综合素质、岗位技能、职业态度和岗位适应程度。

1.3　充分了解、培养和挖掘员工能力(潜能),促使价值观念统一,为员工发展夯实基础,为员工职业规划提供依据。

1.4　客观评价员工整体素质和文化认同程度，为公司可持续发展提供合格的人力资源。

2. 适应范围

除实习生以外的所有经理级（含）以下员工。

3. 原则

3.1　在考核工作业绩的基础上，着重关注员工整体素质、潜能、工作态度、心态、文化认同和团队协作。

3.2　试用环节是公司与员工双方相互适应、认同和了解的过程，对员工的管理重在指（引）导、帮助适应和促使提升，并为员工提供展示、发展的机会和空间。

3.3　管理者应把重点放在帮助员工发现自身特点（长处和不足）；并有针对性地帮助员工扬长避短获得发展。

3.4　注重多给员工机会以展示才能，并根据其特点进行初步职业定位。

4. 职责

4.1　总经理室：经理级员工的考评及结果反馈；总部员工及分、子公司经理级员工的转正批准、薪酬批准。

4.2　人力资源部：制度的编制及修缮；总部员工考评结果的审核；分子公司主任级员工的转正批准；相关岗位员工的薪酬建议及审核。

4.3　各部门负责人：非部门负责人经理级（含）以下员工的考评并反馈考评信息。

4.4　分子公司经理室：非分子公司负责人经理级（含）以下员工的考评并反馈考评信息；相关岗位员工的薪酬建议、批准。

5. 考核职责

范围	级别	考评	核实	审核	批准	信息反馈（向员工）	备注
通用	部门（分、子公司）负责人	单位分管领导	人力资源部负责人	职能分管领导	总经理	单位分管领导	
	部门（分、子公司）负责人以下经理级	部门（分、子公司）负责人	人力资源部负责人	单位分管领导	职能分管领导	部门（分、子公司）负责人	
总部、项目部经理级以下		部门负责人	人力资源部负责人		单位分管领导	部门负责人	

续表

范围	级别	考评	核实	审核	批准	信息反馈（向员工）	备注
分子公司	主任级	主管副经理	分、子公司人事	分、子公司负责人	人力资源部负责人	分、子公司办公室	
	主任级以下	部门负责人	分、子公司人事		主管副经理	直接主管	

注：由总经理直接管理的部门，总经理同时行使单位分管领导和职能分管领导的考核职能，或授权职能分管领导行使单位分管领导和职能分管领导的考核职能；经理级以下员工，其直接主管为部门负责人（分、子公司负责人）的，由部门负责人（分、子公司负责人）直接考评。

6. 考核内容及实施程序

试用期满，必须经过"试用期"考核，考核结果 70 分（含）以上，方能转入正式聘用；试用员工转正评估表见附件 3。

7. 实施程序

7.1.1 新进员工到岗后两天内，其直接主管（分、子公司主管级及以下为部门负责人）须针对岗位职责及任职要求，制订出详细的试用期工作计划并提出明确的工作要求和考核标准（分解到月或周），并每月由考评实施人依据事先确定的工作要求和考核标准对试用员工做出客观评价。

7.1.2 形成实习/试用期员工月报评估表见附件 1，该表格作为附件随试用员工转正评估表（见附件 3）一同呈递。

7.1.3 员工试用期满前 10 天，由新进员工填写试用员工转正申请报告（详见附件 2）交其部门负责人（部门负责人则交其单位分管领导或总经理）。签署意见后交人力资源部。

7.1.4 员工试用期满前 7 天，实施考评者根据员工日常表现及相关记录，在与试用员工进行充分沟通的前提下对员工从工作任务完成情况、工作能力、发展潜力、工作态度，岗位适应性等方面进行综合评价，将考评结果填入试用员工转正评估表相关栏目后送人力资源部（分、子公司人事）人力资源部再填写试用员工转正审批表（详见附件 4）。由其按本制度第 5 条所列示职责逐级审定、批准、反馈（员工试用期满前 3 天全部完成）。

7.1.5 人力资源部会同用人部门与试用员工进行转正面谈，形成试用员工转正面谈记录表（见附件 5），形成转正面谈记录，经试用员工签字确认。

8. 薪资调整

员工通过试用期转正考评，需要进行薪资调整的，将试用员工转正审批表交给薪酬管理岗位(分、子公司人事)，由薪酬管理岗位(分、子公司人事)填写按转正审批标准发工资。

9. 同一岗位，试用不合格者只能再延期一次试用(原则上为一个月，特殊情况，总部员工和分、子公司主任级以上岗位员工由总经理核准，分子公司主任级以下员工由分、子公司负责人核准)，再次试用不合格者，予以淘汰；考评不合格的员工，由用人部门通知其办理解除劳动关系手续

10. 员工考评结果属于人事保密内容，考核结果除反馈被考核者本人外，参与考评的人员不得外传，以免产生不良影响

11. 相关记录

11.1 实习/试用员工月报评估表

11.2 试用员工转正申请报告

11.3 试用员工转正评估表

11.4 试用员工转正审批表

12. 本制度执行之日起

13. 本制度由人力资源部负责起草、修订及释义

附件1

实习/试用员工月报评估表

姓　名		部　门			岗　位		
指导老师		评估周期		年　　月　　日　至　　年　　月　　日			
主要工作内容							
本月收获	一、企业文化的收获： 二、工作收获： 三、其他收获：						
不足及建议	不足之处 合理化建议：						

考核项目	考核内容	分值	被考核人自评分	指导老师评分	部门领导评分	人力资源评分	合计平均分
评估	企业文化	对文化的掌握程度	20				
	岗位绩效	岗位所产生的绩效	15				
	岗位能力	对岗位的掌握能力	15				
	协作能力	与团队的协作能力	15				
	执行能力	对任务的执行情况	15				
	沟通能力	与团队或客户的沟通能力	10				
	创造潜力	对事物独特的可行性见解	10				
	A 级:90 ~ 100　　B 级:70 ~ 89　　C 级:50 ~ 69　　D 级:0 ~ 49　　最终评估分数取合计平均值						

指导老师意见:

部门领导意见:

人力资源部意见:

附件 2

试用员工转正申请报告

姓　　名		部　　门		岗　　位	
性　　别		出生日期		籍　　贯	
学　　历		毕业院校		专　　业	

加入×××后我的主要工作职责:

我对公司的企业文化的理解:

我在试用期内的主要工作绩效是:

一、如果以五年为期限,我将如何设计在×××的这 5 年的职业生涯:

二、我对公司及工作的建议:

申请人:

年　　月　　日

附件3

试用员工转正评估表

姓　　名			部　　门			
岗　　位		性　　别			年　　龄	
学　　历		入 职 日 期			正常转正日期	

　　该员工于　　年　　月　　日入职,至　　年　　月　　日试用期满　个月。请各级主管根据该员工进入公司以来的工作能力、工作态度、劳动纪律、工作成绩等进行评估,确认是否符合正式员工的资格。

　　试用期薪资为 RMB　　元/月,转正后调薪为 RMB　　元/月,职级为　　　。

	月报评估		得　分	考核等级
月报评估表	第一个月			
	第二个月			
	第三个月			
	▲A 级:优秀(90～100) ▲B 级:良好(70～89) ▲C 级:合格(50～69) ▲D 级:不合格(0～49)			

部门主管评价及意见:

人力资源部评价及意见:

附件4

试用员工转正审批表

姓　　名		部　　门		岗　　位	
性　　别		出 生 日 期		籍　　贯	
学　　历		毕 业 院 校		专　　业	
入 职 日 期		转 正 日 期		试 用 期	

　　该员工于　　年　　月　　日入职至　　年　　月　　日试用期满　个月,经试用期四个阶段的考核,确认该员工符合公司正式员工的资格。

　　试用期薪资为 RMB　　元/月,转正后薪资为 RMB　　元/月,职级为　　　。

附相关转正材料:

实习/试用员工月报评估表

试用员工转正申请报告

试用员工转正评估表

部门审批意见：

人力资源部审批意见：

总经理审批意见：

附件 5

试用员工转正面谈记录表

试用员工姓名		岗　位		部　门	
入职日期		转正日期			
试用期员工表现	优点				
	缺点				
员工 思想 动态 探讨	1. 在进入公司后，你认为最有收益的是什么？ 答：				
	2. 你在工作上是否有困难、疑问或不解之处？你将如何解决这些问题？ 答：				
	3. 对于自己今后的工作，你有何目标与计划？ 答：				
	4. 你对现在的新员工入职培训活动有何建议？你希望今后参加公司组织的何种培训活动（包括具体培训内容）？ 答：				
	5. 你对公司的经营、管理有何看法与建议？ 答：				
面谈人签字			日期		
员工确认			日期		

4.5　员工导师管理制度

　　新员工进入一家公司，一切都较为陌生，需要了解公司的基本情况、企业文化、规章制度、掌握岗位的基本知识、技能，还需要建立良好的人际关系。任务重、压力大，在试用期，尤其是前一个月内新员工流失率偏高。

4.5.1　为何要进行员工导师管理制度

若实行员工导师管理制度,给每位新入职员工配备一名导师,有如下作用。

(1)能定期与新员工进行沟通,及时发现新员工的思想动态,对于好的思想多加鼓励,对于不好的想法可以及时消除,能促进新员工心态的稳定。

(2)能够及时了解新员工具备的岗位知识、技能情况,对于新员工未掌握的情况,能及时传授,能帮助新员工快速掌握岗位所需的知识、技能。

(3)能够介绍公司的各位同事,让新员工快速熟悉公司的人文环境,能够更快地建立良好的人际关系。

(4)帮助新员工制订工作与学习计划,合理安排新员工工作内容,使新员工工作饱满充实,提升新员工的成就感。

(5)能够给予新员工生活上的支持和帮助,让新员工迅速适应公司的生活环境。

(6)能够起到言传身教,示范作用,成为新员工学习成长的榜样。

(7)能够加强新员工的企业情况、企业文化、规章制度的理解和培训,让新员工能够快速掌握胜任岗位所需了解的基本规章制度。

总之,通过员工导师管理制度,建立一对一的帮扶与交流,便于新员工及时融入公司,快速成长。

4.5.2　导师的选择与培训

正是因为员工导师管理制度是采用的"一对一"的帮扶制度,导师的品行、技能、传授技巧等对新员工的影响至关重要。如果导师选择得好,新员工能快速成长;若导师选择不好,可能还会提高新员工的流失率。因此,导师的选择与培训至关重要。

一、选择导师的标准

导师选择首先需要制定明确的导师选拔标准,笔者根据多年对导师制度的实施,建议导师选择的标准为:

(1)导师为新进员工的直接上级或本部门核心骨干人员、业务关联部门。

(2)高度认同企业、企业文化,对公司的发展充满信心,对目前公司的现状满意,无抱怨。

(3)为人正直,品行优良。

(4)加入公司一年以上,熟悉公司的基本情况、规章制度及业务知识与流程。

(5)本职岗位业绩突出,能完全胜任本职工作。

(6)善于沟通,乐于助人,善于传授知识、技能。

(7)严格要求,注重教授的方式与方法。

二、导师的选拔

导师的选拔可以采取个人申请与部门负责人推荐相结合的方式,经人力资源部审核,公司批准后执行。

在执行过程中,导师选择把关不严格,可能会造成如下问题。

(1)导师不会根据新员工的情况合理安排工作,甚至有些新员工入职一周仍觉得需要工作的地方很少,没有学到多少知识,让新员工丧失成就感。也有些导师给新员工安排的工作过多,经常加班加点还做不完,让新员工感觉工作压力过大。

(2)新员工进入公司后,感觉不适应,产生离职的想法,而导师敏感度不高,不能及时有效与新员工沟通,直至员工离职。

(3)导师对公司信心不够,经常在新员工前抱怨,影响新员工对公司的信心。

(4)导师为人不正直,给新员工做出不好的榜样。

(5)导师保守,生怕新员工学到他的核心技术,经常让新员工做一些简单的事务性工作。

所以,人力资源部要加强监控与跟踪,要加强与用人部门的沟通,发现问题及时解决,有必要时可以调整导师。

三、导师的培训

公司要加强对导师的培训,以提升导师的责任感、使命感,认识到导师的重要性,掌握导师需具备的技能与方法。

对导师培训内容有公司文化、规章制度、沟通艺术与传授办法、心理学、导师管理制度及导师重要性等方面。可以参照教师资格证考试的课程再结合公司具体实际情况制定公司导师培训计划。

导师培训最好是每年定期组织一次全面的培训与考核。主要采取授课、演练的形式,课程结束后及时进行考评,并综合年度结果培养一批能胜任导师的员工,对于一些不合格的导师及时予以淘汰。不定期地组织心理学、教育学知识培训,对存在的问题及时予以提出,并提出改进建议。

4.5.3 激励机制的设定

一个制度或者措施的有效执行,需要有效的激励机制予以保证,促进向正能量方向发展。常见的激励机制有如下方面。

(1)营销员导师,对于新员工所出的业绩,给予一定的比例提成,直至导师期结束,有些企业实行终身制,新员工业绩的一定比例提成给导师。

(2)技工类导师,将新员工在导师期内的计件工资的一定比例提成给导师,有些企业甚至终身给予一定比例的工资给导师。

(3)公司层面进行奖励。对于新员工能顺利转正的话,公司一次性给予 500 ~

2 000 元的奖励,对于表现优秀的导师且新员工业绩突出,公司给予 2 000~5 000 元的奖励。

(4)过程奖罚:在试用期内,导师及时完成公司交办的各项带新员工的任务且新员工业绩优秀,给予 200~500 元的奖励;对未及时完成的,给予 100~400 元的处罚。

(5)对完全不胜任的导师,经考核后可以调整,甚至取消导师资格。

【实用文档】员工导师管理制度

1. 目的

为了促进新员工快速成长,以便让新员工尽快适应并胜任岗位工作;为公司培养人才、留住人才,确保战略目标的完成。

2. 适应范围

所有新入职的员工都是学生,导师由用人部门与人力资源部一起确定。

3. 职责

3.1 人力资源部负责员工导师管理制度的制定、修改、执行、追踪。

3.2 用人部门导师的确定;参与学生培训计划的制定、追踪、辅导、评估总结。

3.3 导师负责学生的培养、言传身教、心理辅导、培训计划的制定、辅导、沟通、评价。

3.4 学生负责认真学习,听从导师的安排,及时向导师反馈工作进度,虚心听取导师意见并改正自己的不足。

4. 导师与学生的资格

4.1 导师的要求。

4.1.1 加入公司一年以上,认同企业文化并身体力行。

4.1.2 为学生所在单位、部门的直线领导或业务关联岗位。

4.1.3 在任职岗位上表现优秀,经验丰富,思想作风好。

4.1.4 为人和气,乐于助人,严格要求,善于传授知识。

4.2 学生的要求。

4.2.1 新入职的员工或转到新岗位的员工。

4.2.2 尊重导师,虚心勤奋学习,刻苦钻研,认真实践;工作作风优良、有敬业精神、有学习的愿望。

4.2.3 能主动帮导师分忧解难,帮导师做一些力所能及的事务;善于观察,积极主动,多动脑筋,及时捕捉和琢磨岗位的关键技巧。

5. 实施内容

5.1 公司企业文化、基本制度、组织架构。

5.2 学生的岗位说明书、岗位关键职责及操作办法。

5.3 学生岗位操作的关键技术与方法。

5.4 基本礼仪与职业道德。

6. 实施办法

6.1 新员工入职报到前由任职部门主管指定一名导师并到人力资源部登记备案(附件 1:导师制信息登记表),员工报到时作引见。导师不认真负责,不言传身教,经人力资源部查实,可对导师进行负激励或更换。

6.2 新入职员工上岗 3 日内,由导师填写月度学习计划/评估表(见附件 2)并经学生确认后交人力资源部备案。导师每月加强学生的辅导与考核,月末给予考核评价,并将结果反馈至人力资源部审核。此表将作为培训效果分析的重要依据,对未及时提交者,给予导师每次负激励 100 元。连续 2 次未交者,学生不予转正。

6.3 学生上岗之日,由导师对学生的岗位说明书进行解读,让学生了解其岗位职责、任职要求、工作流程,并要求学生签字确认。

6.4 导师带学生的前一个月为"全程带",主要培训企业文化、规章制度、工作流程及工作要求;后面主要是"指导带",放手让学生单独操作,导师指导和纠正。

6.5 导师和学生之间要经常沟通,导师要及时掌握学生的心态,了解学生的学习进度,经常性的监督和检查,保证学生遇到的困难和疑惑都能够及时得到解决。

6.6 所有问题可直接与人力资源部联系。新员工辞退须经人力资源部审核后报主管领导审批方可执行。

6.7 人力资源部定期对新员工进行沟通,了解其动态。

7. 奖惩办法

7.1 学生试用期转正考核结束后,人力资源部组织与导师、部门负责人一起对学生进行考核。学生为经理级(含)员工以上者,考核为优秀的给予导师奖励 500 元,考核合格顺利转正的给予奖励 400 元。学生为经理级以下者,考核为优秀的给予导师奖励 300 元,考核合格顺利转正的给予奖励 200 元。

7.2 对于不严格按要求带学生的导师给予负激励 100 元。对于不用心学的学生,第一次导师与学生面谈,第二次人力资源部与其面谈并给予警告做出书面检查,第三次给予辞退处分。

8. 相关记录表

导师制信息登记表。

9. 月度学习计划/评估表

本管理制度由人力资源部负责起草、释义及修缮。

附件1

导师制信息登记表

序 号	学生姓名	学生部门	学生职位	入职时间	辅导时间	导师姓名	导师部门	备 注
1								
2								
3								
4								
5								
6								
7								
8								
9								
10								
11								
12								
13								
14								

附件2

月度学习计划/评估表

学生姓名：　　　　部门：　　　　职位：　　　　日期：

序 号	学习内容	学习时间	权 重	自我评分	导师评分
1					
2					
3					
4					
5					
6					
导师意见					
部门意见					
人资部意见					

备注：月度学习计划/评估表评分采取百分制，权重分配由导师结合辅导内容进行分配，学习内容4~6条。

4.6 转正考核及面谈

4.6.1 转正考核程序及注意事项

转正考核是检验招聘是否成功,公司培训培养机制是否完善的最后一步,也是关键的一步。如果转正考核合格,表示公司招聘人员成功;如果转正考核不合格,表示招聘录用环节需要完善或者人员培养环节需要调整,需要重新招聘新人。

根据《中华人民共和国劳动合同法》规定,在员工试用期内不符合录用条件可解除劳动关系并不需要承担经济补偿金。转正考核也是证明是否符合录用条件,所以转正考核需要重视。

一、转正考核程序

转正考核程序如图 4-2 所示。

(1)人力资源部最后在试用期结束前 7 ~ 15 天内启动转正考核,通知相关用人部门和拟实施转正的人员。

(2)人力资源部收集相关资料:包括员工入职登记表、岗位说明书、试用期工作计划、试用期学习计划、员工试用期个人总结等。这个环节需要再次对照岗位说明书,检验试用期考核目标是否准确,是否需要修整。

(3)组织转正考核。常见的转正考核形式有两种,一种是直接领导评分制,类似绩效考核;另一种是转正述职报告。

(4)做完转正考核后,确定转正考核意见是转正,还是延长试用期,还是不予录用。根据分权授权体系,按照相应的人事权限完成转正考核结果的审批。

```
启动转正考核
    ↓
资料收集
    ↓
转正考核
    ↓
转正审批
    ↓
转正面谈
    ↓
宣布转正
```

图 4-2 转正考核程序

(5)根据转正考核结果,与试用期员工进行转正面谈,沟通转正结果,对前段工作进行总结,对下段工作提出建议与要求,形成面谈纪要。

(6)公布转正结果。若顺利转正,兑现导师制度,对相关导师进行奖励。

二、转正考核需注意事项

(1)转正考核程序完成一定要在员工试用期限结束前完成。若在员工试用期限后完成,那么如果该试用员工试用不合格,按照法律法规可视为试用合格,将可能承担法律风险。所以转正考核启动时间至少在试用期限一周以前。

(2)转正考核需要本人签字确认存档。转正考核结果后与员工进行转正面谈,形成面谈纪要,并经试用员工本人签字确认,本人签字就会具有法律效力,以防止法律纠纷的出现。为防止不予转正或延期转正员工不签字,最后用录音记录整

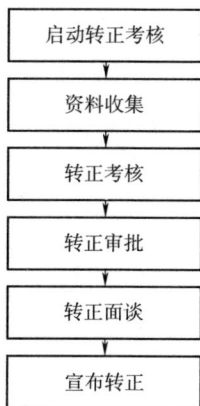

个转正考核面谈过程,以作为法律证据。

(3)转正考核力求公平公正,用事实、数据说话。若本可以转正却因人为因素导致不能转正,会影响公司品牌形象;若转正考核不合格,事实和数据,再加上转正目标,才具备说服力。

(4)转正目标明确。转正目标虽然在试用期开始制定的,但人力资源部与用人部门一定要重视,对照岗位说明书,一定要做到转正目标符合 SMART 原则。这是证明是否符合录用条件的依据之一,且一定需要试用员工签字确认。

(5)转正考核程序一定要科学合理。每个企业都会有分权授权机制,哪一级审批哪一级员工的招聘与录用。转正考核结果审批未完成前一定不能与试用员工做转正面谈。

(6)转正考核要仔细、专业。根据不同的企业、不同的岗位,所采取的转正考核方式不一样,需要转正考核专业,运用好的转正考核工具与方法。

4.6.2　转正考核时需准备的事项

作为转正考核的主控部门——人力资源部,一定要做好充分的准备,以确保转正考核能有序进行,同时确保转正考核更精准。一般来说,转正考核需准备以下事项。

一、员工入职登记表

准备员工入职登记表是再一次了解试用员工的基本情况,因此在转正考核时一定要附上入职登记表,让转正考核负责人更好了解该试用员工。

二、岗位说明书

岗位说明书是描述一个岗位的主要职责与任职要求,是发布招聘信息的依据,是录用员工的依据,当然也是制定试用期考核目标的重要依据之一。准备岗位说明书是为了再次让招聘主管明确招聘此岗位的要求,明确此次考核的重点。

三、试用期工作计划与学习计划

试用期工作计划与学习计划代表了每个试用期员工在试用期每周(或每月)的工作目标、工作表现、工作执行情况等。试用期工作计划与学习计划代表了试用员工每个阶段的成长过程,检验结果。所以试用期工作计划、学习计划必不可少。

四、员工试用期转正申请表

员工试用期转正申请一定要写入试用期管理制度(或员工手册),表示员工试用期转正是员工必须经历的一个程序,若未提写试用期员工转正申请表(详见附件)的员工,视为放弃转正要求,那么在发生劳动纠纷时,可以说员工有错在先。

员工试用期转正申请表中一定要设置员工试用期间的个人总结,总结在试用期内的工作业绩、所获得的成绩或进步,学到的知识等,是员工自我对整个试用期的一个全面检视。而且试用申请签名一定要是亲笔签名,不能用电脑打印。

总之,人力资源部要为员工试用转正做好充分的准备,准备好所有需要的材料。

附:员工试用期转正申请表

姓　　名		岗　　位		入职时间	
转正申请及 个人总结				签名: 　年　　月　　日	
部门意见				签名: 　年　　月　　日	
人力资源部 意见				签名: 　年　　月　　日	
批准意见				签名: 　年　　月　　日	

4.6.3　如何组织转正考核

转正考核视不同企业、不同岗位,所采取的转正考核形式不一样。笔者主要讲两种转正考核形式,供大家参考。

一、转正述职报告会

转正述职报告会主要用于中高层管理人员。中高层员工的转正考核,可以采取简单的考试、考评的形式,也可以采用转正述职报告会的形式。

转正述职报告会参与考评的人通常为直接主管、人力资源部负责人及公司副总级以上干部。

基本流程为:由试用期员工汇报试用期的工作业绩及转正后的工作计划→考评人员进行提问或点评→考评人员评分→讨论确定转正考评结果。

转正述职报告会用于多对一的考核方式,能做到有效节省时间,加强交流。

二、普通员工的转正考核

普通员工的转正考核相对较简单。可由人力资源部首先对试用期员工进行笔试,以检验该试用员工是否达到该岗位所需具备的基本知识。

普通员工先对转正考核进行自评,检验自己在试用期的成绩。然后由部门负责人对试用期员工的 KPI(关键绩效指标)进行评分。

人力资源部与用人部门沟通转正考评意见后,交批准。

4.6.4 转正面谈

转正考核结束后,需要对试用员工进行转正面谈。转正面谈是对试用员工试用期工作的总结及对下阶段的期望。

参加人员通常为人力资源部会同用人部门负责人。

转正面谈时间在转正考核审批完后,试用期限到期前进行。

一、转正面谈的基本程序

(1)对试用员工在试用期内的肯定,同时指出不足。

(2)试用期员工解释或说明试用期表现情况。

(3)宣布试用考核结果。

(4)提出下阶段的期望。

二、转正面谈注意事项

(1)转正面谈要在一个没人打扰的环境中进行。

(2)转正面谈要营造一种良好的氛围。若给予试用转正,则多对试用期的工作业绩加以肯定,以利于该员工继续发扬好的方面。但同时也要对他存在的不足给予指出,并提出改进意见,这是保证试用期员工在今后的工作中能够更加注意或提升。若不给予转正或延期转正,也需要很诚恳地对他不适应公司的地方提出并给予帮助。不要指责与抱怨。

(3)转正面谈要形成纪要,并由试用员工签字确认。

(4)转正面谈从帮助试用员工的角度开展。

(5)转正面谈一定要求用人部门负责人参加。

【实用文档】×××公司工艺员转正方案

<table>
<tr><td colspan="7" align="center">×××有限公司呈批件</td></tr>
<tr><td>呈送</td><td colspan="2">×××总经理</td><td>编号</td><td colspan="3">×××150302</td></tr>
<tr><td>发自</td><td colspan="2">××××</td><td>部门</td><td>人力资源部</td><td>日期</td><td>2015－3－27</td></tr>
<tr><td>主题</td><td colspan="6">关于组织工艺员转正考评的方案</td></tr>
</table>

内容：

为了有效评价试用工艺员的工作表现、技术水平,特制定本方案：

一、考核小组：

考核组长：×××

成员：×××　　×××　　×××　　×××

二、考核对象：

×××、×××、×××

三、考核内容及权重：

1. 理论(20%)、实操(40%)、综合素质(40%)

2. 具体考核内容及标准详见附件；

四、考评人：

1. 理论考试：×××

2. 实操考试：×××

3. 综合素质：

×××、×××、×××、×××、×××、×××、×××、×××

五、考核流程及行动计划

序号	事　项	责任人	完成时间
1	审批考核方案		4 月 1 日前
2	理论考试		4 月 3 日前
3	实操考核		4 月 8 日前
4	态度考评(主管、相关联部门参与评价)		4 月 10 日前
5	形成转正评估报告		4 月 12 日前
6	转正审批		4 月 15 日前

六、考核结果运用：

考核结果与定薪相结合。

部门负责人核签：　　　　　经办人签名：

日期：　　　　　　　　　　日期：

审核意见：	批复意见：

员工综合素质考评表

姓　　名		部　　门		职　　务			
入职时间		学　　历		专　　业			
序　号	项　　目	评价标准			分值	评分	备注
1	工作态度	工作认真负责,积极主动			5		
2		工作热情,主动服务于生产			5		
3		团结协作,主动与各部门沟通			5		
4	严谨性	具有熟悉本岗位的专业知识与能力			5		
5		工作细致认真,所绘制的工业文件准确率高			8		
6		工艺文件编制及时性强			8		
7		编制的工艺文件易懂,实用性强			8		
8	敬业度	严格遵守公司各项规章制度,出勤率高			5		
9		勤奋工作,脚踏实地			7		
10		热爱本职工作,尽职尽责			5		
11		进取心强,精益求精			5		
12		无私奉献精神,忘我工作			5		
13	责任心	敢于承担责任,具备表率作用			7		
14		做好本职工作			7		
15		遇到问题善于钻研,勇于解决			5		
16	学习与创新	主动学习产品及相关知识			5		
17		善于创新,并尝试改进工作成果			5		
合计							
评价或建议							

第5章

招聘、录用
法律风险防范

5

自《中华人民共和国劳动合同法》颁布以来,不签订劳动合同、不规范公司管理,那么公司的法律风险将越来越大,违法成本也越来越高。

招聘、录用环节,会牵涉到不少法律风险的地方,笔者根据多年从业经验,在本章将重点讲述劳动合同管理、招聘广告的制作、就业歧视、试用期管理、社保管理及其他相关法律风险等。

本章通过案例的形式,提出每个阶段或环节可能存在的法律风险,找出应对办法,尽最大可能体现人力资源从业者的专业性,从而帮助同行降低法律风险。

5.1　劳动合同管理

【全真案例】未签订劳动合同引起的风波

经人推荐,某民营集团公司招聘了一名子公司常务副总经理老李。

在总部培训近一个月的时间,培训完后在未定工资的情况下,急忙到子公司上任。将近一个月时,劳动关系专员特意向领导请示过老李的劳动合同问题。领导回复因为工资未定,暂缓签订劳动合同。在子公司上任一月后因公司对其不满意,本来是负责全面工作的老李改做某块市场的市场调查。对市场调查不到一个月时间,公司仍不满意。老李心里也清楚自己的处境,于是以未签订劳动合同为由,向公司提出双倍工资。

最后公司只能协商解除劳动关系,并给予了他比双倍工资少一点的经济补偿。

分析:

通过本案例,给公司和人力资源部一个深刻的教训,特别是《中华人民共和国劳动合同法》颁发后,未签订劳动合同的成本很高。

《中华人民共和国劳动合同法》第八十二条规定:用人单位自用工之日起超过一个月不满一年未与劳动者订立书面劳动合同的,应当向劳动者每月二倍的工资。

《中华人民共和国劳动合同法》第十四条第三款规定:用人单位自用工之日起满一年不与劳动者订立书面劳动合同的,视为用人单位与劳动者已订立无固定期限劳动合同。

所以,公司招聘新员工时,应该在一个月内与其签订劳动合同。在平时操作中,一般是上岗前准备好劳动合同,确定好员工的岗位名称、薪酬、劳动合同期限、试用期等关键信息。上岗第一天就签订劳动合同。

千万不要漏签劳动合同,如果确实在操作中,人力资源管理工作不完善,劳动合同的关键项没有确定好,建议也不要超过一个月的时间。否则,企业需要支付二倍工资,成本挺高。

同时,通过此案例,作为人力资源工作者,我们要认识到选人很重要,在招聘环节中,企业应该不断完善招聘流程,提高招聘专业水平,防止选错人现象的出现。

【全真案例】不规范的劳动合同

某企业招聘一名行政主管小丁,在签订劳动合同时未填写薪酬,而且在公司留存的劳动合同中,小丁本人未签字。

小丁因为工作的关系,经常遇到公章外带的情况。有一次,小丁与公司发生冲突,向劳动局申请劳动仲裁,以企业未足额支付工资为由,提出与企业解除劳动关系,要求企业支付差额部分工资,并给予经济补偿要求。

小丁向劳动局提交的证明材料为:劳动合同上明确提出工资为 9 800 元(实际工资 4 000 元),并且出具了一份盖有公章的薪酬调整书。

最终企业败诉。

分析:

此案例告诉我们与员工签订劳动合同时,一定要在劳动合同上明确具体工资,并且劳动合同要有本人签名。

另外,公司一定要规范管理,尤其是印章管理制度要健全。印章使用需要建立审批制度,无审批事项加盖的公章无效,公章原则上不得外借,若外借需要有人陪同。

签订完劳动合同后,一定要建立劳动合同签收表,可以作为与员工已经签订了劳动合同的证据。

另外,根据中华人民共和国劳动合同法第三十八条第(二)、(三)款规定,企业未及时足额支付劳动报酬的;未依法为劳动者缴纳社会保险的,劳动者可单方面解除劳动合同,并且企业需要支付经济补偿金。

签订劳动合同时,最好企业方有法人代表签名或者授权委托人签名,以增加员工假冒劳动合同的难度。

申请笔迹鉴定是处理此类事件的办法之一。笔迹鉴定可以鉴定空白处是否是劳动者本人填写和书写时间是在签订合同之前还是之后,但如果所有空白处都是由劳动者填写且书写时间与劳动合同签订时间一致的话,就难以作为有力证据。

【实用文档】劳动合同书

(摘自长沙市人力资源和社会保障局网)

甲乙双方根据《中华人民共和国劳动法》和《中华人民共和国劳动合同法》等法律、法规、规章的规定,经协商一致,自愿订立本劳动合同。

一、合同期限

本合同为下列第_____项:

1. 固定期限。本合同自_____年___月___日至_____年___月___日止。(其中试用期自_____年___月___日至_____年___月___日止,期限为___个月)。

2. 无固定期限。本合同自_____年___月___日起生效。

3. 以完成一定的工作任务为期限,自_____年___月___日起至工作任务完成时即行终止。

二、工作内容和工作地点

甲方根据生产工作任务的需要,安排乙方在___部门(地点)承担工作任务。

三、工作时间和休息休假

本合同实行下列第___项工时制。

1. 标准工时制,每日工作时间不超过八小时,每周工作时间不超过四十小时,每周至少休息一天。

2. 综合工时制,按(周、月、季、年)为周期综合计算工作时间,平均日工作时间和平均周工作时间与法定标准工作时间基本相同。

3. 不定时工时制,每一工作日没有固定的上下班时间限制。

乙方在合同期内享受国家规定的各项休息、休假的权利,甲方因生产工作需要安排乙方加班加点的,按国家规定支付加班工资或安排补休。

实行综合工时制、不定时工时制需经人力资源和社会保障行政部门批准。

四、劳动保护和劳动条件

1. 甲方应严格执行国家和地方有关劳动保护的法律、法规和规章,依法为乙方提供必要的劳动条件,建立健全生产工艺流程,制定操作规程、工作规范和劳动安全卫生制度及其标准,保障乙方的安全和健康。

2. 甲方负责对乙方进行职业道德、业务技术、安全生产的教育和培训;乙方从事国家规定的就业准入工种(职业)的,应取得相应的职业资格证书,持证上岗。在工作中严格遵守安全操作规程。

3. 甲方安排乙方从事接触职业病危害作业的,甲方应按国家有关规定在乙方上岗前和离岗时进行职业健康检查,在合同期内应定期对乙方进行职业健康检查。

4. 乙方有权拒绝甲方的违章指挥,对甲方及其管理人员漠视乙方安全健康的行为,有权提出批评并向有关部门检举控告。

五、劳动报酬

1. 甲方于每月 ____ 日前,以货币形式支付乙方工资 ____ 元。

2. 非因乙方原因造成甲方停工、停产、歇业、未超一个月的,甲方应按本合同约定的工资标准支付乙方工资;超过一个月,未安排乙方工作的,甲方应按不低于当地失业保险标准支付乙方停工生活费。

3. 甲方安排乙方每日 22 时至次日 6 时期间工作的,按规定支付夜班津贴。

4. 乙方依法享受年休假、探亲假、婚丧等假期期间,甲方按国家规定或约定的标准,支付乙方工资。

5. 甲方可执行依据政府公布的工资指导价位、工资增长指导线,与工会(职工代表)平等协商确定工资分配办法。

六、社会保险和福利待遇

1. 甲方依照国家规定为乙方缴纳基本养老、基本医疗、工伤、失业、生育等社会保险费;社会保险费个人缴纳部分,甲方可从乙方工资中代扣代缴。

2. 乙方患病或非因工负伤的医疗待遇按国家有关规定执行。

3. 甲方为乙方提供以下福利待遇。

七、劳动合同的履行、变更、解除和终止

依照《中华人民共和国劳动合同法》第二十九条至五十条的规定执行。

八、违反劳动合同的法律责任

甲乙双方一方违反合同,给对方造成损失的,应承担相应的赔偿责任。

九、双方约定的其他事项

在培训服务期和竞业限制协议中可以约定违约金外,其他情况下,不得约定由劳动者承担违约金。

十、因履行本合同发生争议，依照国家规定处理。本合同未尽事宜，按国家规定执行

十一、本合同一式二份，甲、乙双方各执一份。自双方签字（盖章）之日起发生法律效力

甲方：（公章）　　　　　　　　　　　乙方（签名或盖章）：

法定代表人或（委托代理人）：（签章）

_____年___月___日　　　　　　　　_____年___月___日

说明：

1. 有些企业为了对公司有利，在劳动合同中加入一些条款形成企业自己的劳动合同样本。建议经律师或者人力资源和社会保障行政部门审核，以确保合同的有效性。

2. 可以制作一个补充条款作为劳动合同的附件执行。

5.2　正确制定招聘广告

用人单位的招聘广告通过各类媒体向不特定的多数人发布的，其目的是吸引众多潜在的应聘者。招聘广告的法律性质为要约邀请。要约邀请是希望他人向自己发要约的意思，是当事人在订立合同的过程中的一种预备行为，但不是必需的程序，要约邀请仅仅在于促成对方发出要约。要约邀请在相对人发出要约后，经过自己的承诺，才能使合同有效成立。

招聘广告不得虚假宣传，尤其不要夸大其词，否则既有损企业形象，还可能触犯法律。另外，招聘广告需要避免采用诋毁其他用人单位信誉、采用商业贿赂等不正当手段招聘人员。

【全真案例】招聘广告不是劳动合同

某民营上市企业招聘广告写道："本单位录用的中层管理干部将送名校读MBA 研修班。"李先生经过面试成功应聘上了该企业的生产部经理，且工作业绩突

出。两年后,李先生仍未享受到名校读 MBA 研修班的福利。李先生于是找到公司总经理,提出上名校读 MBA 的申请。公司总经理当面答应一定会考虑,可一年后还是没有兑现。

李先生认为企业未兑现招聘广告中的承诺,侵犯了自己的合法利益,于是向人力资源和社会保障行政部门申请了仲裁。

最终,李先生败诉。

分析:

"本单位录用的中层管理干部将送名校读 MBA 研修班"只是该企业招聘广告的条件,由于没有写进劳动合同之中,不具备法律效力。

【全真案例】招聘条件不明,企业担责

由于公司快速发展,某知名企业招聘一名技术经理,招聘条件如下:相关专业本科以上学历,有三年以上同行技术研发管理经验。唐先生经面试被录用为该公司技术经理,双方签订了为期 5 年的劳动合同,试用期为 6 个月。后公司发现虽然唐先生具有很好的技术研发能力,但与生产部、营销部的沟通中存在障碍,且管理能力欠缺,下属对唐先生抱怨很大。试用期 5 个月后,公司以唐先生管理能力欠佳,不符合公司录用条件,与唐先生解除劳动合同。

唐先生不服,向人力资源和社会保障行政部门提出仲裁,认为自己符合公司规定具备三年以上同行技术研发管理经验,申请企业支付自己双倍的赔偿金。

分析:

由于公司未制定明确的管理能力标准,录用条件不明。公司不得以唐先生不符合公司的录用条件而解除劳动关系,企业应该支付双倍的赔偿金。

另外,作为人力资源工作者,应该在员工上岗前对照岗位说明书明确员工的录用条件,员工签字确认。同时,加强试用期的考核与面谈,做好笔录,签字确认。以此来降低企业风险。

5.3 尽量避免就业歧视

常见的就业歧视有以下几种,易引发法律纠纷。

(1)性别歧视。在实践中,性别歧视主要是指对女性的歧视。常见的就业性别歧视有以下三种:一是限制对某些专业的女性录用,如有些招聘广告中明确提出招聘人力资源部经理,限男性;二是用人单位提高录用女性的标准;三是女性薪资待遇低于男性。

（2）健康歧视。近几年一些单位拒绝录用乙肝病原携带者。笔者在工作中也会遇到这样的情况,招聘主管悄悄问我某某新录用的员工是乙肝病原携带者,能否录用。

（3）地域歧视。有些企业在招聘过程中,不招用某地区的劳动者。

（4）年龄歧视。有些企业在招聘营销员时明确"35 岁以下"。

（5）学历歧视。有些单位明确提出只招聘 985 重点院校毕业生。

（6）容貌歧视。笔者曾见过有个单位大学生岗前培训后所有长相差的女学生全部考核不及格,淘汰了。

作为人力资源工作者,要树立正确的用人观,避免就业歧视的出现。

【全真案例】大同煤业公司健康歧视担责

2008 年 3 月经大同煤业公司医院体验合格后,李先生被该公司录用。2008 年 9 月在医院复检中,李先生被查出患有乙肝。随后李先生被公司取消培训资格,不予安排工作。为此,李先生向大同市劳动争议仲裁委员会申请仲裁。2009 年 11 月 5 日,仲裁委员会裁决,煤业公司在裁决生效之日起 10 日内,为李先生安排工作岗位。煤业公司不服,遂诉至法院。一审法院做出仲裁委员会该份裁决书不发生法律效力的判决。李先生不服,向大同市中院提起上诉。大同中院审理认为,根据有关规定,煤业公司不应当将李先生的乙毒血清学指标作为是否录用的体检标准。即使李先生是乙肝病原携带者或者乙型肝炎患者,也不能以此作为拒绝录用的理由,因为日常生活和工作接触不会传播乙肝病毒。

分析:

根据《全国病毒性肝炎防治方案》的规定,乙肝病毒携带者除不能献血及从事直接入口的食品和保育员工作外,可以照常工作,乙肝歧视现象是违反我国《传染病防治法》的。据此,法院终审判决,煤业公司在判决生效 30 日内给李先生安排工作岗位。

5.4　试用期的管理

根据《中华人民共和国劳动合同法》第十九条规定:劳动合同期限三个月以上不满一年的,试用期不得超过一个月;劳动合同期限一年以上不满三年的,试用期不得超过二个月;三年以上固定期限和无固定期限的劳动合同,试用期不得超过六个月。

同一用人单位与同一劳动者只能约定一次试用期。

以完成一定工作任务为期限的劳动合同或者劳动合同期限不满三个月的,不得约定试用期。

试用期包含在劳动合同期限内。劳动合同仅约定试用期的,试用期不成立,该期限为劳动合同期限。

试用期是劳动合同的约定条款,其具体含义是:①试用期必须以书面形式记载,否则无效。②试用期必须经双方同意才能约定,单方约定无效。③试用期必须且只能在劳动合同中载明。④试用期不得另行单独签订试用期合同,否则无效。

在实践中,有些单位只与员工签订试用人员协议书,不签订劳动合同。则该试用期可视为与员工签订了劳动合同。若试用期满后,公司未与员工签订劳动合同,公司需要支付员工两倍工资。

另外,口头约定试用期也是不合法的。

《中华人民共和国劳动合同法》规定:劳动者在试用期的工资不得低于本单位同岗位最低工资或者劳动合同约定工资的百分之八十,并不得低于用人单位所在地的最低工资标准。

【全真案例】李经理未及时转正风波

某新三板上市企业于 2019 年 11 月启动精选层上市辅导工作。因公司需要,2019 年 11 月 11 日招聘了一名财务经理李某。李某曾在当地一家民营上市企业从事财务经理工作,经历过 IPO 上市辅导过程,经验丰富。公司与李某签订劳动合同2 年,职务为财务经理,约定试用期为 2 个月。

李经理入职后,财务中心正处于根据精选层辅导要求,加班加点规范财务管理的时期。李经理不愿加班加点,与同事关系不融洽,再加上对公司原有业务不熟悉,工作开展不顺利。根据试用期规定,2020 年 1 月 10 日李经理试用期限到期,正逢过年且全国暴发新冠肺炎,公司人力资源部与财务总监未及时启动李经理的转正评价,也未对李经理作任何说明。

2020 年 3 月 7 日,公司复工,公司一直忙于精选层备战工作,李经理工作迟迟不能进入角色,直至 2020 年 4 月 10 日,公司决定李某试用期考核不合格,公司以此为由终止了李某的劳动关系。

李某根据《中华人民共和国劳动合同法》有关规定找到了公司,提出公司行为系违规解除劳动合同,应该给予双倍经济补偿金,也就是一个月的工资。

最后,公司同意按一个月补偿金与李经理解除劳动关系。

分析：

（1）按照《中华人民共和国劳动合同法》相关规定，公司与李经理签订了两年的劳动合同，试用期为2个月，符合国家规定。

（2）2019年11月11日开始，至2020年1月10日为王经理试用期到期时限，因受公司备战精选层及全国新冠肺炎疫情影响，直至公司2020年4月10日确定李经理试用期不合格，不予转正，终止劳动关系。2020年1月10日未与李某确定试用期是否合格，按照相关法规，认同为李某试用期合格已转正。对于转正员工，于4月10日再以试用期不合格为由终止劳动关系，理由不成立，属于违法解除。按劳动合同法规定应支付王经理双倍经济补偿金。王经理入职5个月，按劳动合同法规定，给予半个月工资作为经济补偿金，双倍即一个月工资，王经理的申诉是合法的。

（3）通常情况下，劳动者在试用期间被证明不符合录用条件的，用人单位可以解除劳动合同，这是用人单位的权利，不需要给予经济补偿金。其正确的程序为：①用人单位应当向劳动者说明不符合录用条件的理由。②用人单位应当事先将解除劳动合同的理由通知工会。③用人单位须制作《解除劳动合同通知书》并送达给劳动者，同时向劳动者出具有解除或者终止劳动合同的证明，并在15日内为劳动者办理档案和社会保险关系转移手续。

（4）试用期内劳动者解除劳动合同无须赔偿培训费用、招录费用，用人单位不得约定试用期解除劳动合同时劳动者承担违约金等。

【全真案例】只有试用期的劳动合同风险大

在从事人力资源顾问过程中，有家企业员工流失率高，总经理提出给员工先签订试用期合同，等试用期合格后再签订劳动合同。

当总经理提出这个想法后，人力资源经理强烈反对，但最终总经理一意孤行，人力资源经理只好照办。

小李被录用为公司员工，签订了试用期为6个月的劳动合同，合同期限自2019年9月2日至2020年3月1日，每月工资标准为12 000元/月。经过2个月的试用，小李劳动纪律观念不强，工作能力一般，经公司研究决定再观察1个月时间。至2019年12月6日，公司正式通知小李因不符合录用要求，给予解除劳动关系。

小李不服，向当地劳动局申请仲裁，要求公司给予1个月工资标准的经济补偿金。

分析：

根据《中华人民共和国劳动合同法》第十九条规定，劳动合同仅约定试用期的,试用期不成立,该期限为劳动合同期限。也就是说,小李因与公司签订了仅 6 个月的试用期合同,按照法规,小李与公司无试用期,6 个月为小李与公司为劳动合同期限。

正是因为小李与公司无试用期,公司以不符合录用条件给予解除劳动关系不成立,属于违法解除劳动关系。

违法解除劳动关系,需支付双倍经济补偿,3 个多月的工作时间,需要支付 1 个月的经济补偿。

小知识

试用期的风险防范

为了降低用工成本及用工风险,建议用人单位把握如下要点。

(1)试用期内可随时无条件辞退劳动者的观念是不正确。只有在证明劳动者不符合录用条件时才能辞退劳动者,且要做到程序合法。这就需要企业在劳动者试用期间,明确规定试用考核标准(录用条件),否则需要担负相应的法律责任。

(2)试用期作为劳动合同的约定条约,必须在劳动合同中约定,不能单独约定且平等协商。

(3)试用期约定的长短不能超过法律规定的最长期限。

(4)若试用期不合格,一定要在试用期到期前确定且最好经本人签字同意。

(5)员工试用期内,最好是先进行岗前培训,让员工了解企业、制度、操作规程后上岗,有利于员工快速融入公司,掌握基本的知识与技能,同时也可以降低企业用工风险。

(6)不能签订仅规定试用期限的劳动合同。否则,公司与员工将无试用期,不能以员工不符合录用条件解除劳动关系,公司成本更高。

5.5 试用期的社会保险管理

按照劳动法律规定,用人单位与劳动者建立劳动关系之日起为劳动者缴纳社会保险费。

企业,尤其是人力资源从业者不应当存在试用期内不缴纳社会保险费或者不及时缴纳的侥幸心理,否则,如果劳动者在试用期发生工伤、疾病、意外伤亡,企业将承担因此发生的大笔赔偿费用,得不偿失。

【全真案例】小张试用期工伤事故

2018年10月是某企业的生产高峰期，生产普工供不应求。招聘普工小张1名，未进行岗前培训。虽然购买了工伤保险，但据工伤保险规定，第二天才能生效。小张第一天上班不到一小时，因操作规程不熟练导致发生工伤事故，造成脚骨折。

小张住院3个月，总共花费医疗费用4万元，生活费、护理费及工资等费用2万元。

因人力资源部未及时缴纳工伤保险，所有的医疗费用、生活费等费用由公司全额承担。最后，小张提出离职，公司参照工伤保险十级伤残给予补偿金10万元。

分析：

(1)上述案例工伤事故企业总共花费16万元，仅因为人力资源部未提前给小张购买工伤保险，或者因为未做岗前培训而仓促上岗，导致工伤事故发生。

(2)若发生更大的工伤事故，企业的成本和风险会更大，所以人力资源部一定要按照国家相关规定在上班前一天为员工购买好工伤保险。

(3)建议人力资源从业者，所有的新员工上岗前一定要加强岗前培训，若新员工人数较少，可以由人力资源部和用人部门一起组织简单的岗前培训，让新员工掌握基本的知识和技能，降低工伤事故发生概率。

【全真案例】试用期内可享受医疗待遇

48岁的老张，身强体壮，被某企业录用为装卸工，双方签订了2年的劳动合同，试用期为2个月。入职体检时被检查为乙肝携带者。公司给老张购买了社会保险。

工作一个月后，老张突发疾病住院，诊治半个月仍未痊愈。住院期间，企业按照公司规定的保底工资2 000元发放工资（不低于最低工资标准），并以老张在试用期内不能适应工作、不符合录用条件为由解除劳动合同。

老张不服，向当地劳动争议仲裁委员会提出申诉，请求该企业收回解除劳动合同的决定，继续履行合同，并享受医疗期病假及相关社会保险待遇。

劳动争议仲裁委员会裁议支持老张的请求。

分析：

按照劳动法与《企业职工患病或非因工负伤医疗期规定》，试用期属于劳动合同关系之内，所享受的权利同于劳动合同，应该享受医疗期病假及相关的社会保险待遇。

5.6 其他法律风险

一、童工的特殊保护

企业不得招用未满 16 周岁(童工)的未成年人。《中华人民共和国劳动法》第九十四条规定:用人单位非法招用未满十六周岁的未成年人的,由劳动行政部门责令改正,处以罚款;情节严重的,由工商行政管理部门吊销营业执照。罚款标准为:

(1)使用童工从事营利性生产劳动的,每使用一名童工,罚款 600～1 200 元。

(2)使用童工从事家庭服务性劳动的,每使用一名童工,罚款 300～600 元。

二、未成年工的特殊保护

未成年工是指年满 16 周岁,但未满 18 周岁的劳动者。

根据《中华人民共和国劳动法》规定:①不得安排未成年工从事矿山井下、有毒有害、国家规定的第四级体力劳动强度的劳动和其他禁忌从事的劳动;②用人单位应当对未成年工定期进行健康检查。

对未成年工的使用在工种、劳动时间、劳动强度和保护措施等方面制定了具体规定,详见《未成年工特殊保护规定》。

三、力戒收费或扣证

根据国家法律规定:用人单位在与劳动者订立劳动合同时,不得以任何形式向劳动者收取定金、保证金(物)或抵押金(物)。

若有违反,劳动部门责令限期退还劳动者本人,并以每人五百元以上二千元以下的标准处以罚款;给劳动者造成损害的,应当承担赔偿责任。

在笔者从事人力资源工作早期,曾遇到过为了防止营销员挪用货款的行为,给予每位营销员收取 2 000 元的保证金,这是违法行为。

若确实有些岗位可能会给公司造成潜在风险,建议公司完善相应的规章制度或通过法律法规,做到杀一儆百的目的。

四、正确利用知情权

根据《中华人民共和国劳动合同法》规定:用人单位招用劳动者时,应当如实告知劳动者工作内容、工作条件、工作地点、职业危害、安全生产状况、劳动报酬,以及劳动者要求了解的其他情况;用人单位有权了解劳动者与劳动合同直接有关的基本情况,劳动者应当如实说明。

用人单位应严防应聘者提供虚假信息。用人单位应核查劳动者是否提供了虚假个人信息,是否违背诚实信用原则,隐瞒应当告知用人单位的重要信息,如被证实劳动者有此类不正当行为,用人单位可视其为不符合录用条件。

　　如果员工为了应聘某职位,伪造毕业证书,可视为劳动者提供了虚假信息,用人单位可视其为不符合录用条件,所订立的劳动合同无效。

　　同时,用人单位在进行有毒有害、高危工种人员的招聘时,在劳动合同中应作为补充说明明确告诉劳动者,防止法律风险。

| 第6章 |

6

员工离职管理

小 C 问道之离职管理

一天,小 C 在参加人力资源管理师培训的时候,听老师讲到离职管理,下课的时候与老师闲聊起来。

小 C:"老师,您讲的离职管理是不是当员工提出离职时,我们想办法留下来;当公司觉得某位员工不行时,我们想办法与他们解除劳动关系?"

老师:"对,这是我们离职管理的一部分,但核心不在这里。"

小 C:"那么核心是什么?"

老师:"我们为什么叫离职管理?也就是说需要有目的、有措施、有方法的将离职管起来。企业对离职管理的目的是什么?"

小 C:"留住想要的人,淘汰不要的人。"

老师:"是的,那么留住想要的人,当想要的人提出了离职后,要想留下来就很难了,所以在日常企业就要做好留人机制,尽量减少核心关键人才提出离职。淘汰不要的人,就需要企业做好激励机制,让不适合公司发展中的人在企业中混不下去。"

小 C:"是啊,谢谢老师!"

6.1　离职的原因及解决方案

【全真案例】令人头痛的高端人才流失率

湖南某知名高科技民营企业,是湖南省重点扶持的后备上市企业,20×5 年老板回乡投资,每年以 30% 以上的增长率快速向前发展,年营业收入达 5 亿左右,净利润近 6 000 多万元,成为国内细分行业领域的前两名。笔者有幸参与了该民营企业的猎头服务,为该企业推荐了财务总监、人力资源总监、常务副总经理、营销总监、生产总监等高端人才。

但有个问题一直困扰着企业,高端人才的流失率非常高。从 20×5 年开始正式投入运营,至 20×9 年企业曾先后招聘的高端人才 30 多名,而剩下的却寥寥无几,为何高端人才的流失率如此之高?

为此,与企业董事长、所有离职的高端人才及留下来的财务总监沟通,了解高端人才离职的原因,得出如下结论:

(1)难以适应公司文化。企业董事长为湖南人,最初在广东省从销售起家,最后创立了现在公司。企业董事长推行的奉献文化,希望高端人才天天待在一线,以厂为家。

(2)职位变动频繁。因为公司董事长非常了解市场的变化,随着市场的变化不断调整组织架构,而且爱学习,学习后希望马上在公司推行,导致公司的管理体系难以形成。中高端人才加入公司后，两三个月变换一次职责甚至职位，中高端人才刚熟悉环境，刚适应工作，又调整了分工，导致中高端人才无法适应公司变化，很难看到中高端人才的工作业绩。

（3）管理不成体系。正是因为中高端人才流失率高，管理的理念与方法未成体系，基础管理较薄弱。

针对以上现象，公司需要从以下几个方面调整策略。

（1）中高端人才生态系统。中高端人才选、用、育、留是一个整体，高流失率，需要几个环节相互匹配，并且与公司用人环境相匹配，用生态系统的知识，去分析各个方面存在的问题，找到相应对策，才能够降低流失率。

（2）做好人才画像。中高端人才画像需准确。对于引进的中高端人才一定要认同企业的发展愿景、使命、价值观念，能够以厂为家，能够快速理解公司董事长的意图，快速执行并且达到董事长需要达到的结果，需具有很高的情商与抗压能力，并且具备较大的格局与视野。

（3）管理董事长。管理董事长是最难的，也是关键的。董事长难以改变，但可以管理。通过一个个事情的沟通，获得董事长的信任，提高中高端人才在董事长面前的话语权，中高端人才才能在董事长的支持下打开工作的局面。

（4）中高端人才的韧性。中高端人才的入职辅导与跟进，向中高端人才培训好企业文化，做好工作的衔接，每做一件事情要闭环，每做一件事情都要让公司看到其专业度与解决问题的能力。不能多但无结果。

分析：

（1）员工离职面谈是试用期员工管理中很重要的一个环节，若能真正找到员工离职的原因，就能够发现管理中存在的问题，能够及时确保人员招聘到位，降低用工成本。

（2）留人留心。员工离职的因素很多，找到关键并加以解决才是最重要的。

（3）出现大规模的员工离职时，一定说明招聘、培训、薪酬、考核、员工关系等模块的某部分出现了较大的问题，或者是管理上出现问题，尤其要引起重视，并且以最快速度解决，否则会严重影响公司经营。

离职的原因有主动离职，也有被动离职。主动离职主要是指找到好的单位、不适应公司或者家庭等原因主动向单位提出的离职。被动离职主要是公司认为员工不适合公司的发展，而采用主动淘汰等情况导致的离职。

主动离职需要人力资源部引起高度重视，可以从一个侧面反映公司招聘管理存在的问题或者公司管理存在的问题，尤其是出现试用期员工离职率很高时，需要人力资源部深入基层了解实际情况，找到其根本原因，及时加以改进，才能够确保招聘效果。

1. 因岗位设置不合理导致离职

如果岗位职责不明确,工作量不饱和,导致员工不知道自己该做什么,也不知道做到什么程度,使员工在岗位上找不到成就感,就容易导致员工离职。这一类员工离职需要人力资源部重新审视岗位说明书,重新与部门负责人一起探讨岗位职责,要保证岗位设置合理,减少流失率。同时,也需要人力资源部加强员工的管理,及时了解员工的工作现状,重新调整岗位说明书,让员工更充实。

另外,如果工作任务过重,对员工压力过大,而且因为薪酬与岗位设置不匹配,也会导致员工因压力大而离职。这种情况的出现,也需要对岗位说明书重新审视和修改,分出一部分职责给其他岗位。

2. 选人标准低导致招到不合适岗位的员工

有时候,人力资源部为了完成招聘任务,再加上人才市场上找到真正适合岗位需求的人不容易,所以人力资源部和用人部门有时会放低选人标准,导致招进来的员工无法胜任本职工作,试用期员工觉得压力大而导致离职。如笔者在沿海工作时,公司因业务快速扩展,需招聘一大批搬运工时,招聘主管和用人单位认为只要来人应聘都让应聘者上岗,最终导致试用期员工上岗 3 天内就离职了。遇到这类情况,需要坚守选人标准,扩大招聘渠道,以免造成人力资本的浪费。

3. 公司管理不规范

有些应聘者一进公司后,看到公司管理紊乱,没有基本的制度与流程,而且内部员工心态不稳等情况,就失去了继续待在公司的信心,进而离职。这类员工离职,有可能是薪酬低于行业平均水平,有可能是管理不规范等情况,需要人力资源部深入了解后,找到解决对策。

4. 师傅与部门负责人的管理水平

师傅的示范带头作用,部门负责人对新进员工的重视程度等因素,可能会让试用期员工离开。解决问题的方法如下:一是关注师傅带徒弟的执行情况,对存在的问题及时调整;二是关注部门负责人的管理水平,并不断加以培训与培养,提高相应的能力与水平。据统计,有相当大部分员工的离职与直接主管的关系很大。

5. 员工看不到职业发展前景

当企业经营状况越来越差时,员工会对企业的发展失去信心;或者说一些员工在企业工作多年,没有明确的上升平台;工作多年的老员工仍然工资水平不高且发展受限等情况都会使员工看不到职业发展前景,从而导致离职。

主动离职可能会导致企业一些优秀的、核心的骨干员工离职,对于公司来说丧失了很好的人力资本,是公司的一大损失。而被动离职是企业有目标、有针对性的调整,更多地考虑到人力资源工作者的技巧问题。作为人力资源工作者,应该更加关注主动离职,通过不断改善管理,留住核心骨干人才。其主要留住骨干员工的办法如下。

(1)文化留人。

一个企业的存在都会有他的存在意义与使命,文化留人比金钱留人更能留住员工的"心",才能更稳固。要不断完善公司的企业文化,不断强化企业的责任、使命、愿景等,让员工有自豪感、责任感、使命感,让员工明白工作对客户、对企业、对社会的价值与贡献,找到工作的意义所在。

(2)平台留人。

一个企业只有不断改善经营管理方案,形成自己的商业模式,稳步向前发展,具备良好的发展势头,才能让员工更有安全感。就好像一个人在大海中,只有乘坐一艘好的大船,生命才有保障,如果乘坐的是一条破烂的小船,就难以经受大风大浪,那么他也不会安心地坐在船上。

企业发展稳健,企业能够营造一种良好的竞争氛围,不断清晰员工的职业发展通道,员工能够不断地在企业中进步,那么他的信心也会越来越足。

(3)薪酬留人。

一个企业要想留住优秀的人才,也需要具备一定竞争力的薪酬待遇。如果公司的薪酬水平远远低于市场水平,那么,员工也可能会离职。薪酬水平是对一个人价值的肯定,也是作为员工生活水平提高很重要的一部分来源。

除了具备一定竞争力的薪酬待遇外,还需要有良好的激励机制。需要营造一种公平、公正、公开的激励机制,要让员工觉得企业对他是公平的,而不能让员工产生失望。同时,激励机制也需要多样化,比如,赠送一部分股份给员工或者让员工购买一部分股份,让员工成为企业的股东,成为企业的主人,让员工会更安心。

(4)情感留人。

人是感情动物,如果企业对员工好,员工会用更加用行动回报企业。海底捞在情感留人方面做得非常好,对员工无微不至的关怀,包括对员工本人、员工家属都非常细心、体贴,让员工感受到了家的温暖,感受到企业对员工的重视,自然员工的离职率也会降低。

作为人力资源工作者,可以在员工关怀上多想办法,比如生日会、员工生病了的看望、员工有困难了号召大家一起帮助、以各种形式对员工家属慰问等,来增强员工对企业的认同度,提高凝聚力。

6.2　离职管理的主要程序

一、员工辞职的主要程序

1. 提出离职申请

员工一定要提前 30 天或试用期提前 3 天以书面的形式向公司提出离职申请，而且需注意的是员工一定要在离职申请上签名，否则不能作为劳动仲裁时有效的文件。

2. 了解离职的原因

人力资源部首先与用人部门沟通，了解员工离职可能的原因及用人部门对拟离职员工去留的建议及将可能对工作造成的影响。然后找与拟离职员工关系密切的人了解拟离职员工的基本情况。

3. 与拟离职员工进行离职面谈

与拟离职员工进行离职面谈，了解离职的真正原因、对公司的建议等方面的原因。通过拟离职员工的沟通，有针对性地做一些去留的沟通工作，达到离职面谈的目的。

4. 离职审批

按照分权授权体系，具体可以参照 4.1.3 节录用核准权限执行。例如，总部经理级员工离职，一定需经过人力资源总监、部门第一负责人、分管高管核准后，交总经理批准后方可执行。

5. 工作交接

通过离职审批后，由用人部门安排工作交接，明确接交人、监交人。对于高级管理人员，若公司规定需做离任审计的，需要给离职员工进行离任前的审计。

当然，现实生活中可能离职面谈不止一次，也不止一人进行离职面谈。

6. 离职结算

做好工作交接或离任审计无问题后，由人力资源部提出离职结算金额，经批准并本人签字确认后，按规定的时间打入员工指定账户上。并给员工开具员工离职证明。

二、辞退员工的主要程序

由用人部门或者人力资源部根据公司相关制度，提出辞退员工申请，按分权授权体系规定的权限，经审批后，方可对外向员工送达辞退通知书。辞退审批后与员工进行面谈、办理工作交接、离职结算、签订解除劳动关系协议书等程序。

需要注意的是，辞退员工是一件非常谨慎的事，一是要注意是否有明确的制度规定,证明员工严重违反了公司规章制度;二是最好征求律师意见,虽然有时候有制度规定,但公司如果在劳动仲裁时举证不足,也可能导致公司需付双倍经济补偿金。

三、合同到期离职的主要程序

(1)合同到期前一个月由人力资源部走续签劳动合同审批表(审批签字流程参照表 3-1 进行)。若公司不同意,人力资源部需提前告之员工并经员工本人签字确认。

(2)办理工作交接。由部门负责对不续签员工的工作交接工作,明确接交人与监交人。

(3)离职结算。人力资源部结算离职者工资,经审批后交离职者本人签字确认。

(4)离职证明及解决劳动关系协议书。人力资源部拟定好解除劳动关系协议书,员工签字确认。人力资源部开具离职证明。

需要公司提前告之员工不再续签劳动合同,而且一定要对方签字确认收到不再续签劳动合同的通知单,最好在合同到期前做完工作交接。

6.3 试用期员工离职管理

试用期是员工离职率较高的阶段,一方面要以反映公司的招聘管理水平;另一方面可以反映出试用期员工的培养与公司的管理水平,需要关注试用期员工的管理。

1. 加强试用期员工培养工作的关注

招聘主管不能将新员工招进来后,就以为万事大吉,任务完成,其实试用期的培养同样重要。招聘主管要细化试用期员工的管理,包括上岗前培训、师傅的确定、阶段工作目标的建立、工作过程的跟踪、定期的沟通机制等,紧密关注试用期员工的心理、工作、生活状态,发现问题提前干预,防止新员工离职。

2. 做好试用期员工的离职面谈

一旦有员工离职,一定要做好员工的离职面谈,分析新员工离职产生的原因。是招聘选拔人不合适,还是岗位设计不合理、薪酬不匹配、部门主管的原因、人际关系的原因、公司管理不规范等原因。只有了解了真实的情况,才能有针对性地采取预防与管理。

3. 调整招聘方法

通过离职面谈后,若发现新员工主要是因为招聘的原因,那么就需要人力资源部重新审视招聘的定位,到底招什么样的人合适,任职标准是什么,薪酬匹不匹配,只有明确了这三点,才能有针对性地进行调整,保证后面能够更精准、有效的实行招聘。

4. 规范试用期员工的管理

通过离职面谈后,若发现离职原因主要是因为试用期管理问题,那么就需要人力资源部重新规范试用期员工的管理,如加强师傅的管理,加强岗前培训、加强试用期工作计划、学习计划的制订与追踪等。

6.4 员工离职面谈

离职面谈重要但具有技巧性,很多员工离职时不愿意谈出自己真正的离职原因,往往以"不胜任工作"等原因来搪塞。那么如何找到真正的离职原因呢?

一、离职面谈的时间

作为人力资源工作者,不要一收到员工的离职申请,就马上跟员工作离职面谈,尤其是关键人才。需要做好准备后才能与离职员工作正式的离职面谈。

二、离职面谈准备

(1)掌握员工的基本人力资源信息。调出该员工的人力资源档案,了解该员工的学历、专业、入职时间、目前的职位、主要工作职责、劳动合同签订情况、工资、以往工作业绩及获奖情况。

(2)与用人部门负责人沟通。了解该员工离职的可能原因、平时工作表现、工作业绩、该员工离职对本部门工作可能产生的影响,用人部门负责人对该员工是否挽留等。

(3)与其最亲近的人或者同事沟通。了解该员工平时的工作表现、工作业绩,最近时段的抱怨或者心态变化、可能离职的原因。

了解以上情况后,设计离职面谈问题,与拟离职员工作离职面谈。

三、离职面谈

不管公司最后是否挽留员工,离职面谈也要在一种肯定拟离职员工的成绩和对公司所做的贡献的氛围下进行。

第一,通过彼此都熟悉或经历的事情破冰,让拟离职员工相信你。

第二,肯定拟离职员工工作期间所做出的业绩及对公司的贡献,并对他的工作表示感谢。

第三,询问拟离职员工离职原因并做劝导。

第四,请拟离职员工对公司的管理提出建议。

第五,再次对员工表示感谢。

四、离职面谈的应用

对于离职面谈的内容进行详细记录,并针对离职员工提出的好的建议及时加以采纳,并运用到公司管理中去,提升企业管理水平。

【实用文档】员工离职管理制度

1. 目的

规范员工的离职管理,维护和保障员工和公司的切身利益。

2. 适用范围

全体员工。

3. 原则

3.1 合法、合规:内容合法合规;操作程序合法合规。

3.2 统一归口管理;总部统一员工离职管理规则等;总部人力资源部对所有用人部门(分、子公司)的员工离职管理行使检查、稽核权。

3.3 分级管理

分级:总部所有员工的人力资源管理、分、子公司总经理级员工及其他总部垂直管理的分、子公司岗位的员工离职由总部人力资源部管理;各分、子公司其他人员的离职管理由各分、子公司根据本制度进行管理。

4. 劳动合同的解除与终止

4.1 根据劳动合同约定和劳动合同法规定可以解除劳动合同。

4.2 全日制用工形式的员工在合同期(聘用协议期内)内提出解除劳动合同(聘用协议)的,须提前(试用期必须提前 3 天,正式聘用期必须提前 30 天)以辞职报告形式书面通知公司人力资源部门,否则视为违反劳动合同(聘用协议)约定。

4.3 非全日制用工的,公司和员工都可以随时通知对方终止用工。

4.4 用人部门有以下情形之一解除员工劳动合同的,须在第一时间内填写解除员工劳动合同审批表(见附件 3),经审批后提交人力资源部,由人力资源部以书面通知员工方可办理解除劳动合同手续。

(1)在试用期间被证明不符合录用条件的;

(2)严重违反公司规章制度的;

(3)劳动者同时与其他用人单位建立劳动关系,对完成本单位的工作任务造成严重影响的或经公司提出,拒不改正的;

（4）严重失职，营私舞弊，对公司利益造成 1 000 元（含 1 000 元）以上损失的；

（5）被依法追究刑事责任的；

（6）劳动者以欺诈、胁迫的手段或者乘人之危，使公司在违背真实意思的情况下订立或者变更劳动合同，致使劳动合同无效的；

（7）不服从公司安排的；

（8）不按正规渠道反映问题，采取罢工、怠工、煽动等形式，影响公司正常经营管理的；

（9）在公司打架斗殴，恶意顶撞领导、辱骂领导的；

（10）劳动者正常上班时间，中午喝酒、打赤膊等违反安全规定，给公司造成 1 000 元（含 1 000 元）以上损失的。

4.5　有下列情形之一的，公司提前以书面形式通知劳动者或者额外支付劳动者一个月工资后，可以解除劳动关系：

（1）劳动者患病或者非因工负伤，在规定的医疗期满后不能从事原工作，也不能从事由公司另行安排的工作的；

（2）劳动者不能胜任工作，经培训或者调整工作岗位，仍不能胜任工作的；

（3）劳动合同订立时所依据的客观情况发生重大变化，致使劳动合同无法履行，经双方协商，未能就变更劳动合同内容达成协议的。

4.6　公司以其他依据提出解除员工劳动合同的，必须提前 30 天完成解除员工劳动合同审批表的相关审批，由人力资源部提前发放《解除劳动合同通知书》至员工本人。

4.7　退休规定：①企业职工退休年龄为：男 60 周岁；女 50 周岁。②达到退休年龄的员工一律办理退休手续；③根据企业情况，企业可以返聘退休员工，签订劳务合同；也可以不再聘用退休员工。

4.8　有下列情形之一者，属于不符合转正条件，公司向试用员工说明理由后做出辞退，并按要求办理离职手续，不做任何补偿：

4.8.1　能力和经验不符合录用条件的；

4.8.2　向公司提供的个人信息非真实有效，存在虚假情况的；

4.8.3　严重违反公司有关规章制度；

4.8.4　有违法乱纪行为，被依法追究刑事责任的；

4.8.5　有不利于公司形象/利益的行为或结果；

4.8.6　因本人严重违反公司规章制度而发生工伤；

4.8.7　因个人原因，造成公司损失达到 500 元以上的；

4.8.8 发现患有传染病、精神病、其他可能影响在用人单位工作疾病或国家有关法律法规规定认为不适宜工作的；

4.8.9 有一般过失行为或无法胜任本职工作等情况；

4.8.10 未取得新员工入职培训《结业证》的；

4.8.11 达不到试用期工作目标的；

4.8.12 试用期内病假时间超过正常工作时间的 15%。

4.9 有以下情形者，公司即可视员工自动离职：

4.9.1 劳动者连续旷工 2 天以上；

4.9.2 一年累计旷工达到 3 天；

4.9.3 一年内累计旷工达 3 次的；

4.9.4 试用期内连续 3 天失去联系，无法确认是否上班的；

4.9.5 入职 30 天内未到人力资源部签订劳动合同的；

4.9.6 合同期满 30 天内未到人力资源部续签劳动合同的；

4.9.7 入职时有亲戚在本公司工作而未声明的；

4.10 自动离职人员因未办理任何工作交接手续，暂不予结算工资；

4.11 自动离职人员视为严重违反公司劳动纪律和规章制度，公司一律作辞退处理，不给予任何补偿。如造成公司经济损失的，将追究其经济责任；

4.12 所有辞退、解除和终止劳动关系的员工，应按正常手续办理交接；否则人力资源部门有权暂缓结算工资，直至办理好交接手续；

4.13 办理离职手续时，员工应提供完整的交接清单，并归还公司物品，否则人力资源部有权暂缓结算工资或要求赔偿损失；

4.14 用人部门和人力资源部相关人员必须按规定尽快帮助离职人员办理交接手续，逐项签字确认，无法交接的按规定赔偿并作出相应说明。

5. 解除、终止劳动合同的责任

5.1 如员工没有按规定提前(试用期提前 3 天，正式聘用期提前 30 天)书面通知而擅自离岗或未按公司规定进行工作交接的，扣发其一个月岗位工资(指员工离职前月满勤下的月岗位工资)，并承担由此造成的损失。

5.2 员工违反商业秘密保密、竞业限制条款以及培训协议约定的服务期限规定的，员工须按照劳动合同及培训协议约定向公司支付违约金，并承担由此造成的损失。详见员工签订的劳动合同及培训协议。

5.3 员工解除、终止劳动合同时的工作交接手续必须在劳动关系解除或终止前完成。与员工解除劳动关系须与员工签订《劳动关系解除(终止)协议书》(见附件 4)。

5.4 员工解除或终止劳动关系后,需要配合离任现场审计工作的,离职员工应积极配合;此期间按(离职前当月的岗位工资标准÷21.75×现场配合天数)给予补贴,但离任审计报告中双方另有约定的除外。

5.5 其他由于劳动合同的解除或终止导致赔偿以及违约责任按相关劳动法规以及劳动合同约定执行。

6. 本制度自下发之日起执行

7. 附件

附件1:《解除(终止)劳动合同通知书》

附件2:离职证明

附件3:员工离职结算表

附件4:《劳动关系解除(终止)协议书》

附件5:工作交接清单

附件1

解除(终止)劳动合同通知书

您于　年　月　日与公司签(续)订的　　　　期限的劳动合同,现因原因,公司决定与您解除(终止)劳动合同,请您于　年　月　日来公司人力资源部门办理相关手续。

员工签收:

×××有限公司
年　月　日

附件2

离职证明
(存根)

姓　名		身份证号码	
服务单位			
入司时间		离职日期	
开具日期		开具人	

附件 3

解除员工劳动合同审批表

姓名		性别		年龄		部门		职位	
最近合同期限					入职时间				
解除类别:开除□、公司原因辞退□、违纪辞退□、员工辞职□、其他□									

员工所在部门意见: 部门负责人签名: 年 月 日
人力资源部意见: 负责人签名: 年 月 日
总经理室签批:
生效日期: 年 月 日
离职员工签名: 日期:
备注:(1)此表由部门负责人签字后,交人力资源部门;相关负责人审批后(审批职责按总则第 2.2 条执行),人力资源部门将此表反馈给部门负责人。 (2)员工凭此表,办理离职手续。(工具:员工离职结算书)

附件4

劳动关系解除（终止）协议书

甲方：××××××   乙方：

住所：××××   身份证号：

法定代表人：

乙方于_____年___月___日与甲方签订劳动合同并入职甲方公司，现根据《中华人民共和国劳动合同法》，经平等协商，甲乙双方就自愿达成解除劳动合同事宜协议如下：

一、甲乙双方同意双方劳动合同关系于本协议生效之日解除，双方的劳动权利义务即终止。

二、双方确认：甲方于本协议生效之日足额支付乙方_____年___月___日（含）之前的工资，包括正班、加班以及法定假期内和带薪年假的工资。

三、甲方给予乙方人民币_____元整支付补偿金、工资等所有费用，大写_____元整，于_____年___月___日前支付。甲乙双方确认从_____年___月___日起，双方之间不存在任何劳动关系和经济关系，乙方不得再以任何理由就_____年___月___日（含）之前存在的劳动合同关系向甲方主张任何权利或者提起劳动仲裁、诉讼。乙方自愿放弃其他相关民事权利，甲方也有权根据本协议约定，拒绝乙方其他任何请求。

四、特别提示条款：

双方确认本协议是在明确了解《中华人民共和国劳动法》《中华人民共和国劳动合同法》等相关法律、法规关于劳动合同解除的相关法律规定，并对协议内容完全仔细阅读及了解情况下，自愿签订，不存在任何欺诈、胁迫情形。本协议内容甲乙双方均有保密义务，双方均承诺不得向第三方透露，否则视为违约，应当支付违约金，违约金相当于二个月工资标准计算。

乙方阅读后确认签名：

年 月 日

五、本协议自双方签字（盖章）即生效，一式两份，甲乙双方各持一份。

甲方：   乙方：

日期：   日期：

附件 5

工作交接清单

交 接 人		接职人		交接时间	
交接项目		交接明细(可另附纸于后)			备 注
现 金					
票 据					
资 料					
相关证件					
图 章					
未完成的工作					
其 他					

责任人签名/日期

交职人:	接职人:	监交人:

| 第7章 |

下一代HR的趋势

颠覆人力资源管理的声音是如此强烈，一直在选、用、育、留等职能构筑的大厦里自得其乐的 HR 们感到了前所未有的紧张。一边是他们在不停地抱怨：

"老板不重视人力资源管理，不懂人力资源的价值！"

"老板根本不懂人力资源管理，没法沟通！"

"老板不重视人力资源部的意见！"

"人力资源部在公司没有地位！"

"直线经理或部门经理不配合人力资源工作！"

"员工不理解人力资源部的难处！"

一边是业务部门的不满意：

"绩效考核形同虚设，不如不考，反而更加高效！"

"培训来培训去，还不是那些老师，那些课件，对业务也没见有什么作用。"

"人总是招不到，好不容易招到了，来不了几天就走了。"

"发工资谁不会呀，财务部算得还准确些。"

老板们在互联网时代的混乱中还在纠结地寻找方向，强制 HR 们也要拿效果说话，与企业一同看路，而非埋头种地；互联网世界中的一些新贵企业如 Netflix、小米等标榜反常的"去人力资源管理"，并开始用辉煌的业绩嘲笑那些陈规旧习；就连传统企业中的标杆巨头海尔、华为等企业也开始不淡定，开始了自我颠覆，把过去的"标杆实践"扔到了垃圾箱，似乎还走得更轻、更快；雪上加霜的是，被 HR 们奉为"男神"的"世界第一咨询师"拉姆·查兰博士也开始炮轰 HR，也撰文指出要分拆人力资源部。

令人更痛苦的是，不管 HR 部门如何努力，企业的 CEO 好像根本就不满意！

不管是有意还是无意，人力资源管理的专业大厦被"轰"了好多"炮"。可是 HR 中的顽固派仍然会对外面的变化，以上抱怨与变化视而不见，不时用"小米没招聘吗？""没有我们，谁来发工资、办保险""人力资源是固本强基，哪有那么立竿见影？"予以反驳或表示他们的不满。不管 HR 接受与否，变化却时时发生，顺势者被时代推上风口；逆势者，被时代推下悬崖。

未来已来。作为 HR，正视未来，你我责无旁贷！

7.1 为什么 CEO 不满意 HR

如果一个企业的 HR 在同一个企业的时间超过了五年以上，这个 HR 我认为是极其成功的。为什么这样说呢？通常而言，HR 由于工作的关系，与企业的 CEO 走得很近，双方也较为了解，故理论上说，应当更得 CEO 的信任，在任的时间应更长，事实可能远非如此。就一般的了解与统计而言，在同一个企业，HR 同一个岗位的时间较少有超过五年的。理由可能有很多,但根本的理由我认为只有一个,CEO 不满意!

CEO 为什么不满意?

CEO 不满意一般会基于,人力资源部门对直线部门的需求,经常秉承人力资源规则而 Say No,缺乏人力资源解决方案建议;向 CEO 要资源、提建议,本来是好事,却经常被拒绝;CEO 和管理层的要求,贯彻落实下去,却总是遭遇其他部门,尤其是业务部门的抵触。

怎么办? 人力资源管理要改变上述传统的人力资源所遭遇的窘境,经营者的烦恼就需要人力资源者从经营思路上对自身的业务与工作进行调整,用经营型人力资源管理加以改变。

与传统的人力资源相区别的是,未来的人力资源管理将以经营为主导、以业务为驱动,称之为新一代的 HR 人力资源管理。

新一代的 HR 人力资源管理将注意力从孤立的职能性解决方案转移到对业务更有价值的全面人力资本解决方案(例如改善人才供应、提高员工绩效或确保业务有能力交付战略)。与传统的 HR 人力资源管理不同,新一代 HR 人力资源管理需要 HR 部门聚焦外部,关注业务战略、客户和投资者。简单说,HR 必须学会从业务的角度思考问题:未来 3 ~ 5 年之内,公司将走向何方? 客户和投资者对业务的期望是什么? 达成这些目标对人才和组织的要求是什么? 公司如何更好地管理资源,以改善财务绩效?

传统型	经营型
✗ 不熟悉行业及市场, 仅熟悉人力资源管理领域	✓ 熟悉掌握所在行业市场和公司战略
✗ 专注人力智能领域工作及流程, 对公司前线、后线经营情况细节不够了解	✓ 及时了解公司经营细节, 在过程中调整人力资源策略, 帮助企业实现短期业绩提升
✗ 根据经营情况的改变, 被动调整资源和人力资源策略, 缺乏主动意识	✓ 在短期业绩改善基础上, 进一步提前配置人力资源, 建立企业发展的长期竞争优势
✗ 与管理层互动不足, 对战略和经营方向的了解不够及时和充分, 缺乏动态匹配调整意识	✓ 与CEO及高管层充分互动式沟通, 及时检视人力资源策略方向, 与高层发展战略及经营方向的调整动态匹配

资料来源:平安健康

这种经营性的、以业务为主导的人力资源管理思维一旦树立,就会让人力资源负责人 HR 的视野开阔起来,不再局限于人力资源这个领域,局限于人力资源这个部门,而是放眼于整个公司、放眼于整体业务体系和经营体系,HR 关注的重点将是企业全面的经济指标、业务运行是否健康、市场的拓展与团队建设,不再仅仅只是人力资源的六大模块。

经营性人力资源管理的实质是人力资源的发展顺应时代发展的趋势,摆脱传统的人力资源事务型、支持型、被动型的管理模式,人力资源成为企业真正的合作伙伴,真正驱动企业业务的发展,成为企业发展的驱动引擎。

7.2 HR 发展的四个阶段

为了识别、了解未来 HR 人力资源管理的关键主题,怡安翰威特公司就当前全球市场的人才状态、HR 人力资源管理面临的关键挑战、业务主管对 HR 的期望和市场上的突破性创新等议题询问了下列 50 多位学者和高管的想法及意见。这些学者与高管们包括:沃顿商学院的管理专家彼得·卡佩里(Peter Capelli)、美国南加州大学组织有效性中心的主任埃德·劳勒(Ed Lawler)、斯坦福大学的杰弗里·普费弗(Jeff Pfeffer)、密歇根大学的戴维·尤里奇(Dave Ulrich),以及来自美国运通的凯文·考克斯(Kevin Cox)、IBM 的兰迪·麦克唐纳(Randy MacDonald)、星巴克的戴维·皮斯(Dave Pace)等 HR 高管。这些来自顶尖理论界企业界、专家们的观点和工作洞察,再结合怡安翰威特在人才和组织方面的丰富经验,怡安翰威特对新一代 HR 人力资源管理进行了展望,包括:新一代 HR 人力资源管理将做什么,它们如何驱动价值,将有什么产出。

7.2.1 来自怡安翰威特的报告

怡安翰威特在其报告中,提及了企业 CEO 与企业的人力资源部糟糕的合作经历,如图 7-1 所示。

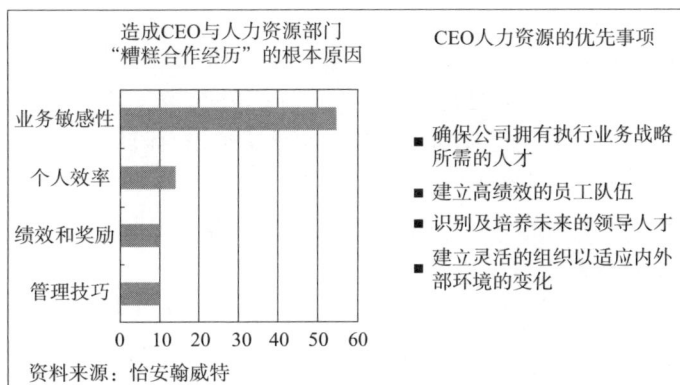

图 7-1 怡安翰威特报告

人力资源管理由最初 20 世纪 70 年代的一些基础性的传统人事管理如工资核算、考勤管理、劳动关系等;发展到 80 年代末、90 年代初期的业务支持型管理,如招聘管理、考核管理、员工关系管理等;再到近期的业务合作关系,与业务部门的紧密合作,推动业务的发展等。作为以人才为根本和核心的 21 世纪,这显然不是一个承载未来人力资本开发与使用的人力资源的全部,未来的人力资源或者确切地说人力资本,将是企业的未来发展的驱动力与业务引擎。怡安翰威特在其报告中详细用曲线演示了这种变化,如图 7-2 所示。

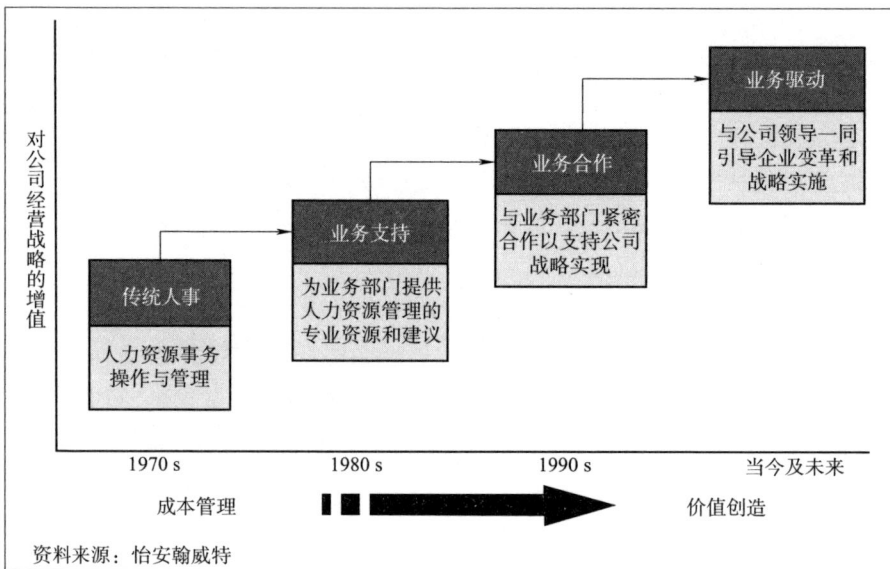

图 7-2　怡安翰威特报告

怡安翰威特在其报告中,揭示了未来人力资源管理的发展趋势将体现在以下四个方面。

(1)人力资本研发。未来的 HR 将负责数据的事先分析并建立人力资本流程的预测模型,以确认新的商业洞察。

(2)高绩效文化。未来的 HR 将负责全面驱动组织、团队和个人三个层面的绩效水平。

(3)组织管理。未来的 HR 将在建立团队意识、信任和忠诚甚至组织的精神内涵等方面承担新的角色。

(4)人才引擎。未来的 HR 将重新定义和扩展其在人才领域的关注点,通过管理无缝的"人力资本供应链"来确保组织关键人才的及时供应。

人力资源管理由传统的成本中心向企业的价值中心转变。人力资源的管理,包括薪酬及其他薪酬性支出不再是企业的成本负担,不再意味着单纯的付出与消耗;而是企业价值的创造者与推动者,如图 7-3 所示。

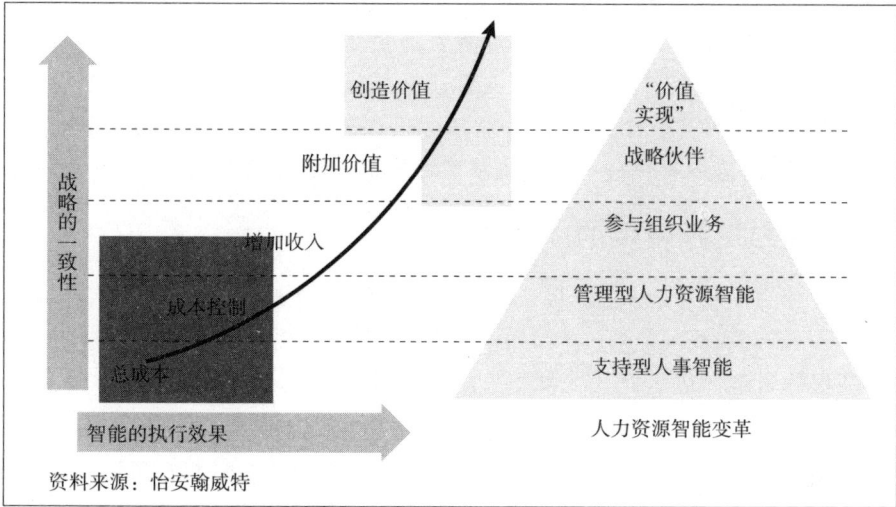

图 7-3 人力资源管理

未来人力资源组织结构的变化。

未来的人力资源管理将平台化、扁平化,以往组织森严、刻板、金字塔式的组织结构将被摈弃,取而代之将是共享服务式人力资源管理模式,如图 7-4 所示。

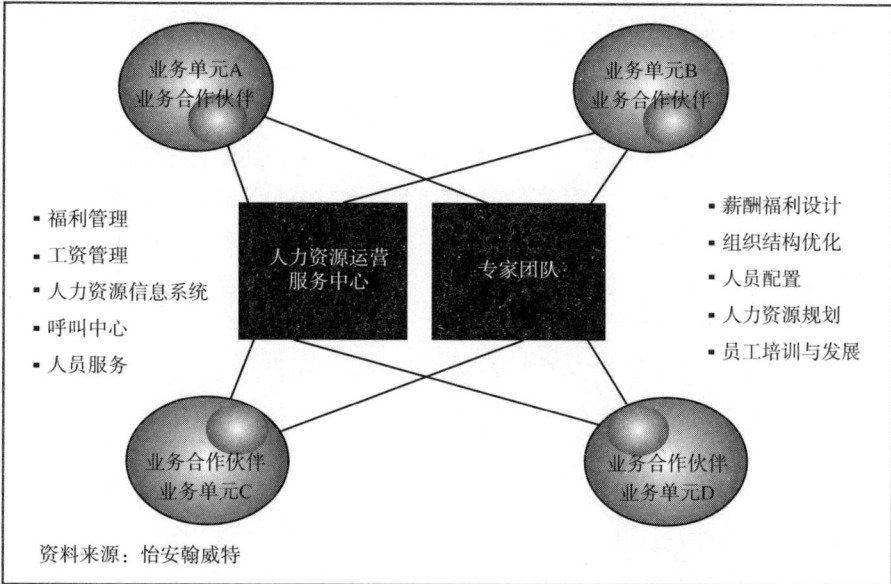

图 7-4 人力资源管理模式

翰威特咨询公司（现更名为怡安翰威特咨询公司）具有 60 多年的丰富经验，是全球最早提供人力资源外包与咨询服务的公司。翰威特为 2 500 多家公司提供咨询服务，并代表全球 300 多家公司管理数百万员工和退休人员的人力资源、薪资及退休项目。目前翰威特已在 38 个国家开设分公司并拥有近 59 000 名员工。60 多年来，翰威特咨询公司始终致力于制定和提供新颖的人力资源理念、服务和产品，提供有形的结果，帮助客户公司通过人员来改善其经营结果。（数据来源：百度百科）

7.2.2　人力资源发展的新趋势

招聘变得移动化了，企业最多只有 12 个月的时间去学习，否则将会输掉人才战。候选人想在他们的移动设备上查看和申请工作，企业的招聘就要需要满足这个需求，而且要使操作方便。以后在火车甚至飞机上查看职位已经成为求职的常用方式。

大数据不再只是概念将被广泛应用。在腾讯公司举办的"WE 大会"上，腾讯 CEO 马化腾在会上分享了一个案例。深圳华大基因生物公司用"BT + IT"的技术生物技术 + 信息技术，用大数据的方式，把每个人测出来的基因数据全部存储，尽量多测，测几十万、上百万、上千万人的数据，一个人的基因数据 6G，你和他长得单眼皮、双眼皮性格怎么样就在这个地方看出来，就是这个位置不同，为什么这个位置影响他，你的疾病为什么受这个东西影响，很多人不知道。现在全部用大数据来推算，推算病人特征与哪个病症有关以便对症下药。他看到有些药跟我介绍说这药不是治病的，是医治你某一段基因的。哪一段出问题你就拿治这一段的药去治，病症上不是你这个病的不要管，这样就可以对症下药。这仅仅只是个互联网时代采用大数据的一个案例而已。

招聘小 C 将变得更像是营销人员。营销和获取人才的基本面正变得很难区分。百事可乐欧洲 iRecruit 庞大的人才渠道高度概括了人才库和培育雇主品牌的基本概念，招聘又一次从人力资源中被剥离出来。招聘人员不常有的是对创新和竞争优势的渴望，招聘人员必须改变自身。首先去更多了解你的潜在雇员，辅之以更多的影响，这是成功的关键因素。

人力资源应给员工更加充分的自由度。人力资源实践将开始以个人为导向，并且远离组织，我们需要调节双方利益获得互利。HR 将不是一个经常来缓解错误决策和杂乱管理的职能，他们的角色将转变为创造环境帮助人才成功。HR 从业者将开始理解，人才是可以自由流动的商品，企业需要每天为得到新员工以及保留现有员工进行竞争。如果较差的管理实践以及混乱的工作环境阻挡了 HR 的工作，他们必须有权挑战职能范围以外的事情。

未来的人力资源管理工作并不一定由人力资源部来完成，而是有可能依然遵循互联网时代的分布式规律，由各类部门，甚至由员工自己联合完成。

2015 年中国人力资源管理新年报告会在人民大学举办。报告会主题为"法治中国：人力资源管理制度化与一体化"。中国人民大学教授彭剑锋发表主题为"人力资源管理新观察"的演讲，演讲中彭教授提到了人力资源新常态下的 20 个关键词，提出 20 条人力资源发展的新趋势。

（1）人力资本价值管理时代。

（2）人力资源效能管理时代。

（3）互联网大数据 HR。

（4）以价值创造者为本。

（5）HR 业务驱动（三支柱模型）。

（6）创新创业驱动。

（7）全面认可激励。

（8）互联网员工集体行动（互联网群体智慧行动）。

（9）智能机器人劳动替代。

（10）劳动关系合规守法成本。

（11）企业反腐廉洁行动。

（12）人力资源管理迭代创新。

（13）人才互联共同体与区域一体化。

（14）碎片时间管理与微时代。

（15）员工与客户交互式价值创造社区（粉丝人力资本价值）。

（16）灰度领导力（在华为，灰度是一个被广泛提及的管理名词，系指管理不是非黑即白，而是有处于黑白之间的灰度，也指精细化管理之外的模糊管理）。

（17）人才客户价值体验（HR 用户时代与雇主品牌）。

（18）去企业忠诚与非员工敬业度。

（19）HR 全球人力资源平台。

（20）移动互联学习。

以上观点与互联网和大数据做了结合，尤其强调了人力资源的价值驱动与创新管理，部分观点带有华为管理思想的痕迹，值得企业家、HR、招聘小 C 以及员工，从各自的角度做些思考。

学习无处不在、无时不在。在互联网时代，学习真正变成一种生活方式。

未来几年，互联网思维、90、00 后管理、移动学习、社区化、游戏化等新元素将会以更多元的形式存在于员工学习培训领域，将带来一场新的学习变革。

7.3 增加 HR 的业务黏性

HRBP 与人力资源共享中心、人力资源专家共同组成了现代人力资源管理的

"三驾马车"，其中 HRBP 是人力资源内部与业务经理沟通的桥梁，他们既熟悉 HR 各个职能领域，又了解业务需求；既能帮助业务单元更好地维护员工关系，协助业务经理更好地使用人力资源管理制度和工具管理员工，同时也能利用其自身的 HR 专业素养来发现业务单元中存在的种种问题，从而提出并整理出发现的问题交付给人力资源专家（或领域专家）来更好地解决问题和设计更加合理的工作流程。

7.3.1　HR 要成为真正的 HRBP

在设置了与 HRBP 这一角色相适应的 HR 架构之后，明确 HRBP 本身的定位和职能就成为发挥其最大功效的关键。

HRBP 必须承担以下职能。

（1）从 HR 视角出发参与业务部门管理工作。

（2）与 HR 研发组（人力资源专家）和 HR 支持组（人力资源共享中心）合作，给出有效的 HR 解决方案。

（3）向人力资源专家和人力资源共享中心反馈 HR 政策、HR 项目和 HR 进程的实施有效性。

（4）协调员工关系，调查培训需求。

（5）制订并执行业务部门 HR 年度工作计划。

（6）运作适应所在业务部门的 HR 战略和执行方案。

（7）参与所在业务部门的领导力发展和人才发展通道建设。

（8）支持企业文化变革并参与变革行动。

（9）建立所在业务部门的人力资源管理体系。

总体来说，HRBP 就是要做好人力资源部与业务部门之间的沟通桥梁，帮助业务部门设定人力资源的工作目标和计划，并树立起对业务部门的内部客户服务意识，为他们提供专业的人力资源解决方案。主要关注于提供人事管理的咨询来支持业务部门的战略，他们的行为模式是关键的成功要素。要理解公司业务，必须对公司的业务体系深入了解。人力资源的人员最好在第一线做过，否则，就很难理解业务的运作系统，也很难提供贴近业务需求的人力资源产品与服务。

要有很强的沟通能力。因为要向客户提供产品和服务，就必须通过良好的沟通让客户了解你的服务能为他们带来什么价值。

对公司整体的核心价值体系，必须有一个正确的理解和把握。所有的人力资源政策理念必须是统一的，但是具体到不同的业务单元，可能因为人才市场的竞争状况不同，各个行业的特点也不同，这时各个单位的人力资源策略和方式方法还是应该有一些个性化的东西。而要做到在整个政策方面保持统一性，一方面必须很好地理解公司的核心价值观，理解公司统一的战略；另一方面，要做到个性化，就必须了解市场的灵活性。所以,对上要理解,对下要沟通。

具备专业知识和能力。既然人力资源管理需要提供产品和服务,那么它的产品和服务就要有足够的专业性和差异性,否则,其他人不一定会认同。人力资源管理本身必须要专业化,各个职能模块要有一定的技术含量。

7.3.2 增加 HR 的业务黏性十大要点

在上述翰威特咨询公司报告所提及的企业 CEO 与企业的人力资源部糟糕的合作经历中,其中一项"人力资源部对业务的敏感性"占比达 55% 以上,远超其他三项的总和。

除了 CEO 之外,工作中还会有很多业务部门的人员也认为:"人力资源部的人拿了工资没事找事干,每天都给我们找麻烦。"人力资源部的人很委屈,他们思考的问题,业务部门不理解,相互之间不能很好地沟通。HR 如何才能真正地做好业务部门认可与喜欢的合作伙伴? 这是一个巨大挑战,结合本人及业内的一些经验,HR 要提升在企业的话语权与影响力,对外要做到了解市场、了解行业、了解对手;对内做到了解经营、了解业务。

(1)对外要了解行业,了解市场。

(2)对内要了解企业的业务特点。

(3)人力资源部的成员最好要有业务部门的人员,或者可以考虑从业务部门调入,人力资源部需要一些"武职"。所谓武职,就是那些有一线经验的人员或者从事与业务项相关的人员。

(4)人力资源部门要参与公司的业务会议。

(5)人力资源部要参与公司的业务环节,哪怕只是一部分。

(6)人力资源部门的员工要少待在办公室,要走出去与各部门交流、沟通。这种沟通与交流应当是定期或不定期的。人力资源部门的员工关系岗位不要最后才知道员工的离职真相。

(7)企业的组织氛围建设是企业人力资源部的重点建设内容。

(8)人力资源部门要积极承担企业的文化建设。

(9)快速响应业务部门,协助业务部门招聘到最适合的人。

对于一个公司来讲,最大的财富是人才,如果是个懂业务的 HR,他会清楚业务部门的具体需求是什么,那么在筛选,甄别简历的时候就会更专业,推荐给业务部门的简历会更精准,这个作用有点像一个高效的搜索引擎,能极大地提高工作效率。

HR 懂业务,也懂需求岗位的定位,除了理解招聘需求字面意思之外,他还要懂得这个岗位需要一个什么性格特征的人:他是否能和上级融洽相处? 这个岗位需要的是合作精神,还是大多数时间独立面对工作需要具有挑战精神?

业务部门一旦确定好人选之后,HR 就要帮助其迅速招聘到位,谈妥待遇。当遇到谈不拢的情况时,要主动和业务部门沟通,迅速做出调整方案。

(10)为业务部门组织需要的培训。根据业务需求,为业务部门组织不同层级的培训:比如针对新员工进行岗位培训,帮助他们熟悉公司企业文化,掌握工作技能,尽快适应新岗位;又如针对特定的项目需求,为项目成员组织定制培训;再如为适应企业发展,针对骨干员工开展高级技能培训或管理培训。培训不是一时兴起,不是为了完成指标,而是来源于业务的真实需求和公司发展的需要。不懂业务,就不会知道该组织什么培训,请谁来讲课,讲到什么程度,达到什么效果。

7.4　HR,经营多于管理

日常管理中,我们常把企业的人、人才作为一种资源来看待,称之为人力资源管理,企业终究要对企业的经营结果负责,企业的管理始终是为其经营服务的。

管理做什么,必须由经营决定;管理水平不能超越经营水平。

一个公司的管理能力大于经营能力的话,那常常意味着亏损。这就是为什么有的公司制度很健全、文化理念很先进、人才很优秀,但就是经营不景气的原因。

没有那一家企业的人力资源管理水平高过了企业的经营管理水平。

对于任何一家企业来说,业务都是龙头,从来都是经营牵引着管理的改善与进步,企业的管理要服从于企业的经营与业务,人力资源也是如此。

人力资源经营的核心其实就是,人力资源以企业的经营为核心,服从于经营的发展需要,为组织全面赋能。

尽管日常管理上常说经营与管理不分家,不分彼此,但仍有先后。对于一家企业来说,应当是经营在先,管理在后。用企业界宗师,前联想集团董事局主席柳传志的话来说就是,企业管理一定要先有了业务,再来慢慢地整理内务。那些先把企业的管理弄规范了,然后才开始弄经营的企业,都纷纷死掉了。管理者呢,开口闭口就大谈特谈管理,对经营不理不睬,其职场的生命力好像也不长。

经理、经理,先经、后理;先有经营,后有管理。

HR 要做好,就得以经营为中心,全面服从于企业的经营发展,不超前、不滞后,准确地讲,HR 不要人力资源管理,要人力资源经营。

从人力资源的角度来说,人力资源经营与人力资源管理根本就不是一回事。

企业的人力资源管理我们听得太多,也见得太多,很普遍、很常见。那,到底什么是人力资源经营?

所谓人力资源经营,就是企业的人力资源实践中,始终以经营的视角,推动和促进企业的经营发展,始终以企业的经营发展为核心,全面地服务于企业经营。用标杆企业,华为公司的企业术语来说,就是企业人力资源存在的价值就是服务于企业的主航道。

结合人力资源的六大模块,以人力资源经营为导向的体系中,企业的招聘人员,对待招聘工作,会像做业务一样,主动去寻找候选人,主动了解业务的现状,根据业务的进展进行人员储备或者招聘。而不是以往简单的、被动的招聘。人力资源经营为导向的招聘管理,候选人虐他千百遍,仍待候选人如初恋。招聘之初心,一如既往。

站在经营的角度,招聘人员是焦虑的,因为来自经营上的焦虑。但,假如站在管理的角度,招聘人员则是按部就班的。

培训管理模块中,就人力资源经营的要求而言,从事或参与企业培训管理的人员、讲师会深入业务一线,研究企业实际的业务形态,实地制作业务培训的沙盘模型,贴近业务,将业务的工作场景化、案例化,通常还会结合项目的现场或实际情形讲课。让学习的企业员工学之即用,用之可战,实行战训结合。和华为大学的培训观念一样,人力资源经营下的员工培训,从不讲理论。理论的学习靠企业学员自行百度解决,在训战结合的培训场景中,只讲对业务,对应用有实点战意义的内容。

企业的薪酬分配更是简单、粗暴,与业务结果、业绩利润直接正向关联,员工收入与创造的价值成正比。华为更是实行了员工股权计划,员工合伙计划,几乎全员持股,共担业务上的经营责任、经营成果。

绩效管理过程中,通过基于个人承诺的业绩系统,将企业的组织绩效目标通过业绩承诺完整、准确地传递到个人,落实到个人,只有功劳,没有苦劳,完全的责任结果导向、纯粹的价值优先。华为则推行业绩承诺系统,强调责任结果、强调价值导向。

人力资源经营下的员工管理。以华为为例,华为长期坚持以奋斗者为本,以客户为中心,要求员工长期坚持艰苦奋斗,企业文化中不让雷锋吃亏,谁对业务好,企业就对谁好;所有人员都要冲到一线,有一线经验成为提拔员工的重要参考依据。一线员工从前线回来之后,仍作为业务的顾问,作为专家,服务于业务。华为的人力资源经营,简直了。

人力规划模块,仍以华为为例,在人力资源经营思想的指导下,首当其冲就是以 BLM 业务领先模型为向导,将人才管理直接纳入企业的战略管理,人力资源直接参与企业战略实施与执行,告别了以往的人力规划中,人力资源可有可无的困境。BLM 业务领先模型下,人才成为企业战略与执行的八个核心模块之一。

人力资源管理的思维下,专业至上;人力资源经营思维下,业务第一。

HR 要做好企业的人力资源,就不能单纯的只论或只懂人力资源管理,而应更多地关注人力资源经营,这种角色的转变不仅是基于 HR 既是企业的员工,更是员工们的管理者。

员工到底是什么角色？是由员工自己决定的,任何公司都是。

企业中的职业经理人,通常有两种类型,一种以业务见长,全面关注企业的业务与成长,务实,敬业,与企业共进退,这种人常常称之为子弟兵;另一种以管理见长,全面关注管理的规范化与合理化,客观,理性,善于发现企业的不足与短板,善提意见,这种人通常称之为空降兵。

从进入企业的第一天起,如果员工觉得自己是企业的子弟兵,那就是！员工心里觉得自己是空降兵,所有人也会知道他是空降兵,他觉得自己条件比别人好,说出来的话好像很懂的样子,我是来带领大家走出苦海的。对公司来说,对他自己来说,那就惨了。

空降兵通常视自己为专家,视自己为外人,总认为别人不如自己做得好;子弟兵视大家为自己人,总想着业务与业绩,总想着公司的业务发展,总会想着能否做得更好。

空降兵最喜欢说的是:你应当这样,不应当那样;子弟兵通常说得少,做得多,业绩说话。

HR 同行们谈人力资源管理者,更多谈的是我如何的专业,我有管理技巧,我可以为企业提供什么样的管理服务;谈人力资源经营者,更多谈的是我的价值如何在企业的经营中体现,企业的经营如何,人力资源如何为经营服务！

HR 要想在企业得到认可,成为企业真正业务合作伙伴,当然是要人力资源经营,不要人力资源管理！HR 一旦具有了人力资源经营的思维,也就开始了从新手到高手的蜕变。